新时代的中国经济

百名学者前瞻2018年经济形势

主　　编 / 王忠宏
执行主编 / 李慧莲

中国发展出版社
CHINA DEVELOPMENT PRESS

图书在版编目（CIP）数据

新时代的中国经济/王忠宏主编，李慧莲执行主编．—北京：中国发展出版社，2018.9

ISBN 978-7-5177-0878-0

Ⅰ.①新… Ⅱ.①王… Ⅲ.①中国经济—经济发展—调查报告 Ⅳ.①F124

中国版本图书馆CIP数据核字（2018）第138592号

书　　名：新时代的中国经济
主　　编：王忠宏
执行主编：李慧莲
出版发行：中国发展出版社
（北京市西城区百万庄大街16号8层　100037）
标准书号：ISBN 978-7-5177-0878-0
经 销 者：各地新华书店
印 刷 者：三河市东方印刷有限公司
开　　本：720mm×960mm　1/16
印　　张：22
字　　数：288千字
版　　次：2018年9月第1版
印　　次：2018年9月第1次印刷
定　　价：68.00元

联系电话：（010）68990642　68990692
购书热线：（010）68990682　68990686
网络订购：http：//zgfzcbs.tmall.com//
网购电话：（010）68990639　88333349
本社网址：http：//www.develpress.com.cn
电子邮件：fazhanreader@163.com

本书编委会

高质量发展：中国经济进入新时代

国务院发展研究中心主任、研究员 李伟

党的十九大和中央经济工作会议作出了“中国特色社会主义进入了新时代，我国经济发展也进入了新时代”的重大论断，而经济发展新时代最基本的特征就是高质量发展。高质量发展是习近平新时代中国特色社会主义思想的重要组成部分，紧扣了我国社会主要矛盾的变化，顺应了推动发展方式、经济结构和增长动力变革的内在要求，是全面建成小康社会、迈向现代化新征程、开创中国特色社会主义事业新局面的战略选择。推动高质量发展是当前和今后一个时期确立发展思路、推动重大改革、制定发展政策的根本要求和遵循。

推动经济实现高质量发展，是适应我国发展新变化的必然要求。过去四十年的高速增长，成功解决了“有没有”的问题，现在强调高质量发展，根本在于解决“好不好”的问题。因此，新时代中国经济转向高质量发展，必然要求实现高质量的供给，提高商品和服务的供给质量；实现高质量的需求，要以消费升级带动供给体系升级；实现高质量的配置，要打破资源由低效部门向高效部门配置的障碍，提高资源配置效率；实现高质量的投入产出，要用有限的资源创造更多的财富；实现高质量的收入分配，要加快形成更为合理的初次分配和更为公平的再分配；实现高质量的经济循环，要着力缓解经济运行当中存在的突出失衡，确保经济平稳健康可持续运行。

推动高质量发展，提升供给体系质量，关键靠创新。要提高原始创新能力，增强产业升级和质量提升的技术源头供给。同时，要加快科技成果转化，促进科技与经济的深度融合。要促进互联网、大数据、人工智能等新技术与实体经济深度融合，加快培育新动能。需要进一步完善产权制度，理顺价格机制，减少配置扭曲，打破资源由低效部门向高效部门配置的障碍。进一步完善新产品、新业态、新技术标准，加强过程监管和社会性监管，让更多中高级要素向效率更高的领域聚集。

推动高质量发展，激活经济增长动力，关键靠改革。要以供给侧结构性改革为主线，推动经济发展质量变革、效率变革、动力变革，提高全要素生产率。中央经济工作会议提出，深化要素市场化配置改革，重点在“破”“立”“降”上下工夫。“破”“立”“降”是实现发展动能转换和提高发展质量的内在要求。“破”的核心内涵是大力破除无效供给。“立”的内涵是“立新”，就是大力培育新发展动能。“降”的核心任务是降低实体经济成本，特别是降低制度性交易成本，降低企业用能成本和物流成本。

需要强调的是，高质量发展是一场耐力赛，需要脚踏实地，打牢基础，一步一个台阶。向高质量发展转变的过程注定不会一帆风顺，我们有条件继续保持在中高增长平台平稳运行，并迎来提质增效、转型升级的发展机遇，同时还必须守住不发生系统性风险的底线，有序排除长期积累的风险隐患，有效应对外部不确定性的冲击。从国际看，一是贸易投资保护主义仍将影响和打击正在复苏的全球贸易和投资。二是国际宏观政策调整的溢出效应其影响仍有待观察。三是国际地缘政治动荡的冲击所造成的不确定性仍持续存在。从国内看，一是金融风险聚集的态势还没有得到根本扭转，金融去杠杆虽取得一定成效，但制度基础尚不牢固，金融严监管任务还很重。二是房地产大起大落的问题尚未根本缓解，房地产与实体经济失衡的矛盾仍然存在，市场仍有可能出现大幅波动。三是地方举债还要进一步规范，仍需切实防范化解地方债风险。

要解决新时代中国经济面临的问题，国际经验和自己的历史经验中都没有现成答案，这需要我们不断解放思想，与时俱进，推进理论和实践创新。在此过程中，智库将发挥重要的作用。“百名学者前瞻中国经济形势”是中国经济时报于每年全国两会期间推出的大型调查，已经持续开展六年。

2013 年以来，每年 100 多位学者都会对中国经济运行趋势进行分析研判，对政府管理部门、市场主体准确把握当年经济发展状态和深化改革趋势，提供了相当有价值的参考。每年呈报的调研报告都得到国务院领导同志的批示，同时也在社会各界产生了一定的影响力，获得一致好评。希望中国经济时报“百名学者前瞻中国经济形势”调查能越做越好，影响力越来越大，汇集学者智慧，研判经济形势和发展趋势，为提供高质量的决策咨询研究作出新的贡献。

是为序。

2018 年 7 月 18 日

目录
CONTENTS

总报告（上）
学者对2018年我国宏观经济形势的判断[①]

中国经济时报课题组2018年初完成的“百名学者前瞻2018年中国经济形势”专题调查结果显示，对2018年我国经济形势持非常乐观、谨慎乐观看法的学者[②]比前两年明显增加，占比高达95.8%，是2013年以来的最高点，经济信心明显增强。64.2%的学者对经济增速的预判区间集中在6.5%～7.0%，高出2017年最集中预期区间0.5个百分点。85.6%的学者认为，我国经济将在3年内完成增速由降到稳的趋势转换。对于2018年新的经济增长点，学者们最看好新兴信息产业和智能制造业。学者最为担忧金融风险加大和地方债务风险对我国经济增长的挑战。

一、95.8%的受访者对2018年我国经济形势持“非常乐观”“谨慎乐观”态度，经济信心明显增强

对于2018年的经济形势，90%的学者持“谨慎乐观”态度，5.8%的受访者“非常乐观”，两者相加，高达95.8%，是2013年以来的最高值（2013年为

---

① 2018年1～2月份，全国“两会”前，中国经济时报派出30多位记者围绕2018年中国宏观经济发展趋势、增长动力以及当前面临的挑战等问题，采访了目前活跃在一线、有影响力的120多位经济学者。本报告为“百名学者前瞻2018年中国经济形势”报告之一。

② 本次访问的120多名学者来源分布如下：来自政府部门下属研究机构的人数最多，约占50%；来自大学院校等机构的约占29%；来自银行及证券公司等研究机构的约占12%；来自民间非营利研究机构的约占9%。

80%，2014 年为 87.7%，2015 年为 88.8%，2016 年为 79%，2017 年为 85.9%）。仅 4.2% 的受访者表示“悲观”（见图 1）。“悲观”的选择率呈明显下降趋势，由 2016 年的 20% 降为 2017 年的 11.5%，2018 年下降到 4.2%。这表明，学者对我国经济信心逐年增强，2018 年尤甚。

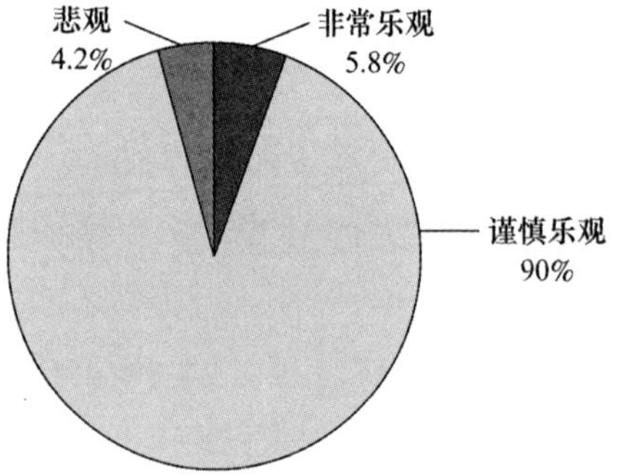

图 1　百名学者对 2018 年我国经济形势的基本判断

持乐观态度的学者们认为，2018 年我国经济总体上将继续呈现平稳向好的态势，有望延续增速稳、就业稳、物价稳、效益稳的“多稳”局面。一方面，“三驾马车”协同发力，经济增长的支撑力进一步巩固。消费结构持续升级，消费贡献有望继续提升；国际经济延续复苏态势，出口增长有望平稳；制造业投资增速企稳回升，将对冲部分投资下行压力。另一方面，新技术、新产品、新模式、新业态将蓬勃发展，新旧动能转换步伐将加快，经济增长的内生稳定性更强。

谨慎乐观或悲观者则担忧，外部不确定性的冲击以及内部长期积累的风险隐患，将阻碍高质量发展。一是外部风险须防范，比如贸易保护主义抬头、“逆全球化”思潮涌动、资产重新配置可能引发的全球金融市场动荡，美国对华经济政策可能采取的“非理性”措施，美国税改可能引发的新一轮税收竞争等。二是内部隐患待排除，比如我国金融业“脱实向虚”的态势仍未根本扭转，去杠杆的制度基础尚不牢固；地方政府债务规模过大、隐性债务较快增长问题不容忽视；房地产市场调控的长效机制尚未完全建立，热点城市房价上涨压力仍然存在等。

二、对 2018 年我国经济增速的预测集中在 6.5% ~7.0% 区间，最集中区间高出 2017 年 0.5 个百分点

64.2% 的学者预测 2018 年我国经济增速在 6.5% ~7.0% 之间，选择率比 2017 年（37.7%）提高两成多；30.8% 的学者预测在 6.0% ~6.5% 之间，选择率比 2017 年（50%）下降近两成。5.5% ~6.0% 区间和 7.0% ~7.5% 区间分别仅有 3.3%、1.7% 的选择率；5.5% 以下和 7.5% 以上区间均无人选择（见图 2）。

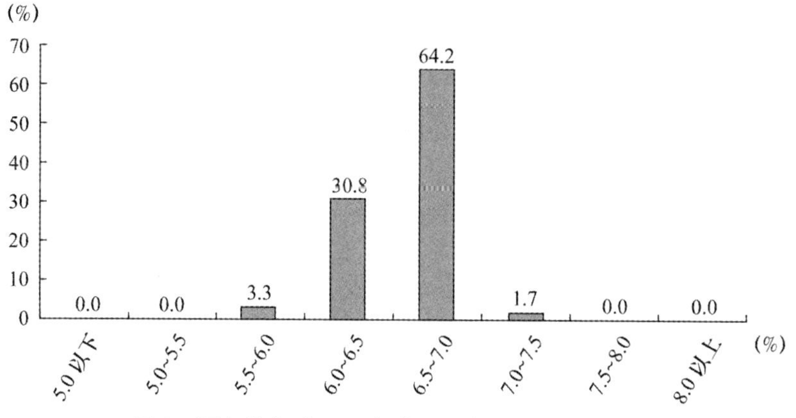

图 2　百名学者对 2018 年我国经济增速区间的预测

从区间看，2017 年学者们的选择区间相对最集中的是 6.0% ~6.5%，2018 年最集中的是 6.5% ~7.0% 区间，高出 2017 年 0.5 个百分点，表明学者对经济增速的预期更加乐观。

三、85.6%的学者认为，我国经济将在3年内实现由降到稳趋势转换

对于我国经济改变下行趋势转向增速趋稳所需时间，85.6%的学者选择在3年内。其中，有15.3%选1年，有25.4%选择2年，有24.6%选择3年（见图3）。主要理由是我国新旧动能转换尚未完成，新动能成长较快但体量较小，旧动能转型升级仍需较长时间。

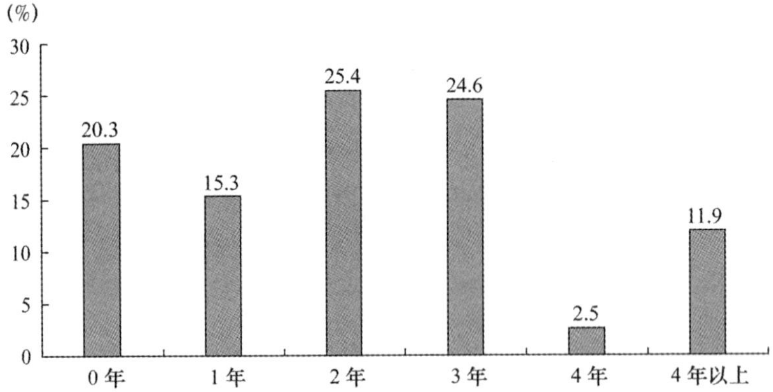

图3　百名学者对我国经济改变下行趋势所需时间的预测

值得注意的是，有20.3%的学者选择“0年”，认为当前我国经济增速由降到稳的态势已经形成，经济增速与就业、物价、效益等指标已趋匹配。

四、“新兴信息产业”成为学者们最为看好的2018年我国经济新的增长点

对于2018年我国经济新的增长点，66.1%学者选择“新兴信息产业”；接

近或超过三成学者看好的选项有“智能制造业”（38.8%）、“高端装备制造业”（34.7%）和“健康养老产业”（29.8%）。此外，节能环保产业（20.7%）、新能源产业（18.2%）、生产性服务业（17.4%）、电子商务（14.0%）、新能源汽车（11.6%）等选项也被学者们看好（见图4）。

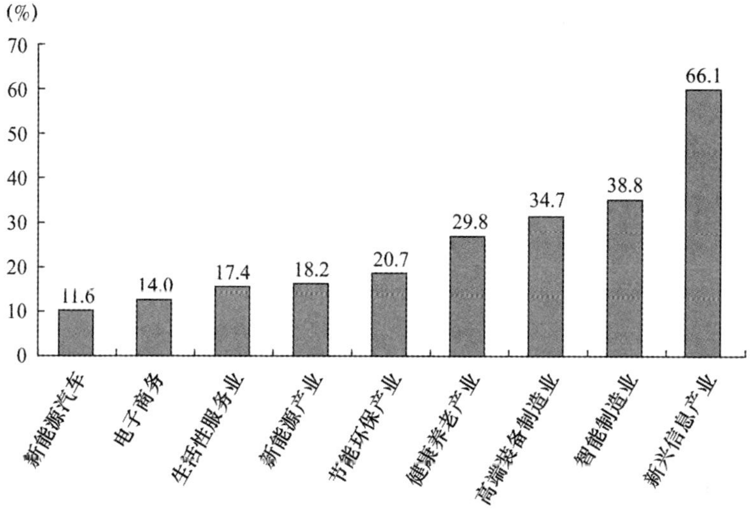

图4　百名学者对2018年我国经济新的增长点的看法

相比前两年的调查结果，“新兴信息产业”连续三年均以超六成的选择率（2016年为74.0%，2017年为68.4%）被列为我国经济新增长点的第一名。相比2017年，“智能制造业”的选择率虽有所下降（2017年为57.0%），但排名超越“高端装备制造业”跃居第二。

受访者普遍认为，以互联网、大数据、人工智能为代表的技术革命与产业变革，与实体经济深度融合，不断改变社会经济运行的方式和格局，极大提升资源配置效率，成为重构我国经济增长新动能的重要力量。

值得注意的是，人工智能被更多学者寄予厚望，认为它将作为一项“赋能技术”在各个产业和经济社会领域得到普遍应用，打造出新的经济增长点和发展新空间。

五、对于2018年我国经济发展面临的风险，学者最为担忧“金融风险加大”和“地方债务风险”

调查结果显示，学者们对于“2018年中国经济发展面临的最大风险”的看法相对集中，“金融风险加大”（67.8%）和“地方债务风险”（52.9%）的选择率最高，位列前二。紧随其后，选择率接近或超过三成的选项有“民营企业萎缩”（33.1%）、“房地产泡沫风险”（32.2%）、“实体经济下滑”（28.9%）（见图5）。

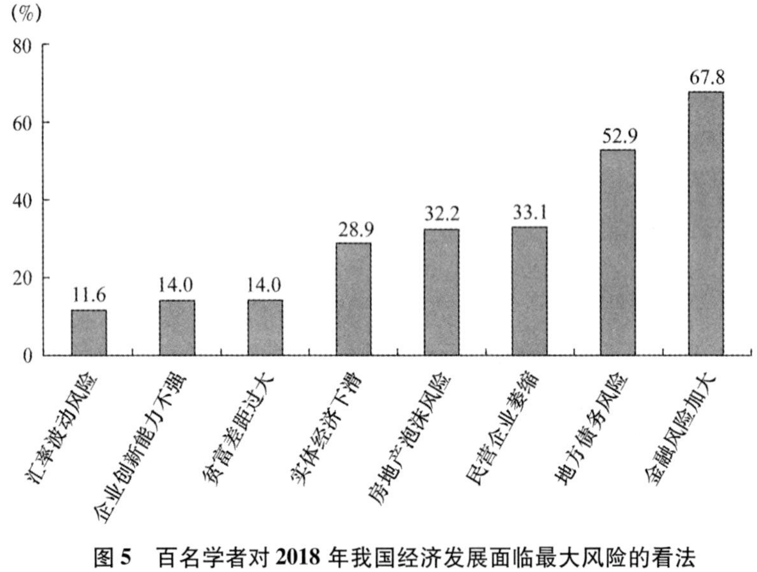

图5　百名学者对2018年我国经济发展面临最大风险的看法

相比前两年的调查结果，“金融风险加大”仍首当其冲，成为三年来让学者们最为担忧的风险。值得注意的是，“地方债务风险”的选择率以每年10个百分点的幅度连续两年提升（2016 年为 33.3%，2017 年为 43.0%），排名也从 2017 年的第五升为 2018 年的第二。而“房地产泡沫风险”的选择率 2018 年大幅下降 26.6 个百分点（2017 年为 58.8%），排名也由 2017 年的第二下降到 2018 年的第四。

“金融风险加大”以近七成的选择率排在诸多挑战的第一位。持此观点的学者认为，当前我国金融风险积聚的态势还未得到根本扭转，金融体系的敏感性、脆弱性增强，处于风险的易发、多发期。比如宏观杠杆率依旧高企、部分城市房价虚高、一些地方政府和企业负债率过高、金融“脱实向虚”现象依然严重、金融去杠杆的制度基础尚不牢固等。

五成多受访者担忧出现“地方债务风险”。持此观点的学者认为，当前，地方隐性债务较快增长问题比较突出，由此导致的风险不容忽视。一些地方政府继续通过融资平台公司、PPP 模式、政府投资基金等方式违法违规或变相举债。建议严格推进地方债务规范管理，尽快建立地方债终身问责、倒查责任制度，实现债务增长的权责利统一。

总报告（下）
学者对推动我国经济高质量发展的看法

中国经济正处在从高速增长向高质量发展阶段的转换过程中，对于如何推动经济高质量发展，中国经济时报2018年初完成的“百名学者前瞻2018年中国经济形势”专题调查结果显示，学者们对一些问题有较高共识：对于高质量发展阶段我国经济增速的合理区间，六成多学者选择6.0%～7.0%；“改革”“开放”是推动高质量发展的主要动力；“财税体制改革”与“国企改革”是最应推进的改革；“培育新增长点，形成新动能”是供给侧结构性改革的重点；振兴实体经济最有效的措施是减税降费、强化法治化的营商环境等。

一、六成多学者认为，在高质量发展阶段，我国经济增速稳定在6.0%～7.0%区间内比较合理

调查结果显示，对于高质量发展阶段我国经济的合理增速，62.5%的学者选择6.0%～7.0%区间；31.7%的学者选择5.0%～6.0%区间；还有3.3%的学者选择4.0%～5.0%区间；仅有2.5%的受访者选择7.0%以上（见图1）。

对于经济增速，受访学者普遍认为，各级政府要转变观念，确立正确的政绩观和考核观，要从GDP挂帅转为高质量发展挂帅。同时，要加快形成有利于高质量发展的制度环境和体制机制，将建立健全高质量发展指标体系、标准体系、统计体系等与选任干部的绩效评价、政绩考核机制紧密联系，形成科学的绩效考评。

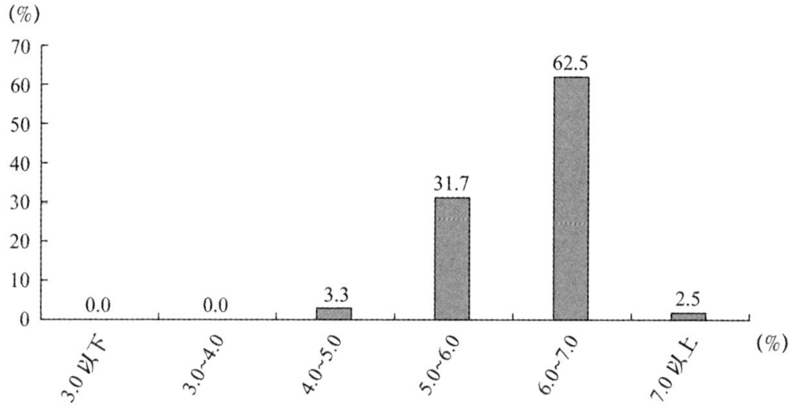

图1　百名学者对高质量发展阶段我国经济合理增速区间的看法

二、学者们认为，“改革”“开放”仍是高质量发展阶段我国经济增长的主要动力

对于高质量发展阶段我国经济增长的主要动力，学者们共识度较高，提到最多的是“改革”，共有76.9%的受访者选择；排在第二位的是“开放”，有40.5%的受访者选择；排在其后的分别是“激发各类市场主体活力”（38.8%）、“简政放权”（32.2%）、“实体经济提升”（28.9%）（见图2）。

相比2017年的调查结果，“改革”已连续两年以近八成的高选择率稳居第一；“开放”的选择率与2017年基本持平，但2018年的排名已从2017年的第四跃居第二。

学者们认为，要实现向高质量发展的转型，必须不失时机地继续推进改革，深化改革，建立起一整套有利于高质量发展的新体制、新机制。而扩大开放仍是中国深化改革与转型发展的重要推动力，是整合国内外两种资源、两个市场，

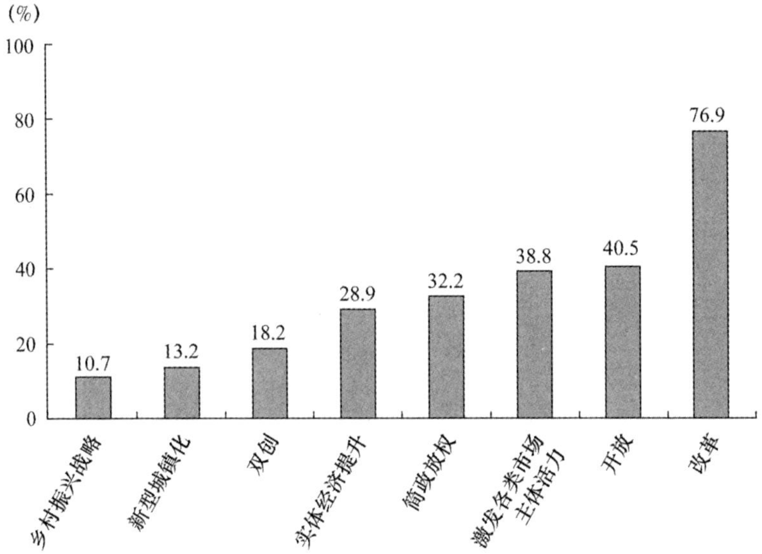

图 2　百名学者对高质量发展阶段我国经济增长动力的看法

向价值链高端攀升，实现高质量发展的重要手段。要推动转向高质量发展的全面开放，形成以“一带一路”为重点的双向开放新格局，形成以发展服务贸易为重点的外贸新格局，取得以自由贸易港实现对外开放的重大突破。

三、学者们认为，为保障高质量发展，“财税体制改革”与“国企改革”是我国最应推进的改革

对于为保障高质量发展我国最应推进的改革，“财税体制改革”与“国企改革”的选择率最高，分别为65.3%和55.4%，位列前二；其次，超过三成学者希望进一步推进“金融监管体制改革”（33.1%）和“简政放权”（31.4%）（见图3）。

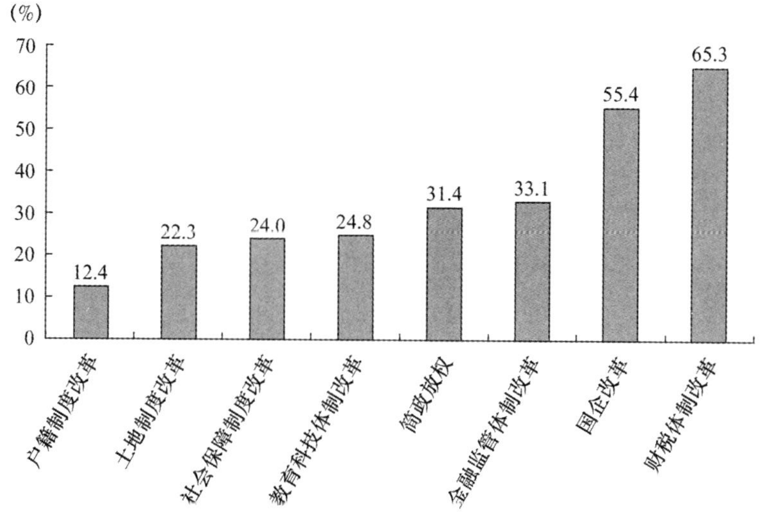

图 3　百名学者对高质量发展阶段我国最应推进的改革的看法

六成多学者对“财税体制改革”寄予厚望。相比 2017 年的调查结果，“财税体制改革”选择率排名 2018 年超越“国企改革”，位列第一。学者们认为，深化财税体制改革是经济高质量发展的“助推器”，当前亟待根据新时代特征，运用全新的理念和方法，构建现代财政制度建设的顶层设计框架，主要包括央地财政关系、政府预算制度以及税收制度改革等。

学者们认为，实现高质量发展，离不开国企改革的深入推进。新一轮国企改革需要明确两个主攻方向：以混合所有制改革促进国有企业转变经营机制，以管资本为主完善国有资本管理体制。推进混改要与完善国资管理体制协同联动，与产权保护、释放人的积极性同步推进。

四、学者们认为，“培育新增长点，形成新动能”是2018年我国深化供给侧结构性改革的重中之重

供给侧结构性改革是高质量发展的突破口。对于2018年我国深化供给侧结构性改革的重点，“培育新增长点，形成新动能”的选择率高达76.0%，排名第一；“降低实体经济成本”的选择率为52.9%，位列第二；“推动传统产业转型升级”“激发和保护企业家精神，鼓励创新创业”分别以47.1%和44.6%的选择率紧随其后（见图4）。

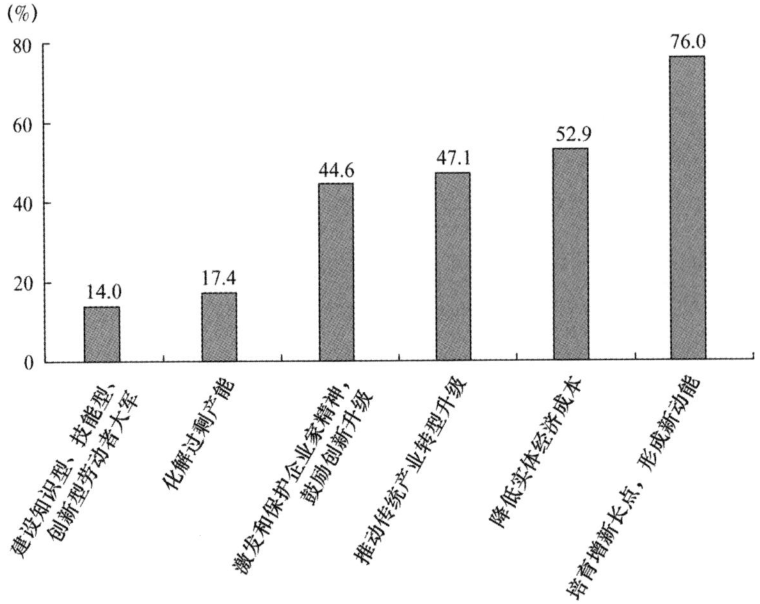

图4　百名学者对2018年我国深化供给侧改革重点的看法

七成多受访者认为，“培育新增长点，形成新动能”既可达到通过提高效率

驱动经济增长的结果，又可达到通过培育增量来化解存量矛盾的效果。培育新动能，要把握好以信息技术为代表的新一轮技术革命和产业革命的重要战略机遇，处理好前沿技术创新和传统产业升级、技术创新和商业模式创新、市场作用和政府作用等三个方面的关系，同时建立一整套真正能够激励、引导、保护创新的体制机制。

五成多学者寄望于“降低实体经济成本”的主要理由是，当前成本高阻碍了我国实体经济的持续发展。因此要优先推进降低实体经济成本的供给侧改革，尤其要重视降低制度性交易成本。

五、减税降费和强化法治化的营商环境等被认为是振兴我国实体经济最有效的措施

调查结果显示，对于振兴我国实体经济最有效的措施，排名前三的选项分别为“加大减税力度”“强化法治化的营商环境”和“降低各种费用”，选择率均为五成以上，分别为57.9%、57.0%和52.1%，这一排名顺序与2017年调查结果相同；“鼓励技术创新”也被44.6%的学者看好（见图5）。

“加大减税力度”和“降低各种费用”均有五成多的选择率。学者们认为，实体经济企业现行税费标准仍然较高，部分税费减负政策落实不到位。建议继续清理多头行政收费，减少涉企收费自由裁量权，加大力度治理“红顶中介”和行业协会乱收费问题，动态优化经营服务性收费目录清单。同时，进一步优化税制结构，适当下调增值税和企业所得税税率，形成有利于实体经济企业发展的税收环境。

五成多学者对“强化法治化的营商环境”这一举措充满期待。他们认为，只有在法治化的营商环境中，实体经济才能得到高质量发展。优化营商环境的

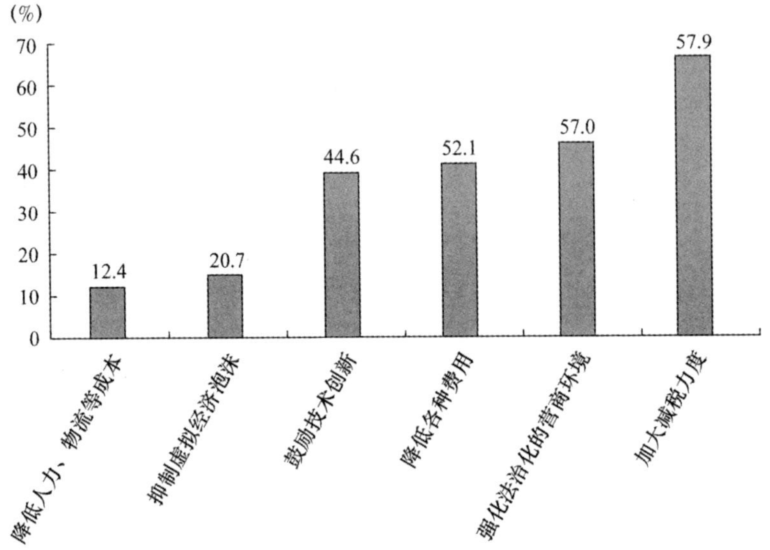

图5　百名学者对振兴我国实体经济最有效措施的看法

核心在于法治化，特别是要以法治化来强化政府的契约精神，依法保护好企业家的财产权、创新收益和自主经营权，才能切实强化企业家人身财富安全感，进一步增强和激励企业家的创新创业信心。

中国经济时报社
“百名学者前瞻2018年中国经济形势”课题组
顾　　　　问：余　斌
课 题 负 责 人：王忠宏　王　辉
课题执行负责人：李慧莲
执　　　　笔：李慧莲　赵海娟

改革是培育外贸竞争新优势的重磅抓手

白　明　商务部研究院国际市场研究所副所长

白明，商务部研究院国际市场研究所副所长。先后从南京大学经济学系、韩国庆熙大学亚太国际大学院、中国人民大学经济学院获得经济学学士、硕士和博士学位，现为商务部国际贸易经济合作研究院国际市场研究所副所长、研究员，曾任中国驻孟加拉国大使馆经济商务参赞处二等秘书和山东省东营市对外经济贸易委员会副主任。研究领域主要包括国际经济竞争优势、国际市场大宗商品行情研究以及国内外市场环境研究等。主持或参加若干国家重大课题研究，在核心期刊上发表多篇论文，在商务部组织的学术评奖过程中多次获奖。

伴随着从贸易大国向贸易强国跨越进程，近些年来中国致力于摆脱对以劳动力资源为主的传统竞争优势过度依赖，积极培育外贸竞争新优势。迄今为止，质量、技术、品牌、服务和标准五大方面被看做是培育外贸竞争新优势的主要抓手。尽管我国外贸在 2017 年取得两位数增长与世界经济复苏不无关系，但也在相当程度上得益于改革带来的红利，因而改革也可以被看作是培育外贸竞争新优势的重磅抓手。

首先，改革为培育外贸竞争新优势直接增添动力。迄今为止，各类园区建设之所以能够在对外开放过程中担当起“先行者”角色，在很大程度上与体制机制上的一系列配套改革相关联。2017 年 4 月 1 日，随着浙江、辽宁、重庆等 7 个自贸试验区挂牌，中国已经形成 1 + 3 + 7 的自贸试验区格局。作为高水平对外开放的试验田，通过在贸易便利化、投资自由化、转变政府职能等方面的一系列先行先试的改革，自贸试验区也为培育外贸竞争新优势做出了榜样。

其次，改革为培育外贸竞争新优势间接形成助力。按照2017年初国务院发出的《关于扩大对外开放积极利用外资若干措施的通知》要求，外商投资企业和内资企业同等适用“中国制造2025”战略政策措施。国务院出台上述改革措施有助于培育外贸竞争中的技术优势，这一措施本身也意味着对原有外资管理体制的突破。除了与技术抓手形成合力外，在培育外贸竞争新优势过程中，改革这个抓手也会与质量、品牌、服务和标准等其他抓手形成配合关系。

再次，改革为培育外贸竞争新优势不断克服阻力。作为全国加工贸易重镇，近年来东莞市着力加快对外贸易转型升级。作为全国首批开放型经济新体制试点之一，东莞通过尝试一系列“放管服”改革措施为企业转型升级扫清制度障碍。经过中期评估，东莞的许多经验已经在全国推广。例如，东莞加工贸易企业办理海关业务时间从4小时缩短至3~5分钟，越来越多的企业获益。

2018年是中国改革开放40周年，改革在培育外贸竞争新优势过程中将会扮演更重要的角色。着眼于贸易强国目标，当下培育外贸竞争新优势不能仅盯住质量、技术、品牌、服务和标准五大抓手，也要加大改革力度，形成培育外贸竞争新优势的新版本。为此，2018年的改革重点不仅要在开放的范围和层次上进一步拓展，更要在开放的思想观念、结构布局、体制机制上进一步拓展，如通过在扩大市场准入、放宽自贸试验区权限、探索自由贸易港，保护知识产权，弥补服务贸易短板，建设创新型国家等方面加大改革力度，为培育外贸竞争新优势增添更新动力、形成更强助力、克服更多阻力。从这个意义上讲，将改革看作是培育我国外贸竞争新优势的重磅抓手也未尝不可。

加快消费税改革 推动经济实现高质量发展

白彦锋 中央财经大学财政税务学院院长

白彦锋，现任中央财经大学财政税务学院院长。2005 年毕业于中国人民大学财政金融学院，获经济学博士学位，同年开始在中央财经大学财政学院任教，教授、博士生导师。2007 年澳大利亚维多利亚大学（Victoria University）访问学者，2013 年美国斯坦福大学亚太研究中心（Shorenstein Asia-Pacific Research Center，Stanford University）访问学者。2011 年入选“教育部新世纪人才支持计划”。2013 年中央财经大学“我国生态文明建设中的能源财政问题研究”青年创新团队主持人。2013 年六部委中央党校全国哲学社会科学骨干第 49 期研修班成员。国家社科基金项目、北京市自然基金评审专家。主要社会兼职：全国财政学教学研究会副秘书长。

党的十九大报告指出，要深化税收制度改革。2017 年底召开的 2018 年全国财政工作会议指出，要“深化税收制度改革，形成税法统一、税负公平、调节有度的税收制度体系”。对于我国个人所得税、企业所得税和房地产税等直接税，纳税人敏感度较高，很容易“口惠而实不至”。党的十九大之后，我国税制改革要“啃硬骨头”，需要从直接税和间接税两个方面着力，逐步提高直接税的比重。直接税改革空间大、方向明确，但改革需“徐徐图之”；间接税“块头大”、对国民经济影响大，改革过程中更容易排除干扰、“以收全功”。

我国间接税的一个重要改革方向应该是，降低增值税的比重、提高消费税的比重，这样一是可以降低人们生活必需品的税负、加强对高收入者的税收调节，通过优化间接税增强我国税制的再分配功能、促进收入分配公平；二是降低我国营改增之后增值税规模过大“一税独大”的风险。从国际经验来看，世界上一般消费税与特种消费税之间的比例通常在6∶4左右，而2016年我国国内增值税和消费税的收入分别为40712亿元和10217亿元，这就意味着我国一般消费税和选择性消费税之间的比例基本在8∶2。而考虑到我国2016年5月才推开营改增，2017年我国营改增试点全面推开之后营业税全部改为增值税征收，增值税与消费税之间的比例还会进一步上升。因此，将消费税由商品税改为货物劳务税、加强消费税的征收应该提上改革日程。

表1　　OECD国家一般消费税与特种消费税在全部税收收入中的占比情况　　单位：%

年　份	1965	1975	1985	1995	2005
一般消费税	14	15	16	18	19
特种消费税	24	18	16	13	11

资料来源：OECD，Revenue Statistics 1965－2006。

一、适度降低我国日常生活用品增值税税率

降低人们日常生活用品增值税的适用税率是一个重要选择。《财政部、国家税务总局关于调整工业盐和食用盐增值税税率的通知（财税〔2007〕101号）》规定从2007年9月1日起，将工业盐和食用盐的增值税税率统一由17%下调为13%；而《关于简并增值税税率有关政策的通知（财税〔2017〕37号）》中规定，从2017年7月1日起，仅将食用盐的增值税税率下调为11%。这就意味着，我国工业盐的增值税税率自此恢复为17%。可见，在我国营改增过程中，有必要逐步降低人们生活日用品增值税的税率。

二、将高档消费服务纳入消费税征收、为娱乐业营业税的退出“补位”

2016 年我国全面营改增试点之后，原来适用营业税幅度差别税率的娱乐业被统一征收增值税。如果按照原来 20% 的营业税最高税率计算，娱乐业适用的增值税税率不仅进行了下调，而且由于营改增之后可以抵扣进项税额，娱乐业实际税负下降幅度更大。2010 年，我国娱乐业营业税占全部营业税收入的比重仅为 0.35%，存在较大的增收潜力。为此，营改增试点改革之后，亟须通过扩大消费税的征税范围、为娱乐业营业税的退出“补位”，以保证该行业税负基本保持不变。换句话说，尽管目前我国增值税已经由货物税转变为了“货物劳务税”（Goods and Service Tax，GST），但是作为增值税“最佳拍档”的消费税仍然是“货物税”。为了适应营改增改革，我国消费税亟须扩大征税范围，相应转变为“货物服务税”。

三、加强消费税征收是我国经济转向高质量发展的重要表现

党的十九大报告指出，“我国经济已由高速增长阶段转向高质量发展阶段”。2017 年底召开的 2018 年中央经济工作会议进一步提出，要建立“推动高质量发展”的考核体系，必须加快形成推动高质量发展的指标体系、政策体系、标准体系、统计体系、绩效评价、政绩考核，创建和完善制度环境，推动我国经济在实现高质量发展上不断取得新进展。

我国经济增长质量提高的重要表现是推动我国经济增长的“三驾马车”投资、消费、进出口协调发力，消费成为我国经济增长的第一驱动力，成为我国

国民经济五大发展理念之一——“协调”发展的重要体现。2016 年，我国实现全年社会消费品零售总额达到 33.2 万亿元，同比增长 10.4%，最终消费对经济增长的贡献率为 64.6%。至此，消费自 2014 年以来连续 3 年成为我国经济增长的第一驱动力[①]（参见表 2）。这就意味着，我国消费转型升级步伐将进一步加快，高端消费的税收潜力巨大。要提高我国税收收入的质量和效益，必须进一步发挥好税收对引导消费、促进经济增长质量提高的引导作用，将间接税征税的重心向消费税进行平衡。

表 2　　2007 年以来三大需求对经济增长的贡献率

年　份	2007	2008	2009	2010	2011	2012	2013	2014	2015	2016
最终消费支出对国内生产总值增长贡献率	45.3	44.2	56.1	44.9	61.9	54.9	47	48.8	59.7	64.6
资本形成总额对国内生产总值增长贡献率	44.1	53.2	86.5	66.3	46.2	43.4	55.3	46.9	41.6	42.2
货物和服务净出口对国内生产总值增长贡献率	10.6	2.6	-42.6	-11.2	-8.1	1.7	-2.3	4.3	-1.3	-6.8
总和	100	100	100	100	100	100	100	100	100	100

资料来源：国家统计局官网。

① 商务部数据显示，2014 年，全国社会消费品零售总额 26.2 万亿元，同比增长 12%。全年最终消费对 GDP 增长的贡献率达到 51.2%，比上年提高 3 个百分点，消费已成为拉动经济增长的主引擎。http：//news.163.com/15/0122/07/AGI05BPH00014JB5.html。

四、加强消费税征收有助于促进我国经济发展不平衡不充分问题的逐步解决

党的十九大报告指出，中国特色社会主义建设已经进入新时代，我国社会主要矛盾已经转化为人民日益增长的美好生活需要和不平衡、不充分的发展之间的矛盾。消费税主要对高消费和高污染、高能耗的不环保商品征税，因此，加强消费税征收，一是有助于促进人们选择更加节能环保的绿色生产生活方式、构建美丽中国；二是消费税对高消费人群和地区课税，有助于通过转移支付方式改善低收入人群和地区的生活，促进我国经济更加平衡和充分的发展，使全国人民一起更快实现全面小康。

多方发力推动高质量发展

白永秀　西北大学经济管理学院学术委员会主席

白永秀，著名经济学家，教授、博士研究生导师。现任西北大学经济管理学院学术委员会主席，永秀智库理事长。并担任中国工业经济学会常务副理事长、中国区域科学协会副理事长兼“一路一带”专业委员会主任、陕西省区域经济研究会会长、陕西省委省政府特聘决策咨询专家。

在权威与核心期刊发表学术论文600余篇；出版著作、教材20余部；主持国家级项目20余项；全面主持区域咨询、企业咨询项目上百次。获国家级和省部级奖项20余次；为陕西省委、省政府提供多次重要决策咨询，被时任省委书记或省长批示并付诸实施十余次。

2018年是贯彻党的十九大精神的开局之年，是决胜全面建成小康社会、实施“十三五”规划承上启下的关键一年。随着中国特色社会主义和经济发展进入新时代，推动高质量发展成为我国当前和今后一个时期内确定发展思路、制定经济政策、实施宏观调控的根本要求，引领着中国特色社会主义建设走向新辉煌。

预计2018年中国经济增长率在6.7%左右。一方面，2018年是落实十九大精神的开局之年，结构性改革方向明确，通货膨胀持续温和，消费与贸易形势回暖；全球物价水平温和上升，大宗商品价格有所上涨。经济基本面向好。另一方面，国际直接投资增长缓慢，全球债务持续积累，金融市场出现泡沫；国内投资因去杠杆的继续推进而放缓，金融市场、房地产市场、地方债务呈现出严监管、严调控、严监督的“三严态势”。综合而言，中国经济继续保持向好态势与平稳增长的势头。从物价水平看，2018 年物价指数较 2017 年呈现出温和上升趋势：一是供给侧改革导致众多商品供给端收缩、需求端缓慢企稳；二是 OPEC 减产执行导致原油价格上升、工业品价格上涨；三是猪肉、鲜菜价格持续上涨。从社会投资看，预计 2018 年固定资产投资增速为 7% 左右，2018 年固定投资增速将继续回落，不过在创新驱动下，下游行业的投资需求可能会带动整体制造业投资止跌回稳，基建投资在精准扶贫、旧城改造等民生方面仍将表现较好，2018 年基建投资将维持稳定。从居民消费看，消费仍将保持昂扬向上的发展态势，对经济增长、扩大就业、改善民生的重要作用还将进一步显现，预计 2018 年全社会消费品零售额增长率与 2017 年持平，消费总额将突破 40 万亿元。从对外贸易看，2018 年美元计价我国对外贸易增速将为 8% 左右，2017 年以来世界经济复苏态势好于预期，全球市场需求回暖，贸易增长动力增强，美国经济保持稳健增长，欧元区经济增长稳固，日本经济温和增长。

在推动经济高质量发展方面，具体而言，要努力做到以下方面。

（1）推动涉农经济高质量发展。深入开展农商互联，畅通流通渠道，推动商贸流通企业与新型农业经营主体全面对接，打造新型的农商关系，不断改善农村电商的发展基础环境，完善硬件设施，健全服务网络，培养人才队伍，加快补上农产品冷链物流短板，提高农村电子商务的发展水平，更好地发挥电商对乡村振兴的推动作用。

（2）推动工业经济向高质量发展转型。通过《中国制造 2025》推动互联网、大数据、人工智能和实体经济深度融合，通过乡村振兴战略促进一、二、三产业融合发展，加大工业化对农业现代化的支撑力度，处理好城市化与工业化的关系，让城市化进程真正发挥对实体经济转型升级的需求引导作用。

（3）更加重视培育工业和服务业融合发展。加快生产性服务业改革开放，形成工业和服务业良性互动、融合共生的关系，构建创新驱动、效率导向的现代产业体系。

（4）建立有利于各类企业创新发展、公平竞争发展的体制机制。完善保护知识产权，努力创造公平竞争的市场环境，促进各种所有制的大中小企业共同发展。

（5）深化政府管理体制改革。围绕降低企业养老保险、税费负担、财务成本、能源成本、物流成本等事项进行一系列改革，出台切实有效的政策措施，营造有利环境，鼓励和引导企业创新行为。

深层次制度改革助推经济效率提高

曹海敏　上海工程技术大学管理学院教授

曹海敏，教授，硕士生导师，中国注册会计师，中共党员，加拿大高级访问学者，中国会计学会高级会员，上海高校金融学教学指导委员会，上海工程技术大学教学指导委员会委员。主要研究方向为财务管理、社会责任。主持和参加了国家级及省级基金资助项目 12 项，编著并出版了《管理会计学》《社会责任问题研究》等论著 10 部，在国家级核心刊物上发表专业论文约 35 篇。主讲《财务管理学》《管理会计》《高级财务管理》等专业课程。在教学实践中经过 30 多年的探索和积淀，取得了极为突出的教学效果，为省级财务管理专业和会计学专业优秀团队主要负责人。

2017 年中国经济实现较快增长的同时，总体保持了经济运行平稳。十九大报告作为我国一份高度透明的施政纲领，明确了未来中国几年的经济政策方向，为我国及世界各国发展提供了新的机遇。2018 年作为深化落实十九大报告总体要求的关键年，围绕中国经济由高速增长阶段向高质量发展阶段，其关键方面是推行深层次监管制度改革，构建经济效率提高的动力机制，助推经济改革得以有序进行。

第一，深化制度改革，发挥市场主体作用。首先进一步推行现代公司的制度安排，重点发挥国有资本投资体现的独立市场主体；其次从法律体制上设计资本市场监管策略，阻断缺乏经济效率的政治目标，从机制层面的根源上减少政府官僚的腐败。

第二，制定监管制度改革的战略框架。新时代下以监管权配置优化为基础，要考虑目前经济发展中不同制度的运行机制。在经济改革以政治目标利益和约束条件下，监管制度改革策略要充分发挥资本市场监管和公司治理功能的融合，制定有效的监管和制衡的战略框架，发挥监管对法治有效的补充，从而能够降低系统性风险。

第三，优化制度改革模式。重点是理顺政企关系的转轨，深化监管制度体系改革，以社会责任为目标的政策范式、制度变迁、政策源等众多视角进行有机融合，优化治理结构，形成中央与地方监管配置优化整合的分析框架，从而为矫正市场失灵提供正当性基础，从资源配置层面上，减少资源错配，构建提高经济效率的动力机制，为中国经济向创新驱动型转变提升效率奠定基础。

第四，全面落实风险责任，形成驱动制度创新的格局。从长期看发挥市场创新原动力，从中央到地方达到优化经济资源配置，缩短区域发展水平差异。良好的制度环境和激励机制，才能形成创新驱动促进经济增长的格局。因此，以风险为纽带，以责任担当为核心，从治理战略的根本上形成制度创新的格局，在经济发展的协调、开放、绿色、共享的新经济环境制度下，推动整体的经济增长。

可持续发展须加快绿色金融改革

曹明弟　中国人民大学生态金融研究中心研究员

曹明弟，高级经济师，现任中国人民大学重阳金融研究院绿色金融部副主任、中国人民大学生态金融研究中心研究员，专注于绿色金融，在宏观经济方面亦有研究。

参与编著《构建中国绿色金融体系》《生态金融的发展与未来》《绿色金融与“一带一路”》等，在《中国金融》《金融经济》《环境保护》等期刊和腾讯网、大公网、央广网、央视网、中国经济新闻网等新媒体上发表过文章。

2015年借调到中国人民银行协助筹建中国金融学会绿色金融专业委员，推动日常运营工作。

曾在中国著名民营管理咨询公司——北京市长城企业战略研究所工作7年，为北京市有关政府部门、国内开发区提供循环经济、节能减排、产业结构调整、产业发展等相关的规划研究、政策研究、方案制定等咨询服务。

党的十九大报告指出，我国经济已由高速增长阶段转向高质量发展阶段。从2017年中国的有关数据和政策可以看出，2018年中国经济有望保持高质量、可持续发展。

中国国内生产总值（GDP）继续保持中高速增长，结构进一步优化。2017年中国GDP初步核算比上年同期增长6.9%，仍处于中高速阶段，但不同产业的增速发生了较大的差异，以新技术、新产业、新业态、新模式、新产品、新动能为集中代表的信息传输、软件和信息技术服务业同比增速高达26%，创新动能实现了高增长。为提升经济发展质量，一些省份取消了 GDP 考核，2018 年中国 GDP 可能进一步实现平稳增长。同时，2018 年 1 月，国务院批复同意《山东新旧动能转换综合试验区建设总体方案》，将积极探索新旧动能转换模式，为创新动能的迸发创造条件，促进全面的经济结构优化。

经济发展中的“绿色”发展理念进一步落实，可持续发展基础进一步夯实。习近平总书记提出的“绿水青山就是金山银山”不断落到实处，2017 年中国在境内外发行绿色债券2000 多亿元人民币，居世界前列。国内21 家主要银行机构绿色信贷呈持续健康发展态势，绿色信贷规模从2013 年末的5. 20 万亿元增长至2017 年6 月末的8. 22 万亿元；其中，绿色交通、可再生能源及清洁能源、工业节能节水环保项目贷款余额较大并且增幅居前。2017 年6 月 14 日国务院常务会议决定在5 个省（区）建设绿色金融改革创新试验区，各地绿色金融发展如火如荼，推动经济绿色转型升级。2018 年绿色金融改革创新措施有望进一步深化，发展绿色金融的激励和约束机制将不断增强，在防范绿色金融风险基础上引导和动员更多的社会资本投入到经济绿色化中，可持续发展的体制机制创新措施将不断完善。

在全球经济开始复苏的大环境下，中国经济着力强调稳中求进，增强内功，积极防范金融风险，避免国际经济波动对国内经济形成干扰。在逐步取消 GDP 数量化考核的同时强调效益和质量，不断把“绿色”从理念落地为实践，不断探索可推广、可复制的经验和模式，推动经济的绿色转型。通过 G20 和“一带一路”等国际合作平台和机制，推动和帮助全球绿色金融发展，不但体现出“负责任的大国”国际形象，还有力地承担起由于美国退出《巴黎协定》造成的全球应对气候变化的责任缺失、资金缺口和组织失能，2018 年中国将为全球经济继续输出高质量、可持续的发展动力。

加快政绩考核体系改革
激活高质量发展的“微观基础”

茶洪旺　北京邮电大学经济管理学院教授

茶洪旺，经济学博士，国务院政府特殊津贴专家，北京邮电大学经济管理学院教授、博士生导师；西北大学兼职教授、博士生导师；美国科罗拉多州立大学客座教授。师从国际发展经济学奠基人、著名经济学家张培刚教授研读西方经济学专业，主攻发展经济学和区域经济理论。主要社会兼职：中华发展经济学研究会副会长、中国生产力学会常务理事、中国市场学会常务理事、国际绿色经济协会理事。

1995 年至 1997 年留学于美国科罗拉多州立大学；2004 年和 2006 年先后到日本东京经济大学、韩国延世大学进行学术交流。曾任云南省委、省政府经济发展决策咨询专家；主持国务院研究室、工业和信息化部、中央网信办等重点课题 6 项，参与研究国务院发展研究中心、国家发改委、科技部等重大课题 7 项，主持国家社科基金课题 2 项，在国内外核心学术期刊上发表论文 108 篇，出版个人学术专著 2 部，与他人合著 19 部，主编教材 1 部。曾荣获省部级政府颁发的哲学社会科学优秀学术成果奖 12 项；2010 年获北京市第十一届哲学社会科学优秀成果二等奖。

党的十九大报告指出，我国经济已由高速增长阶段转向高质量发展阶段，在十九大结束不久召开的中央经济工作会议又进一步明确指出了 2018 年经济发展的清晰走向：推动高质量发展是当前和今后一个时期确定发展思路、制定经济政策、实施宏观调控的根本要求。可以预见，未来经济发展形势的确定性或不确定性都不会改变经济高质量发展的主题。发展之路没有终点，只有新的起点。2018 年是推进“高质量发展”的元年，如何开好局、起好步，奋力翻开中国经济高质量发展的新篇章，这不仅对 2018 年的经济发展至关重要，而且更为重要的是对我国经济发展由“中国速度向中国质量转变”具有奠基意义。

推动经济高质量发展是一项系统工程，不是在一两年内就可以完成的，它是一个循序渐进的艰辛过程，需要有久久为功的韧劲，一步一个台阶持续向前推进，切忌急于求成，更不可能一蹴而就，应该把阶段性目标分解为年度任务落到实处、干出成效。因此，在推进“高质量发展”的元年，应以深化供给侧结构性改革为主线，把发力点放在加快政绩考核体系改革和激活经济高质量发展的“微观基础”上。

（1）加快政绩考核体系改革，以政绩考核体系变革引领高质量发展。政绩考核体系是“指挥棒”，指导着各级政府官员如何做。长期以来我国“唯 GDP”取向的政绩考核体系，使得地方政府官员热衷于追求急功近利的政绩，经济发展就演变成为唯 GDP 主义，以 GDP 论英雄。一旦经济增长速度可以转化成为政治资本时，“官出数字”、GDP 数据的造假就变得不可避免。吸取历史经验教训，时下推动高质量发展，当务之急就是要进一步深化改革，彻底从 GDP 导向的政绩考核体系变革为以高质量发展导向的政绩考核体系，凝聚发展共识，有力有序打造好新的“指挥棒”和驱动力，充分调动各级政府官员推动经济高质量发展的积极性、自觉性、创造性。政府官员是推进改革、落实中央决策部署的重要主体，如果政府官员没有积极性、自觉性、创造性，中央的顶层设计再好也很难落地。有鉴于此，以政绩考核体系变革引领高质量发展迫在眉睫、势在必行。

（2）激活经济高质量发展的“微观基础”，为实现经济高质量发展奠定坚实基础。高质量发展不仅需要顶层设计，更需要激活微观基础。企业是市场经济最基本和最重要的主体，创新驱动是经济高质量发展的必由之路，企业是创新的主体、企业家是创新的领军人。激活经济高质量发展的“微观基础”，重在激发企业和企业家两个方面的活力。一是要在“降”上下功夫，加大降低制度性交易成本和企业税费负担的力度，尤其要切实降低实体经济企业成本，推动人才、资金等各类要素更多向实业聚集。把“降”落到实处、干出实效来提振实体经济，为实现经济高质量发展奠定坚实基础。二是要在“立”上下功夫，把激发和保护企业家精神、弘扬工匠精神作为实现高质量发展的重要抓手，进一步完善促进创新发展的制度环境，培育壮大经济发展新动能，通过企业家引领技术创新打造中国质量，实现经济高质量发展。

然而，我们理应清醒地认识到：高质量发展的内涵十分丰富，不可能毕其功于一役。必须紧紧围绕高质量发展的内涵和现实要求，坚持问题导向，找准重点领域聚焦发力，一年突破一个重点，久久为功。只有这样，才能推动我国经济在实现高质量发展上不断取得新进展，为不断解决新时代我国社会主要矛盾创造更多有利条件，让世界更加看好中国。

人口新红利驱动经济长期发展

陈　波　中央财经大学财经研究院副研究员

陈波，经济学博士，中央财经大学财经研究院副研究员，北京财经研究基地专家。研究方向为金融科技、航运金融、绿色金融等。出版专著2部，在国内外学术期刊发表各类文章20余篇，拥有多项第一作者发明专利和软件著作权。领导研发了国内首个环境领域人工智能引擎EnRobot，已支持总计1000亿元的金融产品发行，服务50多家金融机构和政府。曾就职于国家发改委能源研究所和韩国SK能源集团。

2018年中国经济仍将继续寻找高质量发展的基础。近些年，中央一直在从各个方面为实体经济进行务实的大规模“整改”，微观层面正在逐渐从量变积累酝酿成质变，预计2018年仍将是一个在震荡中稳步前行的局面，但会有更多的经济指标向好，估计GDP增速在6.5%。

在体制改革方面，我认为最大的期待是全国监察体制的建立，这一具有社会主义特色的制度创新，将成为未来中国政治经济制度升级的内生驱动力。过去几年里，中国通过一系列的风暴，例如反腐风暴、环保风暴、扶贫风暴，以及近期开展的反黑风暴等为监察体系的建立进行了大刀阔斧的铺垫，我们切身感受到社会情绪正在形成越来越强的凝聚力，微观环境得到有效改善。

最大的不确定性来自金融稳定政策对资本市场的影响。从各方面传递出的信号看出，这轮金融稳定调控并非短期行为，可能将持续两年左右。我们必须要跳出资本市场看待本次调控政策，同时针对股市、债市、房地产市场进行去杠杆，这在历史上也不多见，反映了高层对推动金融服务实体经济的意志力。因此，短期之内股市、债市和房地产市场将聚焦较高的不确定性，尤其在国际形势不确定的情况下，股市存在较大的投资风险，流动性紧缩不可避免。

2018 年预计环保督察将进入阶段性收尾，重点应当是水污染治理，前两年大量生产型小企业被关停，整体污染排放情况已经得到有效控制，雾霾情况得到明显好转。但“一刀切”的方式不可持续，新的环保治理模式仍在探索之中。2018 年预计在自然资源资产管理和自然生态监管机构设置方面会有所突破，这会对中国的环境治理模式产生深远的影响。

国际形势方面，特朗普税改效果如何将在 2018 年开始显现。这个问题有很多争论，本人认为中国企业的税负被很多人高估了。我们看税负是否合理，不是简单的测算税收比例，而是要看税收被用到了哪里。对中国的税负批评相当程度上来自于对体制运行成本的不满，但应该看到这些年中央政府一直在快速地砍掉体制成本，提高国家机器运行效率。大规模减税这一武器远未到必须使用的时候，还需静观其变，不可情绪化。

整体而言，仍然看好中国的长期发展，未来的发展动力来自庞大的人口基础 + 互联网红利。尽管老龄化会导致人口红利下降，但我们也要看到，世界上最庞大的互联网基础设施，正在创造一种完全不同的人口新红利：人口质量不断提升，在互联网的催化之下正在产生前所未有的创新能力和消费能力，这是任何国家经验和经济模型所不曾预见到的。

2018 年中国经济“砥砺前行”　行稳致远

陈　华　山东财经大学当代金融研究所所长

陈华，经济学博士（后），金融学教授，研究生导师。现为山东财经大学当代金融研究所所长，学校关键岗位学科带头人。1989 年毕业于西南财经大学，获经济学学士学位；2001 年毕业于山东大学数学院，获理学硕士学位；2005 年毕业于苏州大学，获经济学博士学位。财政部财政科学研究所应用经济学博士后；山东省政协委员、省人大常委特聘专家，中国保险学会理事，山东省经济学会常务理事。研究方向为金融脆弱性、财政风险计量等。兼任青岛银行、山大华特、宝港国际独立董事，山东国投股权董事。

2018 年作为十九大的开局之年，也是我国经济结构改革的关键之年，是希望与困难并存的一年。我国经济结构转型所带来的发展阵痛将依旧存在，政府和企业在市场经济运行过程中仍旧问题重重，同时美国减税政策的实施会加大我国经济发展的外部压力，外部不确定性因素加大，我国经济增长面临较大困难。但随着经济结构转型所带来的供给侧改革红利逐步释放，实现经济成功转型的中国经济增长动力充足，产业结构合理，前景更为光明。

2018 年，中国经济总体上持“谨慎乐观”态度，新的一年中国经济仍需“砥砺前行”，行稳致远。具体到如何推动我国经济高质量发展，有几点建议。

1. 优化企业经营环境，推进“放管服”改革持续落实

在深化简政放权的同时促进政府职能转变，做好企业服务管理工作，坚决打击懒政怠政、官员不作为等现象，推动政府治理体系和能力现代化。政府政策发布实施要具有前瞻性、延续性，避免政策在执行过程中所产生的严重市场干预。

2. 切实降低企业税率，清理不合理费用

当前我国企业尤其是中小微企业经营维艰，政府应与企业共渡难关，减少企业经营成本，杜绝乱收费等现象。在美国减税政策实施的大环境下，我国经济面临较大的资本外逃压力，可通过降税手段给予企业更大发展空间，促进企业发展水平，刺激实体经济继续增长。

3. 严格管控风险，特别是降低政府与国有企业债务水平，有效控制宏观经济杠杆率

面对我国经济当前存在的地方债务风险、国有企业风险、房地产风险、金融风险等问题，应着重控制政府债务水平，防止杠杆由企业部门向公共部门转移，降低企业特别是国有企业杠杆率，健全风险监管体系，疏通风险释放化解渠道，建立事前预警、事中控制、事后化解的风险管控制度，严控系统性风险。

4. 加大新旧动能转化力度，头逼传统产业优化升级，大力支持战略型新兴产业

供给侧改革进入深水区，产业结构优化升级是必经之路，积极探索新旧动能转换模式，推动经济发展质量变革、效率变革、动力变革，提高全要素生产率，着力加快建设实体经济、科技创新、现代金融、人力资源协同发展的产业体系，促进新兴产业快速发展。

5. 激发和保护企业家精神，鼓励创新创业创造，提高企业创新能力

科技是第一生产力，人才是第一资源，企业家则是市场经济下最稀缺的资源。要鼓励企业家创新、创业、创造的积极性。

创新是引领发展的第一动力，要加大科研创新投入，强化知识产权保护，加强企业产业升级与技术创新相融合。坚持市场导向，营造良好政策环境，激发和保护企业家精神，培养一批具有蓬勃生机和旺盛活力的企业家队伍，着力建设世界一流的现代化企业以推动经济进一步发展。

市场经济发展基础须夯实

陈　剑　中国经济体制改革研究会副会长

陈剑，先后毕业于安徽大学经济系和吉林大学研究生院。先后在安徽省铜陵市委、国家人口和计划生育委员会、中国社会科学院、浙江温岭市人民政府、北京市人民政府研究室等部门工作。

著名的现代化专家、经济体制改革专家和奥运经济专家。在人口和计划生育、决策咨询等方面的研究也有诸多建树。主要社会兼职有：中国经济体制改革研究会副会长，中国改革20人论坛执行主任，京张冬奥研究中心主任，全国工商联参政议政委员会委员，北京市委讲师团专家组成员，北京中国特色社会主义理论研究中心特约研究员。北京交通大学等多所大学兼职教授。

学术成果：主要著作有《人口素质概论》《奥运热点面对面》《中国生育革命纪实（1978－1991）》《中国离现代化有多元——中国社会主义市场经济宣言》。主编《北京奥运经济报告2003－2009》共6部；主编《中国改革报告2011—2015》共5部和《国家重构——中国全方位改革路线图》。出版专著20余部，发表学术论文500余篇。一些专著和论文曾获省部级奖。

2018年推动中国经济稳定增长或持续发展的条件比较厚实，全年经济增速继续保持“稳中趋缓”，GDP增速估计为6.7%左右。作为经济转型大国，特别是全球制造业规模最大的国家，新兴产业的崛起势不可挡，但新旧动能转换需要时间。尤其是一些新兴产业增速虽高，但在经济中的占比需要有一个逐渐发展壮大的过程。

对 2018 年推动经济增长的因素分析，最终消费支出对国内生产总值增长的贡献率会在 2017 年基础上继续提升，接近 60%；第三产业中战略性新兴服务业、生产性服务业、科技服务业仍然会保持两位数的高速增长；城镇化继续推进，城镇化水平增速在 1.2% 左右。就外部环境而言，由于美国减税等因素的影响，全年美国经济 2018 年有望达到 3.5%，进而推动 2018 年全球经济复苏的态势有望延续。外部市场的积极变化，无疑有利于助推我国的经济发展。2018 年中国全年进出口贸易有望在 2017 年 14.2% 基础上，继续保持这一态势，实现两位数增长。

就区域经济而言，经济增长速度南高北低的现象会更加突显。长江经济带作为中国经济的引擎和发动机的作用进一步突显。2017 年，东北三省、京津冀三地以及西北部分省份，经济增长速度均低于全国平均水平。2018 年这一现象会进一步加剧。如何超赶全国平均水平，对这些省份而言是一个极大挑战。南高北低经济增长速度的差异，就其原因分析，实质是市场经济基础存在差异。因而如何夯实市场经济基础，特别是按照党的十九大提出的建立现代化经济体系，特别是其中推进要素自由流动，保护产权和弘扬企业家精神，这是北方省份更应当下大力气落实的问题。

在发展动力方面，仍然需要进一步释放市场活力。以党的十九大提出的以完善产权制度和要素市场化配置为重点，加大实施产权保护、发展混合所有制经济、依法甄别纠正社会反映强烈的产权纠纷案件。只有这样，才能将弘扬企业家精神以及将企业家作用真正落到实处，使企业家增添信心，看到希望，从而进一步改善营商环境，进一步激发各类市场主体的发展活力。

开放仍然是 2018 年重要举措。开放不仅是对外开放，对内开放甚至更为重要。这就需要全面实行准入前国民待遇加负面清单管理制度，大幅度放宽市场准入等举措，真正使不同所有制经济能够得到较为公平待遇，这也将显著提升开放型经济发展的水平，有效拓展发展空间。

要释放市场活力，需要把前一段期间陆续出台推进“放管服”改革真正落实到位，特别是大力减税降费，真正使企业减轻压力。而不是想象中的减税降费。但要把减税降费落到实处，需要与行政管理体制改革紧密结合起来。中国目前庞大的财政供养人口，不能够通过简单压缩的办法减少财政负担，而是需要合理设置政府部门，包括广义中政府中的党的各个部门，明确党政各部门职责，同时将一些可以由社会组织承担的工作交给社会。只有减少财政供养人口，减少政府的财政负担，减税降费才有坚实的基础，并进而提升企业活力。

对经济发展中的一些风险隐患需要高度重视，并花大力气解决。特别是实体经济发展面临成本较高等较多制约，地方政府庞大的债务负担，金融等领域风险突出等等，2018 年的“黑天鹅”事件或许有可能发生，需要增强忧患意识，同时要保持战略定力，有效应对各种风险挑战。

楼市政策平衡是最大挑战

陈　杰　上海财经大学投资系主任

陈杰，上海财经大学投资系主任，校讲席教授、校学术委员会委员，不动产研究所执行所长。国际权威期刊 Urban Studies（SSCI）基金会理事，亚洲不动产学会理事，世界华人不动产学会（GCREC）理事、亚太住房研究网络（APN-HR）执委会成员。中国投资协会理事，中国资产评估协会理事，上海市房产经济学会副会长。*Housing Studies*（SSCI）编委，亚洲房地产学会（AsRES）会刊 *International Real Estate Review* 副主编，国际期刊 *International Journal of Housing Policy* 编委会国际顾问。上海市曙光学者，上海市房地产行业首批领军人才入选者，上海市浦江人才。经常为中央和地方政府提供政策咨询和受邀撰写内参报告。世界银行和亚洲开发银行咨询专家。

2017 年中国 GDP 增速在近 7 年首次止跌回升，达到 6.9%。宏观经济出现复苏迹象，市场信心明显提振，表现在企业景气指数和企业家信心指数都出现反弹。中国宏观经济之所以在 2017 出现复苏，一方面是全球经济出现复苏带来的利好，美欧日都出现了经济复苏，外部需求改善，带动净出口由负转正；另一方面是国内经济调结构初见成效，在 2016 年大规模去产能去库存之后，2017 年主题是补短板下的内需提振，经济活力释放。

2018 年是中国经济又一个关键之年。3 月召开的两会是一个举国上下乃至全球的焦点，修宪和新一届政府换届交接成功，意味着政治上的平稳过渡，未来5年中国经济政策会保持基本稳定。2018年又是改革开放40周年，政府主要领导人都已经承诺会更加开放和推进改革，会有很多政策层面的利好消息。2018年，在政策层面的总体格局上来看，会给宏观经济发展带来比较良好和预期稳定的政策环境。

从外部环境来看，美欧日的经济总体上都会继续复苏，美国特朗普政府的减税政策及一些务实经济政策预计会带动美国经济继续强劲恢复。虽然美国减税会吸附国际资本趋向美国而给中国的外资利用带来一定的压力，但一方面美国和中国吸引的外资还不尽相同，存在较大的错位，另一方面如今的中国对外资的依赖程度已经大大降低，外资即使流出一部分对中国经济的影响也不会很大。然而美国经济复苏、消费增长包括其基建方面的投资增加，都会增加对中国经济的外部需求。美国经济的强势，也会带来美元走强，减少对人民币升值的压力，有助于中国在全球经济格局中更加主动灵活。

在内部经济中，中国高校扩招带来的人才红利继续释放，中国拥有了世界上最大规模的工程师和科学研发队伍，中国制造到中国创新的转型，在2018年会进一步显现。新的一年中，互联网方面仍然会有很多新产业、新产品、新模式的涌现，传统产业与互联网的结合会更加紧密。人工智能会继续成为风险投资的风口，并有不少新产品落地。十九大后的三大攻坚战，“防范化解重大风险”“精准扶贫”“污染防治”，都会在2018年继续落实。金融方面的创新会相对谨慎，货币政策会总体保持稳健态度，货币信贷投放量增速会有所减缓，地方政府债务清理会更加严格，但普惠金融、开发性金融、政策性金融都会有实质性进展。在全国对清洁空气、绿色生态共识一致的呼声下，环保产业新能源产业都会有大量发展机遇，传统产业的升级换代中也蕴含了大量的投资空间。新型城镇化战略会在户籍制度和土地制度方面有所突破，至少是在部分城市范围内。房地产行业以大城市长租公寓等租赁产业的发展为龙头，撬动房地产业转型发展，和金融结合得更加紧密。大城市房地产市场积压的房价风险仍然不可忽视，而三、四线城市的房地产库存尤其是商办楼宇库存仍然有消化压力。楼市政策如何在“走钢丝”中保持发展与风险的平衡，是中国2018年宏观经济中的最大挑战之一。

防控金融风险须加强财政能力建设

陈　龙　中国财政科学研究院研究员

陈龙，财政部中国财政科学研究院研究员，经济学博士、财政学博士后，硕士生导师。曾出版《“社会集中分配论”研究》《中国收入分配深层破冰》《预算的建构力：突破中国发展困境与陷阱》等著作，合著、参编《大国财政》《中国税收政策报告》等十余部著作，在《人民日报》《学习时报》《财政研究》等报刊上发表学术论文百余篇。主持、参与数十项国家政策及重大课题研究。曾获第五次全国财政理论科研成果一等奖、中青年科研成果一等奖等奖项。

依据当前我国经济新旧动能转换和结构优化升级、国内外经济形势的发展变化，可以判断2018年我国经济将继续保持稳中向好的总体趋势，但制约高质量发展的问题不容忽视，特别是潜在的系统性金融风险值得高度警惕。随着经济运行体系的变化，特别是经济增长速度放缓、新旧动能转换，潜在系统性金融风险将进入诱发期和敏感期。

防控系统性金融风险，亟须提升财政的风险防控能力，为此，需要在“有为而非全能型强政府”的理念下，加强财政能力建设，不仅通过财政政策和公共资源的调整，消解引发系统性金融风险的经济根源，而且要加强财政体系的稳健性建设，增强财政应对不确定和“托底”的能力。同时，强化监管能力，明确政府责任，既要积极防范微观金融风险向系统性风险转化，也要避免政府过度承担微观金融风险的成本。

其一，提升财政支持和服务实体经济的能力。优化财税政策，完善创新的激励机制，推动经济动能转换。加快调整税制结构，针对可能发生的全球税收竞争，适当下调增值税和企业所得税税率，形成有利于创新和实体企业发展的税收环境。采取资产处置、产业间整合等方式，削减、收缩国有企业的非主业，使其聚焦主业，提升核心竞争力。对于不符合产业发展方向而又长期亏损的“僵尸企业”和特困企业，则应通过破产重组、资产处置等方式，降低宏观杠杆率。

其二，提升财政体系稳健能力。财政稳健是防风险的基础和“压舱石”，为此，一是堵疏结合，规范流量，开展消减存量改革试点，防范地方债出现“灰犀牛”。建立省级资源统筹和改革协调机制，统筹财力分配、统筹公共资源全局调整、统筹融资平台转型与改革，并采取处置资产、转换股权、资产证券化、信托等方式消化地方政府存量债务。二是加快推进财政体制改革，规范中央与地方以及省级以下事权与支出责任的划分，减少共担事权，上移监督责任，建立权责明确、激励相容、运转高效的事权和支出责任划分模式。三是加快地方融资机制改革，建立地方规范的投融资制度。

其三，提升财政应对不确定性和保障能力。按照“调规模、优结构、提能力”的原则，优化支出结构和财政资金使用方式。加快政府体制和事业单位改革，规范行政事业费的供应范围，大力压缩行政开支等一般性支出；增加保障性和发展性支出，形成公平、科学、高效的社会性支出制度；坚持有为有不为，优化并适当减少经济建设支出。此外，消除财权碎片化，打造完整、统一的“大预算”，优化土地出让收入等资金的使用，提高资金的整体配置效益和财政保障能力。

高质量发展须重视实体经济

陈运平　江西师范大学副校长

陈运平，管理学博士，教授，江西师范大学副校长。国家自然科学基金通讯评审专家，江西省经济学科评议组成员，江西省职业经理人协会专家委员会委员，江西省中小企业家协会专家委员会委员。主要研究方向为区域经济与金融管理。主持国家自然科学基金面上项目1项，主持完成国家自然基金项目1项，主持国家社科基金重大招标项目子课题1项，主持省社会规划、省教育规划、省高校人文规划、省科技项目、省软科学及横向委托项目多项；在《人民日报》（理论版）、《光明日报》（理论版）、《经济管理》等刊物发表论文30余篇，出版专著3部。获江西省社科优秀成果二等奖3次、三等奖1次，获省级教学成果奖二等奖1项，获江西高校优秀成果二等奖、江西省邓小平理论研究会优秀成果奖等奖项。

2018年是贯彻党的十九大精神的开局之年，是改革开放40周年，是决胜全面建成小康社会、实施“十三五”规划承上启下的关键一年。要一以贯之坚持习近平新时代中国特色社会主义经济思想，遵循经济发展规律，把握好工作节奏和力度，凝心聚力，固牢6.7%左右的GDP增速，在稳中求进中推动中国经济变道换轨，迈向高质量发展阶段。

一、高质量发展必须重视实体经济

实体经济是高质量发展的主体，是经济强国的根基。没有一个高水平的实体经济，就难以建设现代化经济体系，就难以有一个高质量、高效率的供给体系，就难以为人民提供满足美好生活需要的各类产品和服务。习近平总书记指出，不论经济发展到什么时候，实体经济都是我国经济发展、在国际经济竞争中赢得主动的根基。一是要实施创新驱动战略，着力推进“工业互联网计划”和“机器换人计划”，发展智能制造、绿色制造，促进制造业的优化升级，提升工业化的发展质量，筑牢经济高质量发展的根基。二是深化产教融合，推动学科建设与实体经济转型升级相适应，深化“引企入教”改革，促进教育链、人才链与产业链、创新链有机衔接，大力发展职业教育，大力培养大国工匠，培养新兴技术＋操作人才、新兴技术＋管理人才的人才队伍。三是加大力度推动降费减税，降低企业成本，推动设立产业发展基金，加快建设担保体系，引导社会资本投入等多种途径降低融资成本，缓解融资难，强化实体经济吸引力。四是扩大开放力度，不断完善市场准入负面清单制度，破除歧视性限制和各种隐形障碍，打破行政性或市场垄断，加快要素价格市场化改革。四是构建去产能的长效机制，推动出台处置“僵尸企业”以及金融债务处置的意见，“腾笼换鸟”，鼓励先进企业兼并重组并淘汰落后产能。

二、高质量发展必须发展新经济培育新动能

数字经济、分享经济成为当前发展最快、创新最活跃、辐射最广泛的经济活动。以新经济为代表的经济新动能会成为新旧动能接续转换，经济高质量发展的重要动力。发展新经济培育新动能，推动经济发展动力变革，是经济高质量的中心工作。一是聚焦重点精准发力，在农业方面，应充分利用大数据、云计算、物联网等新一代信息技术，推动农业农村供给侧结构性改革，实现一、二、三产业融合发展；在工业方面，充分利用“互联网＋”、工业4.0、跨界融

合等新思维，加快互联网、大数据、人工智能与制造业的深度融合，发展先进装备制造业，推进制造业服务进程，促进传统制造业向创新链、产业链、服务链、价值链的高端跃迁；在服务业方面，不断壮大工业设计、现代物流、现代金融等生产性服务业及全域旅游、文化创意等生活性服务业的发展。二是搭建大众创业、万众创新的平台，发展平台经济，建立“政府管平台、平台管用户”的治理模式，强化分享平台内部治理与安全保障，形成政府、平台、用户、行业协会、社会公众等多个行动主体共同参与的治理机制。三是充分发挥市场在创新要素资源配置中的决定性作用，推动各类创新组织、创新企业迅速成长，培育扶持一批能够引领新经济发展方向的独角兽企业，让更多的创意、信息、人才、技术等创新要素涌动汇聚到新经济发展中来，以活跃的创新创造活动推动经济提质增效升级，为新经济新动能发展提供坚强支撑。四是深入推进“互联网+政府服务”工程，提升政府办事效率。

三、高质量发展必须有强有力的金融支持

金融作为现代经济的核心，需要发挥金融在现代化经济体系建设中的重要作用，推动经济转向高质量发展。一是要保持严监管和金融去杠杆的姿态，出台现代金融法律法规的实施细则，完善金融业务持牌经营管理，减少监管空白和盲区，重点关注互联网金融平台风险，重点整治银行业违规开展同业业务、理财业务、表外业务等乱象，重点打击资本市场的内部交易、买壳卖壳、资本大鳄、场外配资，以及“清仓式”减持、“过桥”减持行为，做好重点领域风险防范和处置，着力提升金融风险管控能力，主动防范和化解系统性金融风险隐患。二是坚持加快多层次资本市场建设和发展，继续深化创业板改革，完善上市公司再融资和退市制度，发挥新三板“试验田”功能，稳步提高新三板国

际化的广度和深度，不断规范发展私募股权投资，进一步推进公司债券和资产证券化的产品创新。三是深化金融业与科技的融合发展，打造金融业的资产标准体系，促进国有大银行战略转型，规范中小银行和民营金融机构发展，推进普惠金融和绿色金融体系建设。

四、高质量发展必须大力培育企业家精神

企业家精神是一种特别稀缺的无形资源，它是一个国家或地区产业竞争优势的主要来源。新时代培育企业家精神最需要做的就是环境再造，保护企业家，充分激活企业家干事创业的动力。一是依法保护企业家的产权、创新权益、自主经营权，从立法、执法、司法等多个法治环境层面出台详细的、可操作性的实施细则，使得权益保护制度化、法治化；二是切实保障国有企业、民营企业、外资企业等各类市场竞争主体具有公平地位，实现权力平等、规则平等、机会平等；三是完善企业诚信制度，建立企业家诚信档案，利用全国信息平台对企业的经营行为、对失信的企业家进行公示；四是鼓励企业家创新，包容企业家在创新过程中的失误和失败，培养有能力的企业家；五是深入推进政府的“放管服”改革，清理废除妨碍企业家精神建立的各种规定和做法，界定政府宏观调控的职权，实行权力清单、责任清单、投资清单、财力清单管理，降低市场风险，“守护”企业家的预期，营造企业家干事创业的社会氛围。

各级政府与企业齐努力
推动经济平稳健康发展

程世东　国家发改委综合运输研究所城市交通运输研究中心主任

程世东，国家发改委综合运输研究所城市交通运输研究中心主任，毕业于北京工业大学，交通运输管理与规划专业，工学博士，先后在交通产业政策室、交通发展战略室和城市交通室工作，主要从事综合交通运输发展战略、规划、政策研究，近期重点研究城市与城市群交通。负责主持和重点参加了70多项国家、地方和国际合作项目，多项成果获省部级科技进步奖，积累了丰富的专业知识和管理组织经验，共参与出版7部学术著作，发表了80多篇学术论文，在业界具有较强的影响力。

随着供给侧结构性改革的不断推进，“三去一降一补”重大措施的深入实施，我国经济进入新常态，稳中趋好的态势明显。2018年这一态势必将持续且更为良好，但保持经济稳定、健康发展面临的挑战依然很大，需要中央、地方政府和企业主体共同努力。

新的一年，将继续实施积极的财政政策和稳健的货币政策，中央政府的投资会继续保持稳定，但也会面临一些问题：有效投资领域逐步减少，基础设施的缺口主要集中在基本公共服务领域，撬动社会资本投入的难度较大；在防范金融风险过程中，对地方政府债务和融资平台管理加强，地方政府配套资金日趋艰难。在房地产投资持续下降、以实体经济为主的形势下，在大部分企业没有实现有效转型升级的条件下，2018 年社会资本大规模投资、快速增长的可能性不大。

在经济新常态背景下，近几年居民收入增长幅度不大；同时，随着住房市场的发展，居民个人债务率不断上升。虽然需要关注这种变化对消费的长远影响，但当前消费没有受到明显影响，高品质的物质需求和旅游、文化娱乐为代表的精神需求不断增加，这需要供给侧实体经济的转型升级和服务业的创新来满足和引导。我国互联网经济独树一帜，主要集中在商贸、金融等服务业，更多是传统模式替代或实体经济的互联网化，真正的增量不大；同时，这些企业也在转型，但尚未与美国企业一样深入无人驾驶等高科技高端制造实体产业中。创新与转型升级是慢变量，新的一年会有好转，但不会非常显著，需要政府创造良好的发展环境，但更重要的在于企业自身。

全球经济相对稳定，但也没有显著好转的趋势，再加上强烈的贸易保护主义，新的一年，我国出口外贸环境明显改善可能性不大。在我国产业没有实现转型升级的条件下，靠品质、品牌竞争带来的出口增长不会有显著的改变。我国“一带一路”倡议将继续深入推进，重点在基础设施投资领域，也遇到所在国现实的困境、模式转变要求和西方国家的围追堵截等多重挑战，问题的解决需要时间，因此我国的开放对国内经济的带动短期内也不会太显著。

总体看，新的一年，中央和地方政府在防范化解重大风险的同时，积极稳妥地进行有效投资，加大改革和制度创新，创造良好的营商环境，市场主体主动作为，加快技术、模式创新和转型升级，全国经济将会平稳地进入高质量发展阶段。

以三大变革推动高质量发展

迟福林　中国（海南）改革发展研究院院长

迟福林，现任中国（海南）改革发展研究院院长，研究员，博士生导师。20 世纪 80 年代初至今的 30 余年间，一直从事改革研究，形成了许多重要的改革研究成果，是具有广泛影响力的改革智囊。

作为一名改革研究者，专注中国改革问题研究，多次主持或参与国家重大改革研究课题和国际合作研究项目。

1991 年参与创建中国（海南）改革发展研究院，历任常务副院长、执行院长、院长。

先后受聘为中国经济体制改革研究会副会长、中国行政体制改革研究会副会长；国家行政学院、中国井冈山干部学院、北京大学、东北大学等高校特聘教授；国家“十三五”规划专家委员会委员，国家工商行政管理总局市场监管专家委员会副主任委员，广东、海南等地方政府决策咨询顾问等。第十一届、第十二届全国政协委员。享受国务院特殊津贴专家，曾获全国“五个一”工程奖、孙冶方经济科学论文奖、中国发展研究奖、全国杰出专业技术人才等多项荣誉，入选“影响新中国 60 年经济建设的 100 位经济学家”、《20 世纪中国知名科学家学术成就概览（经济学卷）》。

2018 年，经济增长既面临诸多积极而有利的因素，也面临一些严峻挑战。需要按着党的十九大报告的精神，以三大变革推动高质量发展，开好头，起好步，奠定中长期经济发展的坚实基础。

1. 2018 年我国经济仍将实现中高速增长

判断短期经济走势，需要放在中长期大趋势下来看。从趋势看，我国经济转型有着相当大的空间。比如，到2020年，我国消费规模将达到45万~50万亿元人民币左右，新增市场空间将达10万亿元人民币以上，约合1.5万亿美元。2020年我国服务业将还有6个点左右的增长空间，约10万~12万亿元人民币。

从短期看，2017年我国经济增长率为6.9%，这不是简单的增速提升，更反映了我国过去几年在推进经济转型和结构调整上的进展。展望2018年，消费增长有可能保持在10%的水平；服务业还将保持一个较快的增长速度；外贸企稳的态势初步形成。综合各方面因素考虑，2018年我国经济增速有望达到6.5%左右。

2. 2018年需要打好“拆弹”这一仗

在经济转型升级的大趋势下，决定2018年实际增长的因素主要是防范短期风险，重点要防范金融风险、地方债务风险、实体经济下滑的风险。

2018年是防范风险的关键一年。一是在金融领域要打好“拆弹”这一仗——积极稳妥地消除风险隐患，而不能使之引爆并漫延。二是在地方债领域，重点是防范并化解各类隐形债务风险。比如，地方政府利用PPP名股实债形成的地方或有债务。三是在实体经济方面，关键是防止社会资本投资增速反弹乏力。如果2018年社会资本投资增速仍然低于全国平均水平，有可能对经济转型升级带来重大掣肘。

3. 关键是实现三大变革的重大突破

2018年的经济增长，对2018~2020年的发展有着重要的影响。为此，需要在深化供给侧结构性改革上加大力度，在防范系统性风险的同时，尽快实现改革开放的重大突破。

第一，加快转向高质量发展的创新驱动。一是进一步加大研发投入，2018年争取全社会研发经费支出占GDP的比重由2017年的2.15%提高到2.5%左右；二是加快推进重大科技决策制度化、科学化，着力改变简单套用行政管理方式管理创新活动；三是优化基础研究、战略高技术研究、社会公益类研究的支持方式，提高创新活动效率。

第二，在发展实体经济上聚力发力。2018 年应当成为实体经济的“转折年”。一是加快制造业优化升级。深化供给侧结构性改革，首要任务是推动制造业的优化升级，提升制造业的国际竞争力。二是推进产权保护制度化法治化进程，保护企业家精神，尤其是落实中央产权政策上要多方发力。三是以打破垄断为重点优化营商环境，激发各类市场主体的活力。

第三，推动转向高质量发展的全面开放。一是以“一带一路”为重点的双向互济开放新格局。以基础设施互联互通为依托；以产能合作和服务贸易为重点；以建立自由贸易区网络为目标。二是以发展服务贸易为重点的外贸新格局。关键是扩大服务业市场开放，并且以服务贸易为重点加快国内自贸区转型。三是以自由贸易港实现对外开放的重大突破。2018 年在条件比较成熟的地区启动自由贸易港建设的试点，将形成广泛的内外积极效应。

结构改善须保持战略定力

丛　屹　天津财经大学习近平新时代中国特色社会主义思想研究中心秘书长

丛屹，天津财经大学经济学院教授、博士生导师，校学术委员会委员。现任天津财经大学人文学院院长兼马克思主义学院院长，天津财经大学珠江学院（独立学院）经济学院（二级学院）院长，天津财经大学习近平新时代中国特色社会主义思想研究中心秘书长。主要社会职务有：中国经济发展研究会理事、中国城市经济学会学科建设委员会委员、天津市社会组织联合会常务副会长。主要研究领域为发展经济学、宏观经济学、土地与房地产经济学。

2018 年是我国结构调整、转型升级的关键之年，总体经济运行将表现出增速回稳和结构改善的特征，但结构性问题仍然突出、内部风险犹存，同时面对日益错综复杂的国际政经形势，外部风险和挑战增加。按照十九大报告和中央经济工作会议的要求，2018 年的经济发展，在努力深化供给侧结构性改革和推动高质量发展的同时，必须保持战略定力并着力化解重大风险。个人认为，有以下三个重点。

1. 继续深化供给侧改革

按照“五大任务目标”“五大发展理念”“五大政策支柱”的逻辑要求，切实推动粗放的增速模式转变为高质量发展模式。按照质量变革、效率变革和动力变革的要求，在产业发展层面，既要痛下决心严厉淘汰落后产能、努力创新路径消化过剩产能，也要结合“两化深度融合发展”“互联网 +”“中国制造

2025 计划”等路径加力推动产业发展水平的不断升级。要高度重视实体经济发展的基础性地位，切实在“降成本”方面进一步出实招，尤其要重视通过“深化市场经济体制改革”降低“体制性成本”，才能激发市场的活力、发挥其在资源配置方面的决定性作用。同时，面对结构调整期的转型压力，要充分重视“改善和保障民生”，做到“社会政策要托底”。

2. 房地产市场仍是虚拟经济风险的重点防范领域

2017 年房地产市场治理取得明显成效，一二线城市房价增速明显放缓，但三四线城市仍面临较大的去库存压力。从宏观层面看，总体房价的增速明显回落至经济增速以下，说明总体泡沫消化的效果是明显的。但结构性分化的特征仍然明显，增速涨跌不一，仍须在政策面采用“因城施策、政府问责”“严格管控资金渠道”“推动租售并举、租售同权，大力发展长租市场”相结合的方式，进一步构建长效机制稳定房地产市场，促进其回归居住功能的健康发展模式。

3. 防范地方财政赤字扩大化，化解地方政府的债务风险

尽快推进财政体制改革，化解地方债务问题、防止地方财政赤字的扩大化倾向。从中央与地方事权和财权划分、深化财税体制改革、优化支出结构提高财政支出效率等方面尽快拿出方案并推进落实。对地方财政支出的结构提出优化的目标要求，要注重结合“放管服”改革，进行“精兵简政”，在提高支出效率的同时压缩开支规模。尽快研究制定税制改革的总体方案和改革路径，对重点和难点进行试点探索，以应对日益浮现的国际税收竞争。

2018 年经济下行压力仍存但波幅微小

丁安华　招商银行首席经济学家

丁安华，招商银行首席经济学家，加入招商银行之前曾先后任职于华南理工大学、加拿大皇家银行、招商局集团以及招商证券。具有 20 多年在学术界、央企和金融机构的从业经验，曾领导国内最佳卖方研究团队，专业能力和研究实力得到广泛认可，曾获得《第一财经日报》“年度机构（中资）首席经济学家”“中国本土券商最佳首席经济学家”等奖项。

近年来曾先后担任多间上市公司包括招商银行、招商证券和招商轮船董事。

2018 年经济下行压力仍存，但供给侧调控之下波幅微小。具体而言，消费将保持平稳，消费升级仍将持续。预计 2018 年消费难有大的起色，但下行空间有限，整体平稳，同时居民追求美好生活意愿加强，消费持续升级。

投资将稳中趋缓。2018 年固定资产投资将是稳中有降格局。基建投资增速大概率承压，出现新一轮朱格拉周期的可能性较小。商品房销售下滑的趋势基本确定，销售与资金来源形成的负反馈机制进一步制约房地产投资的反弹。

外贸对经济增长的贡献将小幅回落。进出口是 2017 年经济超预期的主要边际贡献因素，随着全球经济进入正反馈阶段，进出口明年增长依然强劲，但受 2017 年高基数影响均有转弱。

企业盈利和生产有望继续改善。考虑到供给侧改革对上游周期行业利润的影响逐渐弱化，将拉低总体企业利润增速，预计 2018 年企业利润表现将相对平稳。同时，十九大报告中出现多项可能对实体部门产生深远影响的有利政策，工业部门生产改善有望持续。

通胀将有所上行，但不会构成问题。2018 年供给侧改革将转移重心，去产能、去库存和环保限产力度预计将基本维持，工业品价格大幅上行空间有限，2018 年 PPI 预计将呈前平后低走势，PPI 回落至 3% ~4% 之间，实体企业盈利增长放缓至 15% 附近。CPI 上行但整体可控，CPI 在服务价格带动下预计增速在 2.3% 以上，阶段性通胀压力再现，一定程度上会限制货币政策的操作空间。

金融监管措施继续加强，相机抉择的人为失误风险不可不防。货币环境将延续稳中偏紧态势，财政政策托底经济的意愿或将降低。2018 年货币政策将保持“政策定力”，存贷款基准利率大概率不变，定向降准也不意味着货币政策的转向。在重塑中央和地方财政关系的指导思路下，地方政府隐性财政扩张将受到严格限制，同时财政政策将更加侧重公平。

要实现高质量增长，就必须破除一味追求 GDP 增长速度的迷思，我们不可再单纯追求速度而忽视质量。中央政府要统一意志，防范化解金融风险；自上而下地彻底打破县际竞争模式，加强区域经济的协调发展，重点推动京津冀地区、长三角城市群、粤港澳大湾区等区域发展；以美丽中国和创新中国为目标，加强对环保基建、人工智能、新能源、新材料、智能制造、金融科技、消费升级等领域的支持。

经济发展新动力将持续加大

丁茂战　国家行政学院信息技术部主任

丁茂战，南开大学哲学硕士、北京大学经济学博士、南开大家管理学博士后。曾任国家行政学院研究室主任，现任学院信息技术部主任，兼任中国行政体制改革研究会常务理事、中国政策专家库专家委员会委员。先后任空军政治部理念研究室副主任，北京市崇文区委研究室主任、区发改委党组书记兼主任、区委常委兼区委办公室主任。

2017 年，我国经济发展取得了超出预期的好成绩。GDP 实现 6.9% 的增长，全年增量超过 8 万亿元，走出了 2010 年以来第一次上升行情。包括物价、就业、国际收支等主要经济指标亮眼，尤其是经济结构继续优化、市场活力持续增强、创新动力不断提高，经济发展质量取得长足进步。当前，增长下行虽未探底，但综合性积极因素继续发挥对冲作用；新旧发展动能权重虽未逆转，但因十九大后转型力度更大，2018 年经济发展质量提升程度有望好于 2017 年，全年经济运行将继续呈平稳趋好态势。

首先，从增长速度看，多重积极因素将对冲投资下行压力，经济增长的下行空间不大，全年经济有望实现 6.8% 左右的增速。投资驱动式的增长模式逐步进入瓶颈，投资对经济增长的带动作用持续弱化，这是我国经济进入新时代面对的主要挑战。2012 ~ 2017 年，我国全社会固定资产投资增速已由 20.6% 下降到 7.2% 。这其中，占投资比重 2/3 的民间投资，以及对未来发展具有重要支撑作用的制造业投资，其增速下行幅度更大，且对总投资增速形成负向拉动。“三驾马车”中发挥着关键作用的投资仍处在下行增长通道。2017 年，我国经济增速由 2016 年的 6.7% 回升到 6.9%，其中净出口贡献了 0.6 个百分点。2018 年，世界经济不会弱于 2017 年，净出口对经济增长还将产生积极贡献，消费会保持稳定增长势头，旨在提升发展质量的投资有望提速，投资增速继续下行的空间持续收窄，我国经济将保持平稳增长势头，实现 6.8% 左右的增长将是大概率。

其次，从发展质量看，转型发展的深度和广度均已今非昔比，加上十九大正向发力，2018 年经济发展质量会有更大提升。党的十八大以来，尤其是实施供给侧结构性改革以来，我国经济结构调整的力度持续加大，新技术、新产业、新业态、新模式、新产品、新动能蓬勃发展，一系列重大科技成果涌现，战略性新兴产业、高技术产业、装备制造业增加值实现两位数增长，分享经济、共享经济、数字经济、平台经济正在迅速成长。党的十九大把高质量发展作为经济工作的根本要求，一系列新举措已经或将要发挥更大作用。2018 年，我国经济高质量发展的面将更广、力度将更大，成效可能比 2017 年更好。

再次，从中长期看，实现从高速增长转向高质量发展虽任重道远，世界经济也将波谲云诡，但我国经济将波澜不惊、行稳致远。从增长速度看，2017 年 6.9% 这样高的增速不具有可持续性。我国经济转型发展面对的问题是近 40 年积累下来的，投资驱动、规模扩张、低端发展方式的退出将是一个长期而艰难的过程，实现新旧经济权重逆转将是长期的艰巨任务。从世界经济看，人口红利难有大的增长，脱实向虚可能是全球性现象，新技术和新产业的动能释放亦充满不确定性，美国“特朗普新政”对世界经济究竟会产生什么效应还有待观察，国际地缘政治风险并未降低，难言世界经济进入新的增长周期。但另一方面，我国经济发展中的新动力将持续加大，中国特色政治制度优势有利于规避风险。因此，我国经济既缺少进入新增长周期的条件，也没有断崖式下行的可能，将波澜不惊、行稳致远。

要着力纠正不充分不平衡发展

董希淼　恒丰银行研究院执行院长

董希淼，恒丰银行研究院执行院长、中国银行业协会行业发展研究委员会副主任，兼任新华社特约经济分析师、国家金融与发展实验室银行研究中心特聘研究员等，兰州大学等高校兼职教授，资深金融从业者，拥有多年银行从业经历，先后在全国性商业银行总行及分支行等担任多个管理职位。

在《人民日报》《中国金融》等发表论文和评论300余篇，2015年被授予中国银行业“年度意见领袖”称号，2016年、2017年获中国银行业发展研究优秀成果一、二等奖，2018年获“新金融研究贡献奖”。著有财经评论集《有趣的金融》，主编《中国上市银行年报研究》系列报告等。

2017年，中国经济交出了一份亮丽的成绩单。2018年，我们应继续稳定政策，深化改革，在保持经济平稳增长的同时推动高质量发展。

宏观政策方面，积极的财政政策将继续减税降费，调整优化财政支出结构，加强地方政府债务管理；货币政策在去杠杆、严监管、调结构不变的背景下，仍会呈现中性略偏紧的态势。而对于市场普遍关注的加息问题，当前经济基本面并不支持存贷款基准利率的调升。只有当CPI显著超出预期时，加息才应该进入讨论日程。

经济增长方面，消费仍将成为经济增长的稳定器，消费升级或能创造出新的消费热点；固定资产投资趋缓难超预期，房地产下行周期已确立，但长租房等住房模式的兴起或对开发投资增速的下滑产生支撑；发达经济体屡超预期的强劲增长将持续利好中国出口，新兴市场国家也处在周期上行阶段，外需将对中国2018年增长形成支撑。

价格指数方面，CPI在2017年低基数上同比增速将有所上升，但在去杠杆紧缩效应的背景下，压力有限；PPI受2017年高基数的影响，将延续高位回落的态势。

汇率方面，尽管近期人民币走势强劲，但美国经济不弱仍将支撑美元回暖，而2017年中央经济工作会议定调保持人民币汇率在合理均衡水平上的基本稳定。

总体来看，展望2018年，中国经济有压力也有支撑。供给侧结构性改革、外需向好、财税稳定器以及住房制度改革等都将对2018年经济形成有力支撑。但同时，投资趋缓、金融政策易紧难松、环保督查力度延续、人民币汇率短期走强、贸易摩擦升温等将对经济发展产生不确定性。

2018年，贯彻新发展理念、推动适应高质量发展，比经济增长速度更重要。高质量发展是新时代我国经济发展的鲜明特征，也是未来中国经济发展的方向。推动高质量发展，一是要深化供给侧结构性改革，提高经济发展效益。供给侧改革在推进产业转型升级和行业集中度提升，提高生产效率的同时，也将提升供给质量和供给能力，不断缓解供需两端的结构性不平衡。二是要坚持创新引领培育新动能。在创新驱动战略的引领下，以人工智能等为代表的新兴产业将快速发展，经济增长新动能将逐渐壮大，创新型和技术领先型企业将获得更多的发展机会，全要素生产率有望逐步提升。三是要着力纠正“不充分不平衡”发展。包括加大在乡村振兴、精准脱贫、节能环保等领域补短板力度，逐步缩小城乡之间、不同区域之间的发展差距；营造更公平的营商环境，解决不同企业间的竞争性差距等。

习近平总书记强调，建设现代化经济体系是我国发展的战略目标，也是转变经济发展方式、优化经济结构、转换经济增长动力的迫切要求。大力发展实体经济、加快实施创新驱动发展战略、积极推动城乡区域协调发展、着力发展开放型经济、深化经济体制改革将是未来发展的工作重点，也将是推动我国迈向高质量发展阶段的重要抓手。

五个方面将“不温不火”

杜飞轮　中国宏观经济研究院经济研究所形势分析与预测室主任

杜飞轮，经济学博士，现任中国宏观经济研究院经济研究所形势分析与预测室主任，主要研究领域为宏观经济形势与政策。主持的课题研究主要有《我国经济形势跟踪、预测和对策研究》《宏观调控目标和政策手段机制化研究》等。在《人民日报》理论版、《经济日报》理论版、《宏观经济研究》等报纸杂志发表论文 100 多篇。多项研究成果得到了国务院主要领导的批示。出版的著作主要有《中国经济：宏观经济预测与监管改革研究》《小趋势——中国经济的关键变数》等。

全球经济在分化中趋向优化，我国经济巨大的潜力和韧性辅之以良好的市场和价格环境，增长的稳定性、协调性和可持续性增强，稳中向好的发展势头不断巩固，动态均衡或将成为2018 年经济运行的主旋律，预计2018 年经济增长仍将保持在合理区间。

一是全球经济逐步走出低谷，从“新平庸”时代向“大缓和”时代过渡，制造业趋于活跃、贸易回暖、投资环境改善、就业和通胀形势总体较好等积极因素有望延续，世界经济同步复苏趋势更加明显。发达经济体与新兴市场经济体从“双速增长”转向均衡增长，为我国经济增长创造了有利外部环境。

二是投资增长调整基本到位，消费在结构升级中进一步发挥“稳定器”的作用，出口回暖势头不改，需求面“三驾马车”增速趋向同步，将延续平稳增长态势。

三是供给侧结构性改革已进入加减法并重的新阶段，更加注重改革的制度供给和改革的协调性、配套性，推动供给体系“存量优化”和“增量提升”并举，这些政策举措有利于经济在结构优化中加快新旧动能接续转换，新旧动能同步发力为经济保持平稳健康运行提供了坚实基础，推动工业和服务业更趋协调发展。

四是车市产销回归平稳增长格局，楼市刚需和改善性需求支撑较好，股市总体估值水平较为合理，债市延续波澜不惊运行态势，人民币汇率双向浮动基础较为牢固，“五大市场”总体将保持“不温不火”运行态势。

五是价格总水平将温和可控，农产品供应充足，工业品和服务领域新涨价因素不多，重要大宗商品终端需求相对稳定，为市场平稳运行提供了有利条件。

在转变发展方式、优化经济结构、转换增长动力的攻关期，掣肘经济平稳健康发展的中长期结构性矛盾仍较突出，制约短期经济平稳运行的金融风险隐忧、地方债务风险、房地产价格风险等“灰犀牛”风险仍值得重视。外部环境中大国政策外溢风险、大类资产价格风险、地缘政治冲突风险等“黑天鹅”扰动性风险也需高度关注。这些因素虽然不会引发系统性风险进而导致我国经济出现大幅调整，但会影响我国高质量发展的步伐和进程。为此建议，要抓好经济发展目标任务的短中长期衔接，集中做好既利当前、也利长远的几件大事，通过提质增效实现更高质量、更有效率、更加公平、更可持续的发展。一是在降成本、促创新方面下功夫，提高实体企业效益。二是在补短板、激活力方面做文章，提高政府和民间投资效率。三是在通渠道、防风险方面求突破，提高金融服务实体经济效能。四是在强服务、建机制方面解难题，提高重点领域改革绩效。在促互动、谋协调方面探路子，提高双向开放和区域发展实效。在促就业、惠民生方面出实招，提高社会保障政策功效。

经济形势稳中向好　最大风险点在于金融

杜志雄　中国社会科学院财经战略研究院党委书记、副院长

杜志雄，研究员，日本东京大学农学博士。现任中国社会科学院财经战略研究院党委书记、副院长，博士生导师。享受国务院特殊津贴专家。兼任中国国外农业经济研究会会长、科技部国家可持续发展实验区专家委员会委员及第四届国家食物与营养咨询委员会委员等。主要从事农村非农产业发展和中国现代农业发展战略研究等。独著或合作成果先后获得国家相关部委奖励及中国社会科学院优秀成果奖。

2017年国内外宏观经济形势运行良好。从全球来看，美国、欧洲、中国三大主要经济体自2008年全球金融危机爆发以来首次实现了共振式复苏。全球总产出实现了3.7%的增速，比前一年度大幅高出0.5个百分点。对世界经济增长贡献超过三成以上的中国经济表现更为抢眼，自2011年经济增速持续下行以来首次实现了触底回升。这既得益于外部经济回暖带来的出口需求增加，也得益于过去几年供给侧结构性改革成效的逐渐显现。不仅是总量指标，制造业盈利能力提升、房地产业跨越现金流风险最严峻的时间点、工业生产者出厂价格（PPI）和居民消费价格（CPI）同比上涨、经济增长新动能扩张等结构性指标向好。

展望2018年，国内外经济形势大体上将继续维持去年的态势。首先，全球经济仍将保持扩张势头。据国际货币基金组织（IMF）的最新预测，2018年美国和欧元区的经济增速分别为2.7%和2.2%，分别比前一次的预测值上调了

0.4 和0.3 个百分点。新兴市场经济体2018 年的经济增速预计为4.9%，比2017 年提高0.2 个百分点。IMF 预期2018 年全球经济增速将上行至3.9%。其次，国内经济也将继续稳中向好。根据中国社会科学院财经战略研究院的预测数据，2018 年中国经济增速将与2017 年基本持平，在6.7%上下。除经济增速触底企稳，中国经济结构转型升级和经济发展质量也将持续向好。一是装备制造业向高端和精品推进，第二产业的增长效益将进一步提高。二是在移动互联网、大数据、云计算、人工智能技术革命的带动下，生产性服务业和生活性服务业不断细化产业分工。三是消费对经济增长的拉动作用会继续上升，国民从经济增长中感受到的获得感增强。

2018 年最大的风险和不确定性都在于金融，而不在于实体经济本身。外部最大的风险点来自美国股票市场。2017 年以来，美国股票市场价格指数持续攀升，不断创出新高。2017 年底特朗普减税法案的通过又进一步驱动了市场的乐观情绪。美股上涨周期的持续时长已接近历史极限，且道琼斯工业指数、标普500 指数均已大幅高于上一轮危机前的高位。要防止美股市场发生高位崩盘，对此，国内相关政策制定部门、金融机构和实体企业应当未雨绸缪，做好风险应对预案。

就中国经济自身而言，在实体经济稳中向好的大环境下，需要正确处理好“金融防风险”与“金融服务实体经济”之间的关系。随着针对影子银行加强监管的一系列政策新规的出台，过去五年时间里金融大扩张、流动性宽松的格局将出现逆转。过去被一些实体企业高度依赖的融资工具将受到限制，甚至可能被禁止使用。要加大信贷等传统融资工具的扩张力度，以缓解因限制融资工具可能导致的企业（尤其是民营企业和中小企业）融资困难。在防范金融风险的同时，要对货币流动性和实体经济的融资环境保持密切关注，避免误伤实体经济。

加快建立现代税收体系　全面优化营商环境

冯俏彬　国家行政学院经济学教研部教授

冯俏彬，国家行政学院经济学部教授、博士生导师，经济学博士、博士后。新供给经济学 50 人论坛成员、副秘书长。中国行政体制改革研究会副秘书长。北京师范大学、山东大学兼职教授。中国财政学会常务理事。第三届黄达－蒙代尔经济学奖获得者。2005 ~2006 年美国哈佛大学肯尼迪政府学院访问学者。

一个完整的经济周期包括繁荣、衰退、萧条、回升四个阶段，相互之间形成一个闭环。如果从康德拉季耶夫长周期（也称生产力或创新周期，通常在 50 ~60 年）的观点来看，以 2008 年全球金融危机为标志，世界经济进入衰退期，迄今刚好 10 年；以 2017 年下半年出现的全球经济回暖为标志，似乎可以做出这样一个判断，即自此开始，包括中国经济在内的世界经济很可能已进入了长周期的下一个阶段，即萧条期。从经验上讲，这一个时期的长度大约也在 8 ~10 年。

以此而言，中国经济下行趋势已基本完成，未来几年将处于筑底的阶段。就 2018 年而言，经济运行将处于 L 型的那一横上，预计经济增长率在6.0% ~6.5%之间。未来 5 ~10 年左右的时间，我国经济仍然处于转型升级的艰难期，整个国家将以调整结构、转换动力、蓄积上升力量为主要内容。

党的十九大报告指出，我国经济已由高速度增长转向高质量增长。我认为，高质量发展的中国经济应当具有五个方面的特征：一是第三产业的比重稳步上升，二是创新成为经济增长的主要驱动因素，三是消费成为经济增长的主要拉动力量，四是经济结构更加优化，五是发展方式呈现包容性、普惠式特征。要迎来这样一个发展境界，当前亟须做的是加强产权保护，加快要素市场化改革，从而完善社会主义市场经济的基本制度。就各届十分关心的税收而言，则应致力于建立“统一、法治、公平、简明、方便征管”的现代税制体系，以全面优化我国营商环境。

（1）以增值税立法为契机，将增值税打造成为真正的“中性”良税。继“营改增”之后，当前增值税已进入立法阶段。应当利用好这一时间窗口，减少税率档次，降低税率水平，完善可抵扣项，将其全面转型为消费型增值税。在征管方面，应当更加借助于大数据等现代技术手段，修正过度“以票控税”的传统征管方式。

（2）将消费税定位为基于增值税的“调节”税种。要结合我国消费型经济正在兴起这一深刻的时代变化，一方面将消费税的征收范围从“三高”商品扩大到高服务消费，另一方面将消费税改为中央与地方共享税种，以促使地方政府将重心从投资转向本地消费环境的建设上来，真正“发挥消费对于经济增长的基础性作用”。

（3）积极推动社保费改税。当前，我国社保费用过高已成为企业在转型升级过程中最主要的负担之一。解决这一问题的根本之道在于整合我国分地区、分行业、分人群的“碎片化”社保体系，建立全国统一的社保制度。为此，需要适时启动社保“费改税”，形成全国统一的社保筹资模式和征收模式，为社保全国统一打下基础、形成示范。与此同时，按“名实一致、有所下降”的原则大幅度下调社保税税率，多名学者对此的测算结果在25%左右。

（4）适度降低企业所得税率。当前，我国企业所得税的名义税率为25%，略高于世界平均水平。但由于广泛存在各式各样的优惠、减免、补贴等，企业实际承担的所得税并不高。今后，应当从选择性税收优惠政策转向普适性减税政策，全面深入梳理企业所得税的各类优惠政策，将此前仅适用地一些行业、一些地区、甚至一些产业园区的政策中具有普遍价值的方面，上升到法规层面，正式进入《企业所得税法》，适度地、普遍地降低名义所得税税率水平。加大对制造业转型升级、科技型企业、中小微企业的税收支持力度，通过加速折旧、投资税额抵扣、亏损结转、费用扣除、提取风险基金等间接税收优惠方式，鼓励企业创新与研发、技术改造、节能与环境保护投资。

稳定发展需要 促进绩效的竞争秩序

冯兴元 中国社会科学院农村发展研究所研究员

冯兴元，德国维滕大学经济学博士，中国社会科学院农村发展研究所研究员，中国社科院研究生院博士生导师、教授，中国社科院中小银行研究基地副秘书长，中国县镇经济交流促进会理事，九三学社中央经济委员会委员，九三学社北京经济委员会副主任，联邦德国研究会会员，《西方现代思想丛书》主编。著有《大国之道》《规则与繁荣》《地方政府竞争》《欧洲货币联盟与欧元》等专著，参与翻译哈耶克《通往奴役之路》和《自由宪章》。专业方向为经济学（金融学，财政学，国民经济学）。主要研究领域包括：奥地利学派经济学，弗莱堡学派经济学，公共选择，制度经济学，金融，财政，区域经济，农村经济，地方治理，农村治理，企业家研究，以及国际制度比较研究。

我国的供给侧结构改革的措施，有部分的用意比较适当，比如降税收、降费用、减成本，但是实际操作起来，不一定实现初衷。比如营改增的设想是所有涉及行业的税负只减不增，但是实际上有少数行业税负增加，比如金融服务业和建筑业就是这种情况。

即便不考虑营改增因素，随着金税工程的不断推进，税收管理工作越来越信息化、严格化，导致原来企业实际税率远低于名义税率的情况发生实质性的改变，实际税率很快朝着名义税率上升，而企业过去的投资基于对过去较低的实际税率预期进行，随着实际税率的提升，企业的税负感知发生巨大的变化，所感知的税负比较重。

由于中国从经济高速增长转向中速或中高速增长轨道，经济增长在较长时间内还可能呈现L型结构，一些地方的财政收入增速趋缓，甚至另有一些地方财政收入负增长，而地方政府的支出刚性较强，很多支出都有法定要求。尤其是很多地区的地方政府负债率已经非常高，尤其是考虑到包括其或有负债在内。在上述情况下，一些地区的地方政府会出现要求企业多缴纳一部分本年税收，或者预缴下一年一部分税收，从而出现“寅吃卯粮”的问题。同时也会出现“三乱”，即“乱集资，乱摊派，乱收费”问题。即便上级政府对下级政府的“三乱”做出一些纠正，往往也会变成按下葫芦浮起瓢，解决不了实际问题。

另外，我国去库存、去产能、去杠杆的政策也非常重要，但是这些政策其实是治标的政策。如果都是私人企业，产权保护到位，责任主体明晰，破产政策执行得好，市场过程没有被扭曲，去库存、去产能和去杠杆会自然发生，因为这些私人企业只要不能满足消费者的偏好和需求，必然会被市场淘汰。地方政府负债水平过高，也与过去未能打造责任政府有关。现在财政部规定地方政府负责官员对地方债务增量实行终审负责制度，是一大进步。

一个国家的长期稳定发展，需要奉行一种促进绩效竞争的竞争秩序以为其助力。战后德国推行社会市场经济，其建立和维持竞争秩序的经验给了我们很好的借鉴。德国在20世纪60年代实现“经济奇迹”，就与其早期建立和维护这样一种促进绩效竞争的竞争秩序有关。德国人迄今为止仍然有着强烈的竞争秩序理念，这种理念连同德国人所奉行的竞争秩序，已经成为支撑德国经济发展的软实力。

加快推进经济高质量发展应从五方面发力

高焕喜　山东县域经济研究院院长

高焕喜，教授。南京大学毕业，长期潜心县域经济、农村经济应用理论研究。现任山东县域经济研究院院长，山东省智库高端人才首席专家，山东农业专家顾问团农经分团团长。主持完成了我国社科第一个有关县域经济的国家课题，先后主持完成国家及省部级课题 20 余项，出版著作约 30 部（含主编），发表论文 100 余篇。获省社科重大成果奖等 10 余项，近 5 年牵头完成的决策咨询件获省部及以上领导肯定性批示 30 余人次。

我国宏观经济形势总体上看稳中向好，随着供给侧结构性改革推进，“三去一降一补”取得成效，结构调整，动能转换，污染治理，精准扶贫取得了明显成效。但影响经济发展质量效益的突出矛盾和风险隐患，如金融潜在危机，部分地方政府和企业过度负债等依然不可忽视，部分地区的过度城市化现象也应引起警觉和重视。

2018 年加快推进我国经济高质量发展，应以习近平新时代中国特色社会主义思想为指导，在全面贯彻落实党的十九大精神前提下，重视从以下方面发力。

1. 质量优先，效益为本

要完善产业政策，重塑供给体系，坚持质量效益导向，加快推动实现经济发展由数量优先向质量优先的变革。政府要制定相应规划、政策，媒体要配合相应的宣传引导，各级要结合提出相应的规划目标，企业首先要树立质量就是目标，效益就是生命的理念，从长计议，结合供给侧结构性改革和新旧动能转换规划设计出质量发展的具体目标和路径。

2. 解放思想，引燃双创

通过解放思想，摒弃陈腐落后、虚华轻浮的东西，实事求是，切实树立起干事创业的新发展理念，通过“创新”增强发展动能，“协调”补齐发展短板，“绿色”引领发展方向，“开放”拓展发展空间，“共享”统筹城乡发展，广泛激发起干事创业的热情。中央提出“大众创业，万众创新”是挖掘潜能，充分调动亿万民众积极性，扩大就业，推进新时期加快经济健康发展的重大战略性抓手，各级领导和广大群众都应充分认识，积极实施，尤其在企业更应充分领会，广泛实施。

3. 降低税赋，节约成本

政府应积极创造条件对企业尽可能降低税赋，以减轻企业压力，尤其对新兴产业，加快实施动能、技术、业态、模式转换的企业，以及实施产业智慧化，跨界融合化的企业，应给予税收优惠。当然对企业来说则应想尽千方百计在技术和机制上创新，在节约生产和管理成本上下功夫，以切实增强新动能。政府有关机构也应创造条件，为企业降低用能、物流、社保和各种规费成本。

4. 抑制泡沫，监控风险

多年来的超高速发展已积累了大量不容忽视的风险因素，盲目追求 GDP 增长，流动性增长过快，地方政府和部分企业过度负债。加之“官出数字，数字出官”的不良导向，潜在的风险因素在不断积累，需引起高度关注，未雨绸缪，切实加强监控、积极防范应对，谨防“黑天鹅”和“灰犀牛”的不期而至。

5. 强化责任，完善考核

不论是质量发展，“双创”，降赋，节本，还是规范运作，防范风险都须上下联动，同心合力。这需要明确和细化职责、奖惩，加强考核监督。

2018 年经济高质量发展态势更加明显

郭春丽　国家发展和改革委员会经济研究所副所长、研究员

郭春丽，经济学博士，现任国家发展和改革委员会经济研究所副所长、研究员，主要从事发展战略规划、体制改革等方面的研究。长期为国家宏观经济决策和发改委中心工作服务，参加了我国国民经济和社会发展第十一个、第十二个、第十三个五年规划前期研究，以及《国务院关于促进企业兼并重组的意见》《国务院关于促进长江经济带发展的指导意见》等文件的起草，多次参与中央领导讲话起草，撰写的研究报告多次上报中办、国办和中财办，得到中央领导的肯定性批示。主持和参加了北京、江西、辽宁等省（市、区）的五年规划研究和编制。在《人民日报》《经济日报》等核心报刊发表论文百余篇，出版《中国经济新常态》《重点领域改革的增长红利研究》《扩大内需的长效机制研究》等专著5部。

2017 年我国经济增长保持了 6.9% 的速度，超过了年初确定 6.5% 左右的预期目标，外贸、就业、物价等宏观指标均保持了良好运行态势。2018 年是我国经济转向高质量发展阶段后实现经济持续稳定健康发展的关键之年，在近几年经济发展质量出现积极变化、发展效率开始改善、发展动力正在转换的基础上，高质量发展态势更加明显。

1. 经济发展质量高集中表现为要素投入和产品服务产出质量提高

近年来，我国人力资本、物质资本、科技成果等关键要素质量加快提高，劳动力平均受教育年限由 2000 年的 7.4 年提高到 2015 年的 10.2 年，新增劳动

力平均受教育年限已超过 13. 3 年；2010 年我国三方同族专利数量全球占比仅为 2. 73%，2016 年提升到接近 6%。以交通运输设施为代表的基础设施持续改善，为 2018 年改善经济发展质量提供了良好支撑。而已经推进两年的供给侧结构性改革，过剩产能和落后产能有序退出，新产品和新服务不断涌现，将带动产品和服务质量提升步伐加快。

2. 发展效率开始改善表现为宏观效率和微观效率均在改善

我国全员劳动生产率从 2000 年的 1. 52 万元/人提高到 2016 年的 9. 59 万元/人。根据我们的测算，全要素生产率对经济增长的贡献率从 2012 年的 32% 上升到 2016 年的 40. 7%。2018 年，机器换人和劳动力素质继续提高，全员劳动生产率延续提高态势，而随着“双创”深入推进和全面深化改革红利不断释放，全要素生产率对经济增长的贡献率也延续提高趋势。从微观效率看，规模以上工业企业利润率由 2010 年的 7. 6% 下降至 2015 年的 6. 0%，2016 年小幅回升到 6. 2%，2017 年则大幅提高到 6. 46%。随着供给侧结构性改革持续推进和效果显现，工业企业利润将保持增长趋势，预计 2018 年仍能够保持 2017 年的提高幅度。

3. 发展动力正在转换，既表现在短期拉动经济增长的需求侧动力趋于协调，也表现在中长期拉动经济增长的供给侧动力正在优化

从需求侧看，2011 ~ 2016 年，最终消费对国内生产总值增长的年均贡献率达 56. 2%，较投资贡献率高出 10. 2 个百分点，净出口对经济增长的贡献率为 -2. 1%。2017 年最终消费、资本形成总额和净出口对国内生产总值增长的贡献率分别达 58. 8%、32. 1%、9. 1%。三大需求内部，居民消费加速向“住行消费 + 服务消费”的“双支撑”型结构升级；投资结构加快优化，第三产业投资占比由 2012 年的 44. 8% 提高到 2017 年 59. 4%；近年来高技术产业投资增速高于制造业投资总体增速，2017 年比上年增长 15. 9%，占固定资产投资比重为 6. 8%；

加工贸易加快转型升级，服务贸易持续较快发展，外贸新产品、新业态、新模式不断涌现。展望2018年，居民收入稳步增长，消费者预期稳定，新产品新供给新业态持续发展，消费质量不断提升，预计消费仍将保持10%以上增长速度；民间投资、基础设施投资、房地产开发投资和制造业投资低增长短期内难以明显改观，预计保持2017年增长水平；新一轮对外开放“一带一路”积极推进将稳定和激发外部需求，出口仍可保持较好态势。总体看，三大需求延续协调拉动经济增长的趋势，经济增长内生动力增强。

从供给侧动力看，2017年服务业增加值占国内生产总值的比重达51.6%，对国内生产总值增长的贡献率达58.3%；工业结构优化趋势明显，规模以上工业战略性新兴产业增加值、装备制造业增加值、高技术制造业增加值分别比上年增长11.0%、11.3%、13.4%，均快于规模以上工业增加值6.6%的增速；农业科技进步贡献率超过56%。展望2018年，分享经济、电子商务等“互联网+”服务业蓬勃发展，消费升级带动“幸福产业”快速崛起；随着振兴实体经济发展的各项政策效应不断显现和新技术、新模式、新业态加快涌现，工业优化发展格局更加明显；而农业供给侧结构性改革已经进入效果显现期，农业发展由主要依靠资源要素投入增加逐步转变到主要依靠科技进步。

经济稳中向好 “三管齐下”保驾护航

郭凡礼 国家发改委特邀研究员

中国社科院中国新型城镇化发展研究课题组特聘研究员

郭凡礼，知名经济学者、财经评论家；国家发改委特邀研究员，中国社科院中国新型城镇化发展研究课题组特聘研究员，新浪财经《区域经济新视角》专栏作家，央视《环球财经连线》财经评论员，《凤凰卫视》特约评论员，主要从事资本市场、宏观经济、区域经济等研究，现居深圳。

国内产业研究领域的领军人物。长期进行产业调研，在产业规划方面，带领团队先后参与了国内诸多产业发展规划与编制，受到了当地政府的高度赞同。并长期受邀参加国际国内知名论坛、区域经济发展峰会等活动，同时在会上做重要发言。

2018年中国经济形势将会是继续稳中向好发展。经过2017年政策调动，中国宏观经济保持了企稳向好的态势，多数指标趋于改善。2018年的经济增长有较好的支撑点，可以延续2017年稳中向好的发展态势。

首先，当前全球经济持续复苏回暖，主要大宗商品价格有所回升，全球贸易呈扩张态势。国际主要经济板块同步上扬，我国外贸需求也会持续上扬。外贸的持续上扬为中国经济发展注入重要推动力，保证中国经济稳定发展。

其次，国内消费会依然强劲，消费将延续规模持续增长、结构升级步伐加快、对增长贡献提升的良好态势。2017年1～11月，消费增速依然保持两位数，网购消费速度依然保持在30%左右。在中国持续推进供给侧结构性改革的背景下，2018 年消费释放会更上一层楼，持续拉动中国经济增长。

再次，中国投资有望保持平稳增长。现今我国还没有完全完成工业化进程，技术进步和转型升级等领域的基础设施、公共服务建设还需要有大量投资，制造业在加快振兴，未来投资还有很大潜力。另外，中国内需消费市场潜力巨大，又大力优化投资和营商环境，不断放宽市场准入，是国际投资热土，可以吸引国外投资进入，拉动国内经济增长。

此外，新动能也是中国经济稳中向好发展的重要支撑力。当前是新老动能交替的关键节点，新动能高新技术产业、高端装备制造业增长快速，经济下行压力逐渐缓解。新动能、新产业、新技术推动动能的转化，将会拓展新市场、形成新供给、满足新需求，中国经济发展将得到更多增长点。

因此，2018 年中国经济形势发展可能会遭受一些困难，但是稳中向好的发展总趋势是可以肯定的。

推动我国经济高质量发展，关键在提高全要素生产率。全要素生产率提升由四方面效应推动，深化改革、开拓创新、革新政绩观是着力点。全要素生产率的提升将助力中国经济实现成功转型。

推动高质量发展，要深化供给侧结构性改革。深化改革，要努力提升供给体系的质量，重点在“破”“立”“降”上下功夫。在继续落实“三去一降一补”为抓手的改革举措的同时，大力培育新动能，强化科技创新，推动传统产业优化升级，加快推动传统行业技术改造、转型升级，提升整体供给体系质量。

推动高质量发展，要加强创新，改过去的要素驱动为创新驱动。要给市场创造一个公平竞争的环境，通过激发市场主体的活力，通过建立更加完备高效的专利保护制度保护产权，通过选择性的产业政策营造宽容失败、鼓励原创、杜绝山寨的创新文化，创造一个鼓励原创的环境。

推动高质量发展，要树立正确的政绩观，坚持稳中求进的工作总基调。过去唯 GDP 论的衡量标准无法推动我国经济高质量发展，政府要抛弃过去的衡量标准，改“数量”为“质量”，以质量建设为政绩标准，推动我国经济高质量发展。同时政府要把握好经济社会发展和改革开放的政策取向，调整优化财政支出结构，管住货币供给总闸门，优化存量资源配置，强化创新驱动，推进产业结构调整和各项改革。

深化供给侧结构性改革、加强创新、革新政绩观三管齐下，全要素生产率将从资源配置、技术创新、人力资本等方面得到全面提升，持续推动我国经济高质量发展。

金融去杠杆：从资金端到资产端

韩复龄　央视财经评论员、中央财经大学应用金融系主任

韩复龄，波兰西里西亚大学经济学博士，中国社会科学院经济研究所博士后，中央财经大学金融学院教授，博士生导师，应用金融系主任，金融证券研究所所长，全国人大财经委、中国人民银行、中国证监会、人力资源和社会保障部咨询专家，人力资源和社会保障部专家团首席金融专家，北京市政府、河北省政府、海南省政府顾问，央视财经评论员，美国哥伦比亚大学、荷兰蒂尔堡大学、澳大利亚维多利亚大学高级访问学者。

十九大报告明确指出，要让金融回归服务实体经济，更要守住不发生系统性金融风险的底线。从近期金融监管部门的表态来看，防风险去杠杆仍将是金融市场2018年的主基调。

一、从资金端去杠杆到资产端去杠杆

2015年股灾，去掉的主要是资金端杠杆，主要是投资者通过场内“两融”和场外配资加的杠杆，目的是用更少的本钱买到更多的股票，这种杠杆在股灾时已经得到清理。另一种是资产端加杠杆，就是上市公司通过质押股票、产业基金配资等形式加起来的杠杆，目的是用更少的本金购买到更多的实体资产，这种杠杆在过去几年反而加速扩张。

资产端加杠杆的主要方式就是大股东股票质押贷款。上市公司大股东拿其持有的权益抵押借贷，这种融资方式近年来颇为流行。2014 年沪深两市股票质押式回购业务待回购金额仅为 0.34 万亿，2015 年实现翻倍，增长至 0.71 万亿，2016 年为 1.28 万亿，2017 年达到 1.62 万亿元。这些尚未解除的质押都是实实在在的杠杆。

上述金融加速器效应实现的前提就是宏观经济向好，股市稳步向上。当金融扩张的时候资产负债表正向循环，货币金融宽松 - 加杠杆 - 资产升值 - 抵押增值 - 放大杠杆 - 做大市值 - 进一步放杠杆，但金融收缩去杠杆的时候资产负债表也会负向循环，货币金融紧缩 - 去杠杆 - 资产减值 - 抵押贬值 - 被迫降杠杆 - 股价萎缩 - 质押警戒 - 出售股票降杠杆。

虽然大股东可以通过追加质押来防止平仓，但一旦大股东可追加的股份不足，而股价又跌至平仓线，其控股地位将有可能丧失。如果质权方将质押股份抛售，股价将进一步大跌，引起市场的连锁反应。如果股价跌到警戒线，这些潜在的杠杆引爆、股票闪崩，引发市场踩踏效应。

一、资产端去杠杆的监管对策

金融杠杆的过度膨胀增加了金融体系的不稳定，显然这是监管者所不能放任的。2008 年美国爆发的次贷金融危机，正是由于金融机构杠杆率大幅扩张，越来越依赖不稳定的货币市场基金，当市场出现恐慌的时候，金融机构之间出现挤兑，被迫抛售资产，导致资产价格进一步的下跌，从而使得金融体系出现崩溃。这就是所谓明斯基时刻，也就是由高杠杆加批发性融资带来的金融风险。2017 年底，“一行三会”发布的大资管新规征求意见稿重点就在去杠杆、去通道等方面做出了严格的规定。2018 年初以来，多个监管部门发布了多项举措，规范大资管行业，目的都是为了排除金融风险，使得行业更加健康发展。金融去杠杆的难点在于取得两个微妙的平衡，其一，如何在解决上述问题和避免引起系统性风险之间取得平衡，其二，如何在严格监管和金融市场健康发展之间取得平衡。

利用有利时机　抓紧推进实质性改革

贺力平　北京师范大学经济与工商管理学院教授

贺力平，1987 年硕士毕业于中国社会科学院研究生院世界经济与政治系。1996 年获伦敦大学亚非学院经济学博士学位。2002 ~2003 年作为富布莱特学者访问纽约哥伦比亚大学商学院。现任北京师范大学经济与工商管理学院金融系教授，国际金融研究所所长。近年来主要的中文著作有：《金融改革开放与中国国际收支再平衡》（与樊纲合编），上海远东出版社 2012 年版；《"不可能三角"再探讨：资本账户开放、国际收支平衡调整与人民币汇率改革相互匹配研究》（与张燕生合编），中国商务出版社 2011 年版。

2017 年中国经济平稳运行，甚至比 2015 年和 2016 年有所好转。这一方面得益于国内企业部门的创新活力和宏观经济政策的支持，另一方面也在一定程度上受益于外部经济环境的改善。中国对外贸易得到了一次恢复性增长。

由于宏观经济指标表现良好，早先的一些有关金融风险的担忧并未成为大事。金融机构的违约案件非常少，企业资不抵债已有发生，但毕竟属于少数案例。有些负债累累的企业或企业集团也由于各种原因并未进入清算程序。相对活跃的国内消费市场和外部需求的温和扩大为不少企业提供了喘息的窗口期。2016 年以来的大宗商品价格回暖也使不少工业企业的利润有了增长。2017 年第二季度以来人民币对美元汇率的走稳和升值也大大减轻了国内资金市场的紧张，利率行情温和了许多。

但是，另一方面，也要看到，供给侧结构性改革尚未取得根本性突破。这不仅表现在许多工业行业仍继续存在过剩产能以及房地产行业存在大量库存问题，许多企业还有成本费用高昂和优质产品供给不足等问题，更重要的是企业部门高负债在继续蔓延以及地方政府财政和债务风险也在继续累积。

去杠杆实质是一个企业部门结构性调整、市场出清和强化金融财务约束的问题。如果不在企业治理结构、市场纪律加强、法制化的退出机制完善以及金融机构强化风险控制这些方面推进改革，那么，去杠杆不仅不能有效推进，而且可能出现反复。如果企业部门的去杠杆问题得不到有效解决，那么，企业部门的债务风险最终会传递并扩散到金融部门和政府财政体系中。

2018 年应是推进国内改革的一个好时机。如上所说，国外许多经济体出现了经济周期向好方向的一个拐点，但不能指望那里的景气局面长期延续并足够强劲。同时，美元汇率的走低也应被看做是一个相对短暂的事情。美联储今后会继续加息。美国失业率的新低也会使那里的货币政策走向逐渐趋紧。因此，国内资金市场在未来还可能面临来自外部因素的显著影响。

与其等到未来某个时点国内资金市场上的利率水平被动上升，还不如趁现在在相对宽松的宏观经济环境中推进改革，促使国内企业的结构性调整在市场化导向的大方针下迈出实质性步伐。

从根本上说，要让企业机构自觉地去杠杆和减债务，关键是恰当运用利率工具。如果市场利率永远保持在极低的水平上，企业部门的高负债不可能有效降低下来。当然，也不能让利率水平快速升高，因为这会带来极强的冲击效应。总之，不应像过去那样总指望依靠行政手段来解决包括高债务在内的企业部门的结构性调整问题。

应充分发挥消费对经济发展的作用

洪　涛　北京工商大学商业经济研究所所长

洪涛，经济学博士，北京工商大学商业经济研究所所长、教授。商务部市场运行调控专家、国内贸易专家、电子商务咨询专家，农业部农产品市场流通专家。中国商业联合会专家委员会委员、专家工作委员会副秘书长，中国商业经济学会副秘书长，学术委员会副主任，中国市场学会常务理事及副秘书长、流通专业委员会学术委员会委员，中国市场指导委员会副会长、中国粮食经济学会/行业协会常务理事，全国高校贸易经济教学研究会副秘书长等，2002 荣获中国商经学会颁发的 1982 ~2002 年 20 年开创和发展学会工作贡献奖，2004 年获北京市优秀教师，2009 年荣获 60 年影响中国流通发展与改革优秀人物奖，2010 年荣获中国电子商务优秀专家称号，2013 年被选为中国突出成就商业经济学人封面人物。

自 1986 年以来，先后在《财贸经济》《中国农村经济》《中国社会科学院研究生院学报》《企业管理》《商业经济与管理》《商业经济研究（现〈商业时代〉）》《中国粮食经济》及《人民日报》《经济日报》等刊物上发表论文 507 篇，有 71 篇论文被中国人民大学报刊复印资料转载。自 1990 年以来出版专著 19 部，合著 20 多部，有 21 篇（部）获奖。出版《高级电子商务教程》《电子商务盈利模式案例》《网络营销》《移动商务模式设计》《物联网经济学》等。先后承担国务院研究室、科技部、商务部、国家发改委、财政部、国资委、中国体改基金会、中国商业联合会、北京社科基金重点课题、国家重点出版基金项目等 20 多项课题。

一、中国经济发展转型不是追求“高增长”

中国经济的转型是由高增长向高质量发展的转型，不是高增长，没有必要把增长速度调上去。改革开放以来是“八九不离十”，过渡时期是“向七上八下”，现在转型时期是“七以下六以上”，这是适合中国实际的，在世界范围内也是中高速的增长。

当前，我国国内市场十分活跃，全国社会消费品零售总额增长一直保持在10%以上的增速，由2012年的21.03万亿元上升为2017年的36.62万亿元（增加了15.59万亿元），其中，农村社会消费品零售总额增幅连续七年增长高于城市，显示出农村市场的较大的市场潜力，2017年我国粮食“十四连丰”显示出中国“藏粮于地”“藏粮于技”的实力。

我国网络零售的增大，已经成为网络零售第一大国，2017年全国网络零售额达到7.18万亿元，增幅达到32.2%。

消费对经济增长的贡献率加大，在最近几年高于投资的基础上，2017年又达到58.8%，2013～2016年我国最终消费对经济的平均贡献率为55%，也就是说2017年消费的贡献率高于连续4年来的平均值。

新产业、新模式、新业态、新方式等为代表的“新经济”成为我国经济结构调整、发展方式转变、发展动能转换的重要内容。

在农村、农业转型升级过程中，“种得好、养得好、加工得好，还要卖得好、卖出好价钱，通过卖得好、卖出好价钱，反过来促进种得好、养得好”，已经成为农村农业转型的一个共识。

二、应充分发挥消费对经济发展的作用

时至今日，仍然还有许多经济学家认为，中国经济增长的速度上不去，经济形势就不是好的，总是希望经济增长速度更高一些。但是殊不知，如果再以投资为主的经济发展方式，一下子就会把速度促上去，但是这样上去的速度对经济可持续发展是没有任何意义的。如果我们的速度上去了，但是大量的产品积压在仓库里，或者在产后流通过程中损耗和浪费了，就没有任何价值了。

因此，在当今社会，消费居于矛盾的主要方面，没有消费或者订单，生产企业是不会开工生产的，否则就会出现产品销售不出去的境地。现代供应链不是“以生产为起点的，以消费为终点的”，而是根据市场需要，工业品以市场的需求设计为起点，农产品是以订单为起点的，根据订单来进行种植、养殖、加工，生产消费者所需要的品种、数量、时间进行生产活动，从而精准地满足消费者的需求。此外也不是以消费为终点的，消费后的服务也是商家大数据所必然关注的。由此可见消费的决定作用即在于此。

同时，要创造良好的市场营商环境，使诚信经营商家得到较好的发展，使失信的商家不能够生存，从而创造一个遵守法律的好的营商环境。如现在流行的“羊毛出在狗身上猪来买单”，既然羊毛出在狗身上，于是在主业上大家都时尚所谓“不赚钱”，当我们把规模搞大以后，赢来了风险投资基金、私募基金后，补充其亏损，或者直接上资本市场圈钱。但主业不赚钱，就把市场搞得“一地鸡毛”，或者价格倾销，或者不正当竞争，或者侵害消费者权益等。

三、中国经济可持续发展应坚持

1. 改革与开放——促进发展

进一步深化改革和开放，相互促进其发展。2018 年是改革开放 40 年，应进一步总结改革开放 40 年的成绩，总结存在的问题和教训。应坚持改革的市场化方向，进一步完善市场经济体制，进一步提高对外开放的质量，将“一带一路”对外开放扎实推进。

2. 质量与效益——协同发展

注重质量和效益，把工作的重点由追求数量转到追求质量和效益上来，当产出不变或者零增长时，但是由于质量较高，效益较好，减少了损耗和浪费，实际上等于增加了产出。

3. 品牌与工匠——共同发展

2017 年是品牌促进年，注重品牌发展，坚持工匠精神，生产健康安全的产品，同时注重产品的品牌，就一定会有市场发展空间。

4. 链主与成员——对接发展

2017 年供应链也成为国家战略，现在市场竞争已经由个体竞争转变为供应链之间的竞争，因此，发展以供应链为主的现代流通，有利于抢占市场先机。供应链应注重链主的作用，也应充分发挥供应链成员的共同利益，才能够促进有效参与市场竞争。

5. 供给与需求——精准发展

充分利用网络交易，通过 C2B（集合竞价）、S2B（众筹）、C2F（订单）、CSA（社区支持农业）等方式，促进在高度信息化条件下的供给与需求的精准对接，减少盲目的生产、流通、消费的浪费，实现《资本论》所提出的供给与需求在数意义上不可能完全相等的问题。

6. 网上与网下——融合发展

网上与网下交易融合发展是新电商和实体经济发展的二者的必然选择与趋势，网上交易与网下交易融合发展，才能够充分发挥实体网络的优势，弥补网上交易的不足；网上交易与网下交易融合发展，才能够充分发挥网上交易的优势，减少不必要的环节，提高网上交易、支付结算的优势，否则，就不能够实现 1 +1 >2 的效果。

创造具有全球竞争力的营商环境来吸引外资

洪永淼　厦门大学经济学院院长、王亚南经济研究院院长

洪永淼，美国康奈尔大学经济学与国际研究讲席教授，厦门大学王亚南经济研究院与经济学院院长，发展中国家科学院院士，"海外高层次人才引进计划"（简称"千人计划"）入选者，教育部"长江学者"讲座教授，教育部高等学校经济学类专业教学指导委员会副主任委员，曾任中国留美经济学会会长（2009～2010年）。研究领域为计量经济学、时间序列分析、金融计量经济学、中国经济。部分论文发表在 *Annals of Statistics*，*Biometrika*，*Econometrica*，*International Economic Review*，*Journal of American Statistical Association*，*Journal of Political Economy*，*Journal of Royal Statistical Society Series B*，*Quarterly Journal of Economics*，*Review of Economic Studies*，*Review of Economics and Statistics* 和 *Review of Financial Studies* 等经济学、金融学与统计学国际顶级期刊上。出版《*Probability and Statistics for Economists*》《概率论与统计学》《高级计量经济学》《中国经济学教育转型——厦大故事》等著作。

20世纪80年代以来，美国进行了四次大的税改，分别是20世纪80年代的里根政府税改、21世纪初的小布什政府税改、奥巴马政府税改以及本次特朗普政府税改。从改革背景来看，前三次美国税改都是在经济危机中推动的改革，但应该特别注意此次特朗普推动税改的时机与背景。近年来美国经济处于平稳增长阶段，失业率达到历史较低水平，这说明特朗普税改的主要目的是争取海

外资金回流，进一步增强美国经济在国际上的竞争优势。

特朗普税改对美国、中国乃至世界经济会产生重大影响。一方面对美国经济会产生提振作用，促进国内投资和消费；另一方面，由于美国在世界经济体系中的重要地位和作用，税改必然会对其他经济体产生重要冲击。例如，很可能引发国际税收竞争，如果欧盟和日本等都参与减税竞争，就会形成叠加效应，对中国经济，特别是内外贸流动走向，造成比较大的负面影响。因此，必须要高度重视，做到提前谋划。资本在国家之间的流动，不仅受税收因素影响，更重要的是受资本回报率的影响。应对特朗普税改，中国应重在改善营商环境，减少企业税费负担，激发企业活力，提高资本回报率；进一步转变政府职能，为企业减负松绑，切实降低企业运营成本。同时，应该从国家及地方立法着手，从顶层设计进行以减税为导向的税制改革，形成有全球竞争力的企业投资与营商环境。

改革开放以来，低廉且供给充足的劳动力、土地、自然资源等生产要素与广阔的市场一直是我国吸收外资的主要因素，但目前这一比较优势正发生变化，中国吸引外资在经历30多年的高速发展后出现放缓迹象。目前的政策导向是取消外资超国民待遇，按照“中性”的原则来构建新一轮吸引外资的政策框架，核心是国民待遇、公平的政策环境和竞争机会、规范的市场监管体系。应该看到，外资企业在技术和管理创新方面仍然具有优势，我国改革开放以来的实践表明，FDI渠道传递的外国研发资本对技术进步的促进作用与国内的经济、科技发展水平有着密切关系。我国政府下一步改革开放的方向应该是在维护国家主权与安全的前提下，进一步解放思想，以更开放的心态吸引外资，保证外资依法平等使用生产要素、公平参与市场竞争、同等受到法律保护，重点推进公平准入和改善融资条件，消除隐形壁垒，解除不必要的行业保护，降低企业投资和运营成本，确实保障外商投资企业的权益，确实创造具有全球竞争力的国际化营商环境来吸引外资。在目前国家大力推动“一带一路”倡议，鼓励中国企业“走出来”的背景下，更加需要加强引进外资的力度，促使中国双向直接投资长期能够维持大体均衡，从而保持中国经济在全球化新时代能够持续稳定地中高速发展。

持续推进转型升级　结构调整不断优化

胡　迟　国务院国资委研究中心研究员

胡迟，国务院国资委研究中心研究员。毕业于北京大学经济学院，经济学博士，美国华盛顿大学高级访问学者。

曾在财政部综合司从事价格政策与宏观经济运行分析，某国有担保公司（央企）从事担保融资分析工作，某国有大型企业集团（电子信息行业）任总裁助理。曾任中国企业联合会、中国企业家协会研究部副主任。

被国内数家主流财经媒体聘为特约研究员或合作专家，在国内主流媒体发表文章百余篇，有多篇论文被国外媒体及《新华文摘》引用及转载。

曾经被授予“新时期有突出贡献的中青年管理学家”。

主要研究领域为经济运行与宏观调控、制造业转型升级、企业可持续发展战略。

展望2018年，随着供给侧结构性改革的不断深化，去产能、去杠杆、去库存、降成本、补短板的五大任务将进一步稳步实施，推动经济实现高质量发展。经济走势会表现出以下四个方面的主要特征。

1. 经济增长稳中求进

2017年，我国经济增长是6.9%，实现了过去7年以来的首次提速。这意味着经过前些年的结构调整与产业转型，经济增长的新动力已经形成并开始发力。2018年，新旧动能转换将持续推进，新技术对旧动能相关领域的改造与提升会日益加快，创新驱动对经济增长与结构转换的作用将更加突出。经济稳中求进的增长态势将得以延续，GDP 增速可能会出现小幅回落，但不会低于6.5%。近期，IMF 等国际组织数次上调中国增长预期，并充分肯定了中国经济转型升级与改革的成果。

2. 转型升级加快推进

“十三五”时期是我国从工业化中后期走向工业化后期的关键5年。《“十三五”规划纲要》提出，围绕结构深度调整、振兴实体经济，推进供给侧结构性改革，培育壮大新兴产业，改造提升传统产业，加快构建创新能力强、品质服务优、协作紧密、环境友好的现代产业新体系。预计我国经济的转型升级将加速进行。我国工业行业结构将继续呈现向高端迈进态势。在转型升级的过程中，供给侧结构性改革将获得实质性推进，生产要素质量会进一步提高，生产要素资源配置机制会不断改善，增长方式从劳动力和物质要素总量投入驱动主导转向知识和技能等创新要素驱动主导的过程会持续下去。

3. 国有企业改革将落地铺开

2018 年，国有企业改革将铺开落地，进入全面实施阶段。一是混改将处于改革全局的中心位置。通过混改的实质性突破，重塑微观激励机制，从根本上提升国企的供给效率。二是改革国有资本授权经营体制，促使国有企业真正成为独立市场主体。扩大国有资本投资、运营公司试点，发挥国有资本投资、运营公司市场化运作专业平台作用。三是深化现代企业制度试点，加快建立有效制衡的公司治理结构和灵活高效的市场化经营机制，以好的机制吸引人才，激发和保护企业家精神。

4. 兼并收购回弹增长

2018 年，经济结构调整、压缩过剩产能与去僵尸企业、国企改革重组都将为并购市场提供了良好的题材。中国仍将是大部分中国企业并购的首选区域，预计中国内地的并购活动将出现回弹。随着中国简化相关法律以进一步吸引外资进入并购市场，对内并购交易额预计增长 73%，从 2017 年的 281 亿美元上升至 479 亿美元。国际机构也发布报告对 2018 年中国并购市场的增长持乐观态度。2018 年仍将会是并购重组的火热年份。

谨慎乐观看待2018年中国经济形势

胡江云　国务院发展研究中心研究员

胡江云，经济学博士，国务院发展研究中心研究员。长期从事中国对外经济贸易政策研究，特别是世界贸易组织（WTO）规则、跨境直接投资（FDI）、国际经济合作等，研究报告、课题和论文屡次获得中央领导批示或作为部委文件。

兼任商务部投资促进局专家、商务部对外投资合作指南专家、北京大学经济学院教授职称匿名评审专家、中国物流与采购联合会采购与供应链管理专业委员会专家、中国国际工程咨询公司专家、中国神华集团专家等。

国际金融危机过去10年了，全球经济出现一个低速增长的平庸时代。2018年中国经济形势将是怎样的？作为全球经济的重要经济体，中国经济不仅影响世界，而且世界也影响中国。2018年，中国经济仍将保持中高速增长态势，预计经济增长态势与上年持平，增速难以超过7%。

中国依然处于经济转型和结构升级的关键时期。根据《世界银行发展指标2017》（*World Development Indicators* 2017），2005～2015年间，中国高技术产品出口占制造业出口的比重高于大多数国家，包括美国、日本、加拿大、英国、德国、澳大利亚、新西兰等发达国家，以及印度、巴西、俄罗斯、土耳其、墨西哥等发展中国家。但是，一方面，中国还低于新加坡、韩国等国家，瑞士和法国等呈现上升趋势，并超过中国；另一方面，中国呈现下降趋势，国际金融危机前的2005年、2006年、2007年，中国的比重分别达到30.8%、30.5%、

26.7%，但是危机过去数年后的2013年、2014年、2015年，中国的比重分别为27%、25.4%、25.8%。从产业结构、出口增加值来看，中国劳动密集型产业的国际竞争力较强，高技术产品的增值率并不理想，相当比例依然是加工贸易和外商投资企业；此外，中国专利数量快速增加，但是发明专利的比例依然较低，2016年国内授权发明专利301236件，仅占全国授权专利数量的18.55%。因此，中国经济转型阶段需要一段时间。

中国经济增长模式依然依赖于要素驱动和投资驱动。当前，中国经济进入新时代，经济社会发展呈现多元化，增长依赖于要素驱动、投资驱动和创新驱动的混合方式。一些地区特别是沿海地区创新驱动方兴未艾，一些领域积极创新，但是绝大多数地区、绝大多数领域，经济增长依然主要依赖于要素驱动和投资驱动，创新驱动还没有成为最主要的动力。实践证明，投资成为经济增长的最主要贡献者，特别是危机爆发之时。例如，2008年、2009年、2010年中国资本形成的贡献率分别为53.2%、86.5%、66.3%，分别拉动经济增长6.3、8.1、7.1个百分点。可以预见，相当长的一段时间内，中国经济增长主要依赖于要素投入。中国人口众多、初级发展阶段等基本国情短期内难以改变，创新驱动难以成为经济发展的主要动力，而且经济结构调整和经济转型的基础较为脆弱，一旦面临外部风险的冲击，就不得不依赖于要素驱动和投资驱动的经济增长模式。

2018年是十九大的开局之年，本身具有许多特点。2018年是中国改革开放的第四个10年，中央和地方政府将会想方设法提高各自的经济业绩；2018年是国际金融爆发后的第一个10年，中国面临国际金融危机应对措施的后遗症，经济社会累积了许多风险，包括地方债务、市场泡沫等；2018年是美国特朗普政府执政的第二个年头，美国将迎来中期选举，美国的行为也将影响中国乃至世界的经济运行与发展。从目前来看，中国经济社会发展面临国内外的复杂局面和形势，国际贸易和跨境投资的某些领域极为敏感，一些主要经济大国和发达国家，包括美国、日本、欧盟都对中国实施了贸易保护主义，甚至滥用国际规则和国内安全法则，并没有包容、和谐、共同发展。我们应当全面、客观分析经济、社会、世界格局和形势，特别是国际分工地位的格局和变化，准确和科学研判其发展趋势，不宜盲目乐观。

进行高质量建设，最重要的是建立规范的市场秩序，包括诚信为本、法治建设、公平竞争等，国家既要建立法律法规体系，又要切实落实和实施法律法规，改变供给、需求、投资、消费等市场的扭曲行为，价格、税率、利率、汇率等信号才能不失真，发挥经济理论的指导作用，有利于经济建设和社会发展。

为高质量发展提供坚实的体制保障

胡　敏　国家行政学院研究员

胡敏，国家行政学院研究员，国家行政学院高端智库宏观经济组成员，中国人民大学经济学博士毕业。兼任中国矿业大学文法学院兼职教授，中国（海南）改革发展研究院特约研究员，国家行政学院中国特色社会主义理论研究中心研究员，文化政策和管理研究中心研究员。国家级核心期刊《改革》杂志、《重庆社会科学》学术委员会委员，重庆智库研究员。现任国家行政学院出版社副社长。近年来主要从事宏观经济政策、产业经济、政府改革等问题研究。曾在国家级报刊公开发表近百万字的经济政策评论和理论文章，担任多家重要财经媒体时事观察员。出版《循着改革的逻辑》《科技与知识经济》等专著。

2018 年是贯彻落实党的十九大精神的第一年，是决胜全面建成小康社会的关键一年，也是改革开放 40 周年，是着力建设现代化经济体系的重要一年，全面深化改革面临更加艰巨的任务和挑战。

按照党的十九大精神和中央经济工作会议的要求，推进高质量发展是总的要求，也是明确经济发展思路、制定经济政策、实施宏观调控必须牢牢把握的根本要求。显然实现经济高质量发展，必须推进高质量改革。

十九大报告提出建设现代化经济体系要落实“两个着力”，其中的一个重要方面就是要继续坚持社会主义市场经济改革方向，着力构建市场机制有效、微观主体有活力、宏观调控有度的经济体制。这是 2018 年深化经济体制改革的基本遵循，更是为高质量发展必须提供的体制机制保障。其着力点表现在以下三个方面。

一是加大力度激发各类经济主体活力。一方面要深化国有企业改革，在更宽领域更高层次发展混合所有制经济，进一步鼓励国有资本、外国资本和其他社会资本相互融合；另一方面要切实营造良好的营商环境，激发民营资本的投资活力，切实稳定民营经济发展信心，形成健全的产权激励机制和稳定的市场预期。

二是加快转变政府职能、深化简政放权和“放管服”改革。进一步推进商事制度改革，加快要素价格市场化改革步伐，让市场要素充分流动起来，并放宽市场特别是服务业准入限制，清理和废除一切妨碍统一市场和公平竞争的各种规定和做法。

三是继续创新和完善有序有度有力的宏观调控。一方面，要充分发挥货币政策和宏观审慎政策双支柱调控框架的有效性、传导性，利用好国务院金融稳定发展委员会的引领作用，守住货币闸门，健全金融监管体系，坚决守住不发生系统性金融风险的底线；另一方面，要进一步深化投融资体制改革，用好PPP机制，加快完善债券市场和地方税体系，深入研究和适时出台房产税相关政策，着力形成房地产市场健康发展的长效机制。另外，还要紧紧围绕供给侧结构性改革这条主线，采取更加有力的措施，增强金融特别是资本市场服务实体经济的能力，促进多层次资本市场健康发展，并以此降低企业杠杆率和各类企业税费负担，让具有活力的资本市场发挥资源配置的有效作用。

当然，实现经济高质量发展，内容丰富，涵盖广阔，最关键的是还要让各级政府切实转变观念，确立正确的政绩观和考核观。要彻底从GDP挂帅转为高质量发展挂帅，让追求高质量发展成为各级政府新的“经济指挥棒”和内在驱动力，充分调动各方面干事创业的积极性，更好地落实经济“三大攻坚战”任务。同时，要加快形成促进高质量发展的制度环境和体制机制，将建立健全高质量发展指标体系、标准体系、统计体系等必须与选人干部的绩效评价、政绩考核机制紧密联系起来，严格落实发展责任，严格形成科学的绩效考评，最终以人民满意不满意、获得感强不强、生活富裕不富裕作为推动经济高质量发展永恒的试金石。

关于全球经济复苏的新态势，2018 年总体上机遇大于挑战，我国经济增长将继续保持稳中有进的积极态势。我们要主动抓住机遇，乘势而上，为经济质量显著提升打下扎实基础。

2018 年中国经济有望延续稳中向好态势

黄汉权　国家发展和改革委员会产业经济与技术经济研究所所长、研究员

黄汉权，国家发展和改革委员会产业经济与技术经济研究所所长、研究员、博士。主要研究领域包括产业经济、农业农村经济、城镇化、风险投资等。主持和参与国际国内重大课题 100 多项，多次参加国家重大规划、重大战略前期研究和重要文件起草工作，获得省部级优秀成果奖 6 项，多项研究成果获得党中央、国务院领导批示，在《新华文摘》《管理世界》《宏观经济研究》《人民日报》《经济日报》等刊物上发表论文 100 多篇，出版专著 2 部、合著 6 部。1999 ~2000 年先后在荷兰、英国留学，2008 ~2009 年在甘肃省陇南市挂职副市长。

2018 年是贯彻落实党的十九大精神的开局之年，是改革开放 40 周年，是决胜全面建成小康社会、实施“十三五”规划承上启下的关键一年。在十九大精神指引和改革开放进一步深化等多重利好的刺激下，我国经济有望延续稳中向好态势，预计全年经济增长 6.7% 左右，保持在中高速增长的平台上，规模以上工业增加值增长 6.2% 左右，服务业增长 7.8% 左右。这一判断主要基于国际国内两个方面因素的考虑。

从国际看，全球经济迈向更广泛、更强劲的增长，我国经济发展外部环境持续改善。2017 年全球经济呈现稳中向好的态势，发达经济体和新兴经济体经济增速普遍走高、失业率持续下降，投资贸易稳步回暖，呈现出金融危机以来比较强劲的增长势头。美国经济自 2014 年以来首次连续两个季度实现增长率超

过 3%。欧元区经济持续复苏，就业人数和消费者信心达到 2001 年以来的最高水平。日本经济连续 8 个季度正增长，持续缓慢复苏态势明显。俄罗斯、巴西、南非、印度等新兴市场国家经济运行也在转好。联合国最新发布的《2018 年世界经济形势与展望》报告指出，2017 年全球经济增长速度达到 3%，是自 2011 年以来的最快增长，预计未来两年的经济增速也将稳定在 3% 左右。由于全球经济向好带动贸易回暖，出口成为 2017 年我国经济增长的重要支撑。2017 年，我国出口增长 10.8%，比 2016 年同期提高 12.6 个百分点。虽然近期人民币对美元出现较大幅度升值，但对其他货币大体保持稳定，外贸企业对未来出口展望改善。尽管特朗普税改落地、贸易保护主义持续抬头、朝鲜半岛和巴以等地缘政治局势动荡等不确定因素不容忽视，但总的来看，全球经济正在持续向好，我国出口有望继续维持稳定增速，为我国经济增长提供良好的外部环境。

从国内看，转向高质量发展推动供求关系更加协调，经济发展内生动力增强。党的十九大作出了“我国经济已由高速增长阶段转向高质量发展阶段”的重大判断，对“落实新发展理念，建设现代化经济体系”做出了战略部署，为今后一个时期经济发展指明了方向和路径，有利于各方面形成共识，劲儿往一处使。2018 年是改革开放 40 周年，可以预见，以供给侧结构性改革为重点，简政放权、放宽准入、减税降费、要素市场、产权保护等方面的改革将有更大的动作，改革红利和经济发展活力将进一步得到释放。同时，围绕创新驱动经济高质量发展，技术创新和人才资源将被寄予厚望和备受重视，产业创新能力将得到进一步提升。两年多来的供给侧结构性改革实践也已证明，传统产业过剩产能正在加快出清，新技术、新产品、新模式、新业态蓬勃发展，新旧动能转换步伐加快，产业结构不断优化调整，工业和服务业增长更加协调，投资、出口、消费增长更加平衡，特别是服务业、新动力、消费对经济增长贡献率的提高，经济增长的内生稳定性更强，质效提升更加明显，这些都是 2018 年经济稳中向好的坚实基础。

坚持“房住不炒”促进经济高质量发展

黄征学　国家发改委国土开发与地区经济研究所国土开发室主任、研究员

黄征学，国家发改委国土开发与地区经济研究所国土开发室主任、研究员，主要从事区域经济和房地产经济等领域的研究。曾主持中财办、国家高端智库、国家发改委、国土资源部、上海市政府等委托的课题 140 多项。主持和参与的课题 6 次获得国家发改委奖励。出版专著《中国城市经营中土地价格行为研究》和《城市群：理论与实践》2 部，合著 20 余部，在《经济研究》《农业经济问题研究》《中国软科学》等杂志上发表文章 140 余篇。

党的十九大报告提出“我国经济已由高速增长阶段转向高质量发展阶段”的历史性论断，为今后一段时期确定发展思路、制定经济政策、实施宏观调控指明方向。与此相辅相成的是，住房也由 20 世纪 90 年代中后期新的国民经济增长点和新的消费热点转向“房子是用来住的，不是用来炒的”新定位。制定新举措，引导投机性资金从房地产领域流向实体经济领域，积极培育新动能，是促进经济高质量发展的必由之路。

1998 年住房制度改革以来，特别是 2003 年房地产被确定为国民经济支柱产业以来，房地产调控始终在稳房价和保增长之间摇摆，经历 2008 年和 2014 年两次救市，房地产也由货币的“蓄水池”变为最大的“堰塞湖”。

短期保增长的结果，导致居民部门债务杠杆率持续提高、房地产库存继续增加等问题，孕育潜在的经济风险。2014 年，商品房待售面积 62169 万平方米，

库存比2013年末增加12874万平方米，达到新的高度。2015年出台“促消费，去库存”的新政后，居民部门杠杆急剧增加。2017年，我国新增贷款中，居民贷款占比52.7%，连续两年超过新增企业贷款，达到最高值，比2015年增加19.7个百分点；个人住房按揭贷款占比39.2%，尽管比2016年有所降低，但比2015年高13.2个百分点。

与此相应的是，2017年城镇居民人均消费支出增幅只有3.5%，仅高于1998年。大量资金流向房地产领域，也导致经济“脱实就虚”，挤出实体经济民间投资。不可否认，房地产对拉动经济增长做出了重要贡献，对全球经济也有溢出效应，但房地产市场的风险也在日益累积。世界银行在2017年12月份的经济展望中表示，房地产价格的不确定性是2018年中国经济前景的主要不利因素之一。

十九大报告提出“坚持房子是用来住的，不是用来炒的”定位，是1998年房改以来对住房的再定位，房地产经济增长点和支柱产业的地位将下降。特别是，进入高质量发展阶段后，经济发展导向将从简单追求速度转向坚持质量第一、效益优先，新技术、新产业、新业态、新模式成为引领经济增长的新动能，房地产对经济增长的贡献将稳步降低，这为调控房地产提供更多选择空间，也为构建长效机制赢得时间。2017年，“房住不炒”的长效机制已经“在路上”。13个超大或大城市《集体建设用地建设租赁住房试点方案》顺利推进，“控地价、竞配建（租赁住房或自持）”试点积极开展，多主体供给、多渠道保障、租购并举的制度框架逐步建立。房地产市场预期逐渐稳定，社会资金“脱虚就实”迹象开始显现。

2018年，住房市场将继续在供需两端发力，积极推进住房供给侧结构性改革，探索多主体、多渠道住房供给新模式，持续遏制投机性需求，保障基本居住需求，真正落实“房住不炒”的要求。同时，进一步深化土地制度、房地产金融、房地产税收等领域改革，营造房地产市场平稳运行的制度环境，为促进经济高质量发展添砖加瓦。

高质量发展要发挥区域协调引领作用

霍建国　中国世贸组织研究会副会长

霍建国，现任中国世贸组织研究会副会长，原商务部国际贸易经济合作研究院院长。经济学博士，研究员，博士生导师，享受国务院特殊津贴专家。研究方向为世界经济和国际贸易，长期从事外经贸管理及政策研究工作，曾担任过国家经贸委外经贸司副司长和商务部外贸司副司长，先后参与过扩大机电产品出口战略研究、欧洲统一大市场研究、中国外贸外汇体制改革研究。参与中国入世谈判和 APEC 工作，中国入世后，负责牵头组织研究国家 14 个产业部门的应对措施，并取得了积极的效果，且多次承担多项国家哲学及社会科学重点科研项目以及商务部等重大课题研究，曾参与董建华基金会、中国国际经济交流中心和商务部联合组织的“中美经贸关系未来十年发展前景研究”。在《国际贸易》《国际经济评论》和《中国经贸导刊》等核心刊物上发表过上百篇文章，出版过《中国外贸与国家竞争力》和《继往开来话世贸》等著作。在世界经济、国际贸易和世贸组织研究领域有较大影响。

2017 年召开的中央经济工作会议已对 2018 年的经济形势做出了科学的判断并提出了明确的要求，需要我们认真贯彻落实。

从 2018 年的经济增长格局看，我们仍面临较大的增长压力，因为今年的投资和消费将保持相对稳定的增长，而出口形势的不确定性将构成影响今年增长的主要因素。因为出口在面临去年高增长的情况下，估计今年难以达到去年的增幅，虽经过努力估计可达到 8% ~10% 的增幅，其结果将对国民经济增长产生一定负面影响。总体判断经济仍可实现6.7%左右的增长。

中央做出的中国经济已经从高速度增长转向高质量发展的这一判断是非常科学的。但是我们也要注意到，中国经济走向全面高质量发展仍要经过我们艰苦的努力。从概念上讲，高质量发展绝不是单指制造业高质量的发展，高质量应是指经济运行全口径的概念即除制造业外在服务业和管理领域都需要按照高质量增长的要求运营。这是一个新的挑战。所以，在2018年要着力抓好同高质量发展相关的以下几方面的工作。

一是要坚定不移地推动供给侧结构性改革，将供给侧结构性改革逐步从"三去一降一补"的方面逐步转向努力提高全要素劳动生产率发展阶段，以从不同领域全面促进高质量增长。

二是要发挥好区域协调战略的引领作用。在中国经济的发展中，已经形成了三大优势地区，即珠三角地区、长江中下游地区和京津冀地区。从目前的区域协调的发展战略看，首先要抓好京津冀协调发展战略，发挥其在促进北方经济增长中的积极作用；其次是要抓紧推动长江中上游城市群的协调发展，焕发其增长活力，全面带动中西部经济的增长；再次要加大粤港澳大湾区的建设步伐，发挥珠三角地区在中国经济增长中的领头羊作用，把粤港澳建设成为世界上增长最具活力的地区之一。通过加快上述三个大型区域协调发展战略的实施，以此形成对中国经济总体增长的支撑。

三是要着力抓好制造业振兴工作。通过减税降费，鼓励制造业加快转型升级，积极探索高新技术领域的发展步伐，发挥先进制造业带动整体制造业提升竞争力的积极作用。同时还要注意抓好传统制造业的转型升级，满足人民群众消费升级的需要。

四是着力改善营商环境。改善营商环境，创造公平的竞争环境有利于稳定外商投资企业在华的积极作用，并能通过吸收新的外商投资对中国经济增长形成新的支持。

五是加快构建全面开放的新格局。中国经济已经从低成本优势和规模竞争优势正在转向体制机制创新的发展优势，加快对外开放引入竞争机制促进国内体制机制的完善和改革，有利于进一步调动经济增长的活力，使中国经济进一步保持增长的势头。

2018年中国经济将处于健体强身过程中

姜长云　中国宏观经济研究院产业经济研究所

姜长云，中国宏观经济研究院产业经济与技术经济研究所副所长、研究员（二级）、博士生导师，获“新世纪百千万人才工程国家级人选”、国务院政府特殊津贴，2017年入选“文化名家暨‘四个一批’人才工程”。已在《经济研究》《管理世界》《农业经济问题》等杂志发表论文近500篇，独著或主笔《服务业大趋势》《转型发展：中国三农新主题》等8部。主要研究领域为服务业发展、农村经济、产业经济。获省部级优秀课题一、二、三等奖十余项。

展望2018年，中国经济将处于震荡调整、健体强身的过程之中，GDP增速很可能处于6.7%～7.1%的区间之内，支撑经济高质量发展的基础将会进一步夯实。

2018年，尽管世界经济稳健复苏仍是大概率事件，但国内外发展环境的不确定性在总体上仍然较强，经济增长速度会比之前有稍大的小幅波动，比如在现有基础上上下波动0.2个、0.3个百分点，应该保持更富弹性的容忍空间，不应过于敏感。通过持续一段时间的震荡调整和在推进“破、立、降”等方面的主动作为，逐步过滤掉经济运行中的重大风险隐患，如释放部分金融风险，化解产能过剩压力，并为产业发展新动能的成长扫除体制机制障碍，提供更加有利于节本降险的环境，促进新产业、新业态、新模式更好地破土而出或蓄积动能。要科学看待经济增长速度和经济发展质量的关系，防止片面追求当前经济增长速度的回升，透支未来的经济发展潜能，损害未来的经济发展质量。通过对当前经济增长速度的震荡调整过程保持必要的耐力和定力，为更好地促进经济高质量发展创造条件。

就总体而言，2018 年的中国经济发展可以谨慎乐观。这种谨慎乐观不是空穴来风，而是有着坚实的依据。这不仅得益于坚强的政治保障，还有其他方面的强劲支撑。

第一，中央经济工作会议进一步强调，坚持稳中求进工作总基调，按照高质量发展要求，统筹推进稳增长、促改革、调结构、惠民生、防风险等工作。

第二，2017 年经济发展稳中向好的态势，为 2018 年协调经济增长和推进高质量发展的关系提供了良好支撑。如 2017 年，全国居民人均可支配收入较 2016 年实际增长 7.3%，城镇居民、农村居民人均可支配收入分别较 2016 年实际增长 6.5% 和 7.3%，分别较 2016 年增速加快 1.0 个百分点、0.9 个百分点和 1.1 个百分点，初步扭转了近年来城乡居民人均可支配收入增速连年回落的态势，为进一步增强消费对经济增长的基础性作用创造了条件。居民收入增速回升，不仅拉动了民生的改善，也为激发民众参与经济发展的主动性、积极性和创造性提供了条件。民生的改善，特别是居民消费品质的提高，有利于通过拉动新型消费的扩张和消费结构升级，间接拉动经济发展新动能的成长。

第三，服务业保持持续较快增长态势，成为稳定经济运行的重要支撑，也是带动经济高质量发展的重要力量。2017 年 12 月，服务业业务活动预期指数为 60.3%，连续 7 个月处于高位景气区间。服务业尤其是现代服务业，往往是经济发展新动能的密集区。服务业持续较快增长，本身就意味着经济发展新动能较为健康、活跃。现代服务业的持续较快增长，会通过推进生产性服务业与工业、农业乃至服务业的融合发展，拉动经济运行质量的提高。近年来，服务业供给侧结构性改革的持续推进，不仅促进了服务业的持续较快增长，也为推动服务业发展新动能的成长和经济高质量发展，提供了雄厚支撑。

2018年中国经济：结构更加优化、增长质量将进一步提高

蒋 震 中国社会科学院财经战略研究院副研究员

蒋震，现任中国社会科学院财经战略研究院税收研究室副研究员，硕士生导师。2007年9月至2010年7月在中国人民大学财政金融学院财政学专业攻读博士学位，获经济学博士学位。2010年7月起在中国社会科学院财经战略研究院（原“财贸所”）工作，历任助理研究员、副研究员。2016年5月至2018年5月，在北京市西城区地方税务局挂职任副局长，主持国家社科基金青年项目一项，担任中国和世界银行合作项目中方专家、中国－欧盟社会保障项目中方专家等。兼任中国税务学会学术委员会委员等。主要从事宏观经济、财税领域研究等。在《管理世界》《中国工业经济》《新华文摘》等期刊公开发表数十篇文章，在内参发表十余篇文章，主要成果先后获得财政部中国财政学会优秀成果奖一等奖、三等奖及中国社会科学院优秀成果奖。代表作《工业化水平、地方政府努力与土地财政：对中国土地财政的一个分析视角》获得中国社会科学院财经战略研究院2014年青年优秀学术论文二等奖。

从2017年宏观经济运行来看，全年增长率达到6.9%，我国仍然是全球增长最具活力的区域，得益于多方面因素。如居民消费增长成绩明显，“三去一降一补”助推市场活力回升，创新驱动发展质量显著提升，对外贸易活力不断增强，等等。从2018年宏观经济趋势来看，增长的基本面没有发生变化，有些积

极因素还在加强。2018 年将延续 2017 年“稳中向好”的趋势，增长速度会维持在 2017 年水平，但结构更加优化、增长质量会进一步提高。

按照“贯彻新发展理念，建设现代化经济体系”的要求，妥善处理保持经济增长速度和培育新动能之间的关系，将夯实传统增长动力与发展新业态、新产业、新模式相结合。中国正面临从传统农业文明向现代工业文明加速转型的重要节点，仍然还需要不断扩展非农就业部门，来转移高达亿计的农业人口，以此来推动城镇化和农业现代化，传统农业生产力要素不断向城镇集聚，带来了城镇基础设施、教育、医疗卫生、文化体育等领域的投资增长空间，对维持增长有着非常显著的意义。同时，中国正在进入知识信息社会，以互联网、大数据、人工智能为代表的技术革命与产业变革，与实体经济深度融合，不断改变着社会经济运行的方式和格局，极大提升资源配置效率，成为重构经济增长新动能的重要力量。在这种大背景下，用于支撑知识信息社会下全面采集、连接、管理数据的新型基础设施将成为投资重要领域，也会成为新的投资增长点。这个领域的不断成熟，将进一步激发市场活力与社会活力。

与此同时，我们要看到，新业态、新产业、新模式的发展关键在于思想和创意型人才，如何通过全面深化改革，更加激发这些群体的积极性和创造性，成为经济社会发展的关键所在。

虽然 2018 年我国宏观经济运行的大趋势不断向好，但是我们也需要保持对局部领域风险的重视。从风险因素来看，如何“脱虚向实”，让虚拟经济回归到服务实体经济的本质，积极寻找破解实体经济发展困境的有效举措，用市场力量来扭转虚拟经济与实体经济投资收益的不平衡，仍然是亟待解决的问题。此外，我们还要高度重视地方债务风险带来的影响，未雨绸缪，从完善预算制度方面全面管控，有效引导控制增量、创新化解存量债务方式方法，有效制止违规举债行为。还有就是，高度关注美国政府税改对全球经济带来的影响，它从本质上反映出美国用多种手段促使制造业回流的决心，试图扭转与新兴经济体在全球价值链竞争中不断陷入被动的局面。因此，我们需要在人才和创新资源的竞争方面，通过转变政府职能，深化简政放权，创新监管方式，优化政府投入等方面采取措施、有效应对。

调整经济主攻方向　精准发力

金思宇　中国智库理事会高级研究员

金思宇，教授、高级研究员，毕业于北京大学、中国社会科学院研究生院，经济学家、著名企业文化学家，被北京大学、清华大学、上海对外贸易学院、英国金斯顿大学等多所高等院校聘为客座教授、高级研究员，中国智库理事会高级研究员、中国反腐败司法研究中心高级研究员。

2001 年入选《世界文化名人》（华人卷），2002 年获全国人事科研一等奖，2003 年获中国企业文化建设 20 年“理论成果奖”，2004 年度获“中国十大企业文化建设功勋人物”称号。先后在《人民日报》《经济日报》《管理世界》《中华英才》等报刊发表各类（论）文章 650 余篇，主编或参编出版了《中国企业文化形象大典》《企业文化教程》《中国中央企业》《百家企业文化工程系列丛书》《中国特色企业文化案例》《中央企业文化建设报告》等 60 余部著作，译著《如何制定公司战略》《新型公司治理》《提升您领导力的教练》6 部。

2018 年，注定是复杂多变、暗怼角力的不平凡的一年。

从国际看，世界面临的不稳定不确定因素依然突出。世界经济格局深度调整，国际金融市场总体稳定，国际力量“东升西降”“南升北降”态势更为明显。以美国为首的西方国家贸易保护主义和内顾倾向明显上升，经济全球化深入发展的大势在曲折中前行，世界经济体之间合作共赢成为追捧的新发展理念。中日关系重回正轨任重道远。中英关系正处于“黄金时代”，中法、中德看好合作潜力。

从国内看，中国进入新时代，传统发展模式已经遭遇瓶颈，开放型经济传统竞争优势受削弱，实体经济创新发展动力不足。中国金融体系“总体健全”，但金融系统性风险依然存在。国有企业重组力度会进一步加大，企业总数会继续减少，混合所有制改革将向纵深发展。以推进供给侧结构性改革为主线，通过深化改革、化解过剩产能、提高供给体系的质量，培育新增长点、形成新动能，将是中国实现高质量发展的基本路径。2018 年中国经济新的增长点主要是新兴信息产业、高端装备制造业、智能制造业。中国坚持“反对各种保护主义”，将继续推行对外开放政策，重点可能集中在金融业、制造业和服务业、保护知识产权以及扩大进口等方面，但必须做好应对一场与美国的“贸易战”和更多的经济竞争的准备。

中国经济将在调整主攻方向、突破国企混改、防范金融风险和加大开放尺度中保持稳中有进、稳中向好的态势，预计 2018 年中国 GDP 增长速度为 6.8%。本人对世界经济发展持乐观态度。欧元区 2017 年增长率为 2.5%，创 2007 年以来最高水平，预见 2018 年的增长仍将保持强劲势头。2017 年印度的 GDP 增长率 7.2%，美国为 2.3%，英国为 1.8%，法国为 1.9%，俄罗斯为 1.4%。世界经济将呈现复苏向好态势，经济增长动力有所驱动，2018 年全球经济增长速度将有可能从 3.7% 提升到 3.9%，印度或将以 7.6% 的增长速度领跑。

第一，应当把中国发展经济的着力点放在实体经济上，避免出现实体经济不“实在”，虚拟经济太“虚胖”的现象，把提高供给体系质量作为主攻方向。在此过程中，一方面要加快建设制造强国，支持传统产业优化升级，促进我国产业迈向全球价值链中高端，另一方面要坚持去产能、去库存、去杠杆、降成本、补短板，更要呼唤激发和保护企业家精神，建设知识型、技能型、创新型劳动者大军，积极营造劳动光荣的社会风尚和精益求精的敬业风气。

第二，积极推进主业处于充分竞争行业和领域的商业类国有企业混合所有制改革，有效探索重点领域混合所有制改革，充分发挥市场机制作用。坚持因地施策、因业施策、因企施策，宜独则独、宜控则控、宜参则参，不设时间表，成熟一个推进一个。大力推动国有企业改制上市，不断完善公司法人治理结构、健全市场化经营机制，促进国有企业转换经营机制，放大国有资本功能，实现国有资产保值增值。

第三，要牢牢把握供给侧改革和智能制造的主攻方向，优化产业结构，培育壮大新兴产业，从数字经济中获得转型升级的新动能和新杠杆，衍生出更加共享、普惠、开放、公平的经济生态迈向高质量阶段发展。引导企业突出主业，全面提高产品和服务质量，加强品牌建设，强化知识产权保护和管理，培育更多的“百年老店”，增强企业核心竞争力。

第四，要全面展开一场防范管控金融风险的攻坚战。在中国金融业进入风险集中爆发期，金融杠杆率和流动性风险、违法犯罪风险、房地产泡沫风险、地方政府债务风险、信用风险等金融风险尤为突出，必须加以整治惩罚。对于利用保费注资和赌博式资金运作等违法问题的个别保险机构，经营严重资不抵债的要敢于破产清算。继续对境内外虚拟货币交易所采取取缔、处置等监管措施。同时，要高度关注美联储新任主席上台后政策变化动向（预计 2018 年或加息 4 次），持续关注大国货币政策的外溢性和债市、股市、大宗商品市场的变化。随着全球范围内绿色金融迅猛发展，绿色金融已演化为全球环境治理的一种新型手段。中国作为世界最大的发展中国家和最重要的新兴经济体，更要积极参与推动绿色金融“中国标准”国际化，不断增强全球金融治理中的话语权、代表权。

第五，要扎实推进“一带一路”建设，以纪念中国改革开放 40 周年为契机，积极推动全面开放新格局的形成，加强对国际经贸规则的对接。鼓励和引导对外投资，有序有效实施“走出去”战略，继续拓展对外贸易和合作交流，着力推进贸易强国建设。加快统一内外资法律法规，优化区域开放布局，实行高水平贸易和投资自由化便利化政策，加快转变贸易发展方式，促进服务贸易创新发展。针对美国政府对中国企业遏制，对进口太阳能板和洗衣机等征收高额关税，实施贸易制裁，中国应当瞄准美国的农业和飞机制造业等重要行业，果断地采取反制报复行动，可以先行对美国高粱、大豆等展开双反调查。

防范房地产泡沫要管住房价

兰日旭　中央财经大学经济学院教授、博士生导师

中外经济比较研究中心主任

兰日旭，中央财经大学经济学院教授、中外经济比较研究中心主任，博士生导师，主要研究领域为金融理论与近现代金融史、中外经济关系。主持国家社科基金、教育部哲学社会科学基金项目等 9 项，参与国家社会科学重大项目、教育部哲学社会科学基金、北京市哲学社会科学重点课题等 8 项。在《经济学动态》等报刊发表学术论文 70 多篇，出版《中国金融现代化之路》《中国近代银行制度变迁及绩效研究》（该书获得 2014 年第二届金融图书“金羊奖”、北京市第十三届哲学社会科学优秀成果二等奖）、《经济强国之路》、《Transformation of China’s Modern Banking System from the Late Qing Era to the 1930s》（Vol. 1，2）、《中外金融组织变迁：基于市场－技术－组织的视角》等 6 部学术专著；主编《一带一路：全方位的战略》《一带一路倡议中的风险及防范》，参编《新中国经济发展 60 年》等 6 部。

一、国际经济形势的基本判断

总体来看，2018 年，世界经济保持整体性复苏。自 2016 年下半年以来全球主要经济体增长加快，2017 年全球经济增速约为 3.4%，2018 年有望提升至 3.7% 左右，将为中国对外贸易和投资提供相对良好的外部环境。但也要看到，

全球贸易保护主义抬头，新兴经济体包括中国的部分产品出口可能受到关税和非关税壁垒影响。美联储加息和美国减税引起美元走强预期，可能会加重新兴经济体货币贬值和资金流出压力。部分资本市场不完善、金融系统较脆弱、管控能力较低的新兴市场国家可能会出现局部的金融动荡。

二、国内经济发展的基本态势

中国经济社会发展在经历了站起来、富起来之后，在未来将要完成强起来。中国特色社会主义建设也由此进入新时代，中国社会的主要矛盾转化为人民日益增长的美好生活需求和不平衡不充分的发展之间的矛盾，说明未来中国社会经济发展的主要任务是推进经济结构转型升级，重点是加强供给侧结构性改革，从追求数量的粗放经济发展转向推动高质量发展，具体表现为逐步淡化 GDP 考核，以新发展理念，引领中国经济走精细化、集约化发展道路、绿色发展道路、高质量发展道路。

二、实现高质量发展的政策建议

2018 年是落实党的十九大精神的开局之年，将更加强调以新发展理念为指导，实现高质量发展。因此，将继续深化供给侧结构性改革，打好防范重大风险、脱贫攻坚、污染防治三大攻坚战，全年经济发展保持稳中求进，发展的质量、效益会更好，预计 GDP 增长率将保持在 6.5% 左右。

三大攻坚战的首战是防范重大风险，因为这是 2018 年中国经济实现稳健发展的基础。只有稳才能进，才能实现稳中求进。

金融风险是防范重大风险的重点，核心是地方政府债务风险和房地产泡沫风险。地方政府债务风险主要表现为隐性债务风险，虽然财政部的“50 号文”和“87 号文”对防范地方政府债务会起到抑制作用，但其增长动力依然强劲，主要在于获得债务收益与承担偿债成本分离，导致“寅吃卯粮”问题严重，需要尽快建立地方政府主要负责人的债务责任终身追究制，强化责任约束，实现债务增长的权责利统一，才是釜底抽薪的有效方法。防范房地产泡沫的首要任务是要管住房价，通过限贷限购等措施，坚决杜绝房价继续上涨，防止泡沫越来越大；同时，通过发展住房长期租赁，实行租售同权，弱化住房需求，引导房价稳中趋稳慢降，要坚决克服急于求成心态，防止房价的大幅下降，刺破房地产泡沫，引发新的金融风险。

在高质发展中谋求突破

蓝　虹　中国人民大学生态金融研究中心副主任

蓝虹，经济学博士，中国人民大学环境经济学博士后，美国纽约大学环境法学博士后，中国人民大学生态金融研究中心副主任，中国人民大学环境学院环境经济与管理系教授、博士生导师，中国环境科学学会绿色金融分会副主任、中国制度经济学研究会理事、北京环境法研究会理事，联合国环境署可持续金融行动组高级技术顾问，农工党中国人民大学支部委员、农工党北京市委人口资源环境专委。被评为“2015 年度中国人文社科最具影响力青年学者”。研究方向为绿色金融，是中国最早从事绿色金融研究与实践的学者。2006 ~2007 年在美国哥伦比亚大学做高级访问学者，担任联合国环境署可持续金融行动组高级技术顾问，2007 ~2010 年担任世界银行华盛顿总部绿色金融及赤道原则项目技术专家，2010 ~2011 年在美国纽约大学从事环境法学博士后研究工作，后任客座研究员。

长期致力于绿色金融与环保 PPP 领域的研究，具有丰富的研究经验和理论积淀，曾先后在 *Cornell International Law Journal*、*Asia Pacific Business Review*、《经济学季刊》《金融研究》《中国金融》等重要期刊发表论文 80 余篇，主持和参与完成国际合作、国家级、省部级课题 56 项，单独完成或合作完成《环境产权经济学》《商业银行环境风险管理》《碳金融与业务创新》《中国土地产权制度变迁的制度经济分析》《博弈论与信息经济学》《福利经济学》等专著和教材 10 余部；还作为环保部咨询专家参与了《中国水污染防治法》《中国环境保护法》《中国土壤污染防治法》等环保法律法规的修订或起草工作。

2018年中国经济仍将延续2017年稳中趋好的发展态势，在高质量发展中求突破，形成新的增长动力和潜能，经济增长速度基本稳定在6.7%～7%的空间；金融和地方债务等重大风险防范、扶贫攻坚、污染防治、去杠杆等是政府需要重点化解的领域。

宏观层面，利好因素多于不利因素。2018年是贯彻十九大精神的开局之年，是改革开放40周年，是决胜全面建成小康社会、实施“十三五”规划承上启下的关键一年。供给侧结构性改革日益向纵深推进、经济向高质量发展阶段转换、乡村振兴战略、深化改革和进一步扩大开放等是推动经济增长的重要动力。物价平稳，CPI稳定在2%左右，就业压力较大，需创造1000万个以上的岗位；外部经济环境明显向好，美国、欧洲等主要发达国家经济体趋于稳定，俄、巴西等新兴经济体走出了过去两年的阴霾，拉美地区、东南亚等经济体加快复苏，全球经济有望达到次贷危机以来的最快增长水平。世界贸易增长反弹，投资活动趋于活跃，大宗商品价格回稳，但地区冲突、英国退欧谈判、特朗普执政以来频繁的贸易摩擦和大幅降税等因素对中国经济发展存在某种不确定性。

行业层面，投资对经济的贡献持续降低，但投资结构有所改善；消费对经济的贡献凸显，消费型服务尤其明显；外贸趋稳回升，调结构效果显现，附加值提升；电商、金融、旅游、文化等服务业的快速发展对经济的拉动作用明显。农业供给侧结构性改革、高端制造业、生产性服务业等是经济持续利好的强劲动力；科技创新的辐射力和影响力进一步增强；普惠金融体系建设适当降低了融资难和融资贵问题，但民营企业的投资活动仍然徘徊不前。当然，守住系统性金融风险底线、防治雾霾等生态问题、扶贫攻坚、资金脱实向虚等问题仍将对2018年经济带来较大下行压力。

在高质量发展中谋求突破，应该特别注重如下几点：政府仍需加大供给侧结构性改革中的“降成本”，简化中间环节的同时更需在税费上着力；积极培育经济增长新动能和新动力，但需防范技改等方面的短视性行为；精准扶贫，构建长效与制度化机制，确保脱贫不返贫；激发、保护企业家精神与弘扬工匠精神并重，形成合理的人才结构体系；风险防控与创新并重，有序推进经济结构的转型与升级，加快建立现代经济体系。

2018 年中国经济：宏观趋稳、微观向好

李虹含　中南财经政法大学产业升级与区域金融协同创新中心研究员

李虹含，金融学博士后，中国人民大学国际货币研究所研究员，中南财经政法大学产业升级与区域金融湖北省协同创新中心研究员。专注于金融科技、资产管理、私人银行与财富管理的研究。曾在《金融研究》《中国金融》《银行家》《中国社会科学》等杂志发表文章多篇，主持国家级课题多项。其主要观点包括：使用金融科技、区块链中的 ICST 新技术解决小微企业融资难融资贵；保持好中国金融业对外开放过程中的力度与节奏，做好中国金融安全的防护；呼吁防范比特币等虚拟代币的风险，做好区块链技术与代币风险的隔离防控，支持更多金融科技落地项目融资，防止利用科技手段的非法募资行为。其在新华网、人民网等财经网站上担任意见领袖的评论广受好评。

2018 年是贯彻落实党的十九大精神的开局之年，坚持质量第一、效益优先的高质量发展之路应作为现阶段和今后一个时期制订经济政策、实行宏观调控的出发点。在 2017 年结束了经济增速六年连续下滑后，预计 2018 年我国经济既无大幅下行压力，也不具备明显走高条件，将呈现宏观趋稳、微观向好的态势。

2018 年，金融去杠杆、防风险的压力进一步加大。从拉动经济增长的“三驾马车”来看，首先，2018 年，投资增速将有所放缓、总体趋稳。受地方政府性债务规范和房地产调控影响，基础设施和房地产投资增速将有所下调，但受到金融“脱虚向实”引导，制造业投资增速将企稳回升，可能对冲部分下行压

力，总体缓中趋稳。其次，消费拉动有望进一步提升。现阶段，我国社会主要矛盾已经转化为人民日益增长的美好生活需要和不平衡不充分的发展之间的矛盾。消费升级态势不减，电子商务、新零售、共享经济、娱乐经济等新型消费业态涌现，消费整体增速预计将有所提升。再次，出口增长总体平稳。世界经济延续复苏态势，大宗商品价格温和上涨，出口增长总体稳定。

2018 年推动高质量发展要注意以下几个方面。

1. 要注意防范和化解重大风险，避免出现系统性金融风险

要注意防范和化解重大风险，守住不发生系统性风险的底线，有效应对外部不确定性的冲击，就要从抑制资产泡沫、稳住外汇、稳住债务、治理金融乱象、控制宏观审慎政策五个方面下手，尤其是降低过高的杠杆率、降低地方政府债务风险，有序排除长期积累的风险隐患，为高质量发展积累更多有利条件。

2. 要探索新的可行的考核指标体系

推进高质量发展，需要新的坐标系和政绩观。不再搞 GDP 挂帅，而是更多重视就业、质量效益、风险防控、稳定性、可持续性，做实、做优，而非人为做大做高中国经济，这对下一步发展十分重要，也需要探索新的、更为可行的"指标体系"。应当通过降风险、挤泡沫、增动能、稳效益，提高增长的稳定性和可持续性。

3. 继续推进金融体制改革

首先是银行的改革。比如市场化银行、放开民营银行。其次是放开非银行金融机构，像各类的投资公司、各类基金、保险公司等，变更以银行融资为主的体制，降低社会杠杆率。再次是外汇改革，实现人民币的可自由兑换、实现利率、汇率的市场化。然后是资本市场改革，如继续推进建设多层次的资本市场，上市注册制的全面铺开。最后就是放开金融服务业，对外资进入我国金融服务业降低门槛。

4. 继续推进供给侧结构性改革

通过降低制度成本，包括税费、租金、职工“五险一金”、融资成本、商事成本，还原企业盈利能力；通过调整支柱性产业的结构，让中国的实体经济真正成为中国经济脊梁。

5. 全方位开放

在人类命运共同体的理论之下，开放中国巨大的国内市场，引导中国的过剩资本走出去。加强中国金融业走出去和引进外资的步伐，让中国金融业更加有力地支持实体经济发展。

2018 年中国经济：增速企稳渐升　结构新旧更替加快

李　鹏　中央党校经济学部教授

李鹏，厦门大学经济学博士毕业。现为中共中央党校经济学部教授，博士生导师，政治经济学教研室主任。主要研究方向是经济发展和经济体制改革。

在《求是》《人民日报》《改革》等国家权威期刊报纸发表 200 多篇学术论文，出版学术专著 3 部。担任中央党校省部班、中青班等班次主讲教员。独立主持国家社会科学基金、世界银行等课题项目，参与中央马克思主义理论工程、“十二五”规划、“十三五”规划等多个中央国家级课题咨询研究。

2018 年中国经济形势将能够延续 2016 年、2017 年以来稳中向好的基本走势，总体会呈现速度企稳渐升、结构新旧更替加快、国际影响力进一步增强的新兴大国经济特点。

近两年托底中国经济增长速度和促进结构优化升级的最大需求动力来自国内稳定增长的消费需求，基本能够保持 11% 左右的较高增速，对增长的贡献率平均达到 60% 左右，这是一国经济进入上中等收入阶段后的共同特征。这种稳定性的基础来自中国在国际制造业分工体系中久久为功所实现的竞争力。即使受到国内外成本抬升各类不利影响，但是在国内技术进步加速和企业管理效率改善的结构性支撑下，中国产品的世界份额一直稳中有升，这些竞争优势确保国内经济总体稳定的就业、收入和消费改善。2017 年中国城镇化率将达到 58.52%，特大和大型城市、城市群在区域经济增长中的全面虹吸效应，已经越来越表现为辐射和带动作用，这预示着中国区域增长动力已经逐渐从依靠国际市场的外生性梯次拉动逐渐转化为中心城市的内生性拉力，显现出符合杨格定理的良好态势，即市场规模扩大促进分工扩张、就业增长、收入提高、规模继续增长的良性增长阶段。

考虑到近几年中国投资需求逐渐滑落，基本探底的实际情况，2018 年影响中国经济稳定增长的最大不确定性因素是对外贸易。2017 年中国进出口贸易大幅度回升的国际基础并不十分牢固，一方面在于美国经济增长达到历史高位，2018 年出现回落实属正常；另一方面，全球大宗商品价格在 2017 年后期涨幅较快，其既有消化过剩货币的作用，但也会蚕食欧美和新兴国家消费者刚刚改善的收入消费能力，从而降低全球消费复苏性增长。从增长惯性看，2018 年上半年全球经济会出现一定幅度贸易、消费的回调，下半年将继续全面复苏型增长，也即中国经济会呈现前低后高的增长轨迹。

近几年中国新常态阶段的供给侧结构性改革举措已经基本实现了传统制造业的市场出清，以先进制造业和战略性新兴产业为代表的现代产业正在集聚能量过程中，其中部分技术、产业和产品的质量水平已经进入国际中前端。由于居世界先进水平的国际化大型制造类和服务类企业仍然为数较少，其人才、技术、管理等各类现代要素的提升和扩散影响力仍然有限，大多数中小企业在自身能力不足的前提下，不能直接从市场中获得和分享中高端稀缺资源，延缓了中国经济进入高质量发展的进程。

因此，加快中国经济高质量发展需要更为宽松的市场平等合法自由交易环境，以竞争激发潜在创新能力；同时，在普惠性政策体系中，要大力保护和激发企业家精神，鼓励优势先进企业专心实体经济的创新发展，成长为具有国际竞争力的领军企业，带动中国全面跃升。

深入实施供给侧结构性改革
促进经济高质量发展

李　拓　国家行政学院教授

李拓，国家行政学院教授，著名管理学家，政治学博士，北京大学、清华大学特约教授，中国领导学会理事，中国行政伦理学会常务理事，中国行政管理学会会员，中国管理科学研究院领导力研究所研究员，中国企业联合会特聘教授，建设部中国荷兰合作项目政策专家。主要从事政治体制改革、政治学理论、创新管理理论与实践以及领导力与执行力的教学与研究工作。主要著作有：《和谐与冲突——新时期中国阶级阶层结构问题研究》《中国现代化进程中的阶层变动研究》《社会大变革中的中国工人阶级》《和谐的音符——中国新兴社会阶层调查与分析》等7部，发表《企业家如何提升领导能力》《论民主集中制的科学性》《当代中国知识分子的历史定位》《论中国现代化与精神革命》《中国产业结构与城市化发展战略》等50多篇论文。

2017年是我国全面建成小康社会决胜阶段的关键之年，也是推进供给侧结构性改革的攻坚之年，这一年的经济形势有目共睹，经济筑底回暖且显现了持续向好的发展势头。2018年是贯彻党的十九大精神的开局之年，是改革开放40周年，也是决胜全面建成小康社会、实施“十三五”规划承上启下的关键一年。

在继续实施供给侧结构性改革的2017年，中国经济继2016年实现6.7%增速后，2017年创造了6.9%的经济增速，继续维持在合理区间。这样的增速在世界上大的经济体中，仍然是较快的。但要知道，实现经济高质量增长还需要继续深入实施供给侧结构性改革。毕竟，以往的经济发展模式以投资、消费、出口“三驾马车”为动力，效用已经用尽且难以为继，产能过剩，需求不足。“新三驾马车”（新型投资、新型消费和“一带一路”）动力的形成又需要一个过程，需要一定的时间，这些和原来的经济增长模式形成的高速度比较来看，经济增长点不同，增长方式不同，增长动力源不同，动力机制的转换需要一个转换期。

对于中国这样一个发展中国家来说，不能以结构调整为理由，满足于经济下滑和出现的企稳回升势头。虽然中国经济已经呈现持续的底部企稳态势，但运行中仍存在不少突出的矛盾和问题，尤其是金融风险不断聚集等。

当前在推进供给侧结构性改革过程中还要加大力度解决如下问题：僵尸企业数量多包袱重，人员分流压力大；金融市场不发达，资金供给渠道不畅；资金价格扭曲，企业经营困难；小企业获得银行融资占比低，把融资渠道转向民间融资；企业杠杆率高企，系统性金融风险增加；非法集资问题突出，容易诱发社会风险。

2018 年将在“供给侧结构性改革”战略方针指导下，在财税、金融、简政、国企、养老等相关的制度创新重点改革领域积极推进，除继续着力去产能、去杠杆、去库存、降成本、补短板之外，还需要把改革重点放在优化基础资源、能源产品的比价关系和价格形成机制，建立房地产健康发展的长效机制，形成有效防范系统性风险的地方政府债务运行机制等方面。

经济回升迎来改革时间窗口

李迅雷　中泰证券首席经济学家

李迅雷，毕业于上海财经大学。本科为统计学专业，后就读国际贸易专业，获硕士学位。

1991 年至 1996 年，工作于上海财经大学研究所。

1996 年 7 月加盟君安证券研究所，从事研究工作。

1998 年至 2011 年，先后担任原君安证券研究所副所长、国泰君安证券研究所所长。

2005 年起兼任销售交易总部总经理、总裁助理，任国泰君安总经济师、首席经济学家。2011 年 10 月，离职国泰君安。

2012 年至 2016 年 12 月，任海通证券副总经理兼首席经济学家。2016 年 12 月 2 日离职海通证券。

现任中泰证券股份有限公司首席经济学家兼研究所所长、中泰证券资产管理公司首席经济学家。同时还担任上海市人大常委、人大财经委委员、九三学社中央委员等。中国金融四十人论坛特约成员，上海新金融研究院学术委员、中国首席经济学家论坛副理事长。

从事宏观经济、金融与资本市场研究 20 多年，编著、翻译经济及证券类书籍多部，并在各类学术性刊物上发表论文、研究报告百余篇，所主持各类课题曾多次获奖。

作为最早从事国内证券市场研究的人士之一，曾多次被权威媒体推选并赋予“本土杰出研究领袖”“上海市十大青年经济人物”“沪上十大金融创新人物”“年度最佳首席经济学家”等荣誉。

一、总体判断

总体判断是2018年GDP增速回落至6.7%左右，但经济可控性将进一步提高。尽管供给端的调控能力大大增强，但需求端不平衡性问题和总体回落趋势较难改观。2018年关注要点不是总量问题，而是结构问题。

1. 2017年的中国经济并未脱离L型的横盘阶段

2017年全年GDP增速6.9%，尽管是自2010年以来首次回升，但幅度如此之小，不足以当作拐点来看待。更值得注意的是，本轮经济的反弹，并未得到实际产量数据的支撑。从生产看，工业维持低位运行；从需求看，投资面临下行压力、消费总量难以提速，在人民币升值背景下，出口回升的持续性有待观察。因此，当前经济发展态势并未实质性脱离L型横盘阶段。

2. “增速回落，分化加剧”或成为2018年中国经济运行的主要特征

2018年GDP增速回落至6.7%左右。在总量增速回落的背景下，分化加剧的特征将更加凸显，包括增长动力、主导产业、产业结构乃至区域布局，各个层面、各个领域、各个环节都将显现分化迹象。具体数据将表现出，一方面，反映传统经济的宏观数据延续回落。另一方面，新消费、新经济、新技术、新模式的发展提速。

3. 经济回升赢来“推进改革”的重要时间窗口

当前经济短期回暖，为供给侧结构性改革赢得了重要的时间窗口，预期2018年仍将继续推进金融整治措施，进一步防控风险、挤出经济增长中的水分，提升经济运行效益。

十九大报告提出，中国经济已经从高速度增长转为高质量增长，因此，关注总量的增速如何已经没有太大意义，因为所有经济体在迈向发达经济体的过程中，增速都是无一例外地下行，即下行才是经济转型过程中的特征之一。尽管 2018 年 GDP 增速一定还会维持在 6.5% 以上，但仍需关注经济去杠杆过程中的潜在风险，如随着金融监管力度的加大，流动性问题也随之而来，从而导致市场利率水平居高不下；在 PPI 下行，实体经济的回报率面临回落压力的情况下，要防止局部风险的扩大化，因为不少领域的顽疾并未化解，而只是延后了。

二、政策建议

十九大报告提出，中国经济已经从高速度增长转为高质量增长。推动高质量发展将是当前和今后一个时期确定发展思路、制定经济政策、实施宏观调控的根本要求。

1. 高质量发展重在处理好三大关系

首先是供给和需求的关系，需要进一步推动供给侧结构性改革，满足多样化、个性化、多层次商品和服务的需求；其次是投入与产出的关系，不能再走之前的老路，通过加大投资来推动经济增长，而要提高劳动生产率，提高经济的效益和质量；再次是政府、企业与居民的关系，实现经济成果在各个部门更合理的分配。

2. 具体六条建议

一是延续结构性的财政政策。建议将房地产税扩大征收范围与生育奖补统筹考虑；降低个人与企业整体负担，激发市场活力；探索以控制支出总额、提高支出效率为核心的公共支出制度改革。

二是确保松紧适度的货币政策。保持货币政策稳定性，对当前经济增速的短期回升，不能过于乐观，防止货币政策的滞后效应与经济回落形成共振；优化金融监管，提高金融监管体制对经济环境变化的适应性和有效性。

三是大力推动技术创新。大力推进产品创新、业态创新、管理创新，促进众创、众包、众扶、众筹等创新模式发展。

四是推动全面深化改革。加强政府自身改革，加大简政放权力度，加强高效监管和公共服务能力；将国有企业改革推上新台阶，发展混合所有制；积极推动土地制度改革和收入分配制度改革。

五是加大对外开放力度。在更高层次和范围扩大开放，特别是在贸易服务业、航运服务业、文化服务业、专业服务业等领域放宽外资准入限制。积极吸引全球资本、技术和人才，增强高端供给能力。

六是防止矛盾问题分化发展。某种程度上看，供给侧结构性改革是以放弃局部来换取整体的经济发展。伴随改革推进，局部地区和风险可能暴露。要针对潜在事件，事先制定预案，防止局部问题扩大。

“稳”字当首　稳中求进

李永森　中国社科院大学经济学院教授

李永森，中国社科院大学经济学院教授，中国人民大学金融与证券研究所高级研究员，资本市场理论与实践领域知名学者。主持和参与多项国家级重大科研课题的研究工作，包括国家社科基金重点项目《推进我国资本市场的改革、规范和发展研究》、国家自然科学基金项目《期货交易违法犯罪行为及其规制研究——相关的期货立法建议》；作为核心成员自 1999 年起连续 20 年参与《资本市场研究报告（2010 年起为教育部人文社科研究发展报告项目）》的研究和撰写。在《管理世界》《国际金融研究》《中国金融》等刊物上发表近百篇论文，其中 15 篇分别被中国人民大学复印报刊资料《金融与保险》《证券与投资》等转载。

2018 年，面对国内外严峻的、复杂多变的经济形势，经过上下齐心合力，积极施策应对，预计我国经济将在 2017 年的基础上继续释放经济活力，保持既有动能、释放新动能、以供给侧结构性改革主导的结构调整继续推进；在 2017 年经济运行好于预期、经济增速未继续下滑的基础上，寻求经济增速改变下行趋势转向增速趋稳，继续推进经济由速度型增长到质量型发展的转换。是否能实现以上预期，其基础是保持经济运行的稳定性，“稳”字当首，宏观政策要稳、各项措施要稳，需要关注、重视、及时化解不稳定因素，确保以稳促进，稳中求进。

“稳”中之重是稳增长，在前进中实现转换。改革开放 40 年，中国经济正在步入新时代，正处于从高速增长到中高速增长、从速度型增长到质量型发展转换时期，经济领域正在经历全方位的转换，正在经历从量变到质变的历史节点，在这一转换时期我们面临着更加复杂多变的新形势、新问题，需要我们清醒认识。要保持经济有较高的增速，在增长中解决问题，力争新旧转换顺畅实现。若停下脚步静等转换的到来，会使得我们面对的问题更加复杂、更加难以解决，同时也会暴露出更多的、更加复杂的问题。

首先，要保持宏观政策的稳定。继续实施稳健的货币政策，维护金融体系流动性中性适度，保持货币信贷和社会融资规模合理增长，防止资金成本过快上涨，切实降低实体经济融资成本，满足实体经济发展对货币的需求。继续实施积极的财政政策，充分发挥财政政策在结构调整中的作用，提高对财政赤字的容忍度，将降低税费落在实处，促进培育新动能，保持既有动能。

其次，要稳投资、稳消费、促外贸。继续重视投资在经济增长和结构调整方面的作用，促进投资的增长，尤其要创造条件提高私人资本投资的积极性，继续保持投资增速快于经济增速。继续重视内需，发挥消费以及消费升级对经济增长、经济结构优化、经济高质量发展的促进作用，鼓励、倡导消费及消费升级，更好地满足人民日益增长的美好生活需要。要充分利用世界经济复苏、外部需求增长的良好条件，采取切实措施应对贸易保护主义抬头的现实，努力保持外贸增长的良好势头，促进对外贸易进一步增长，更好地发挥其对经济发展的积极作用。

再次，防控化解经济风险，稳定经济运行环境。在经济高速发展过程中，实体经济领域的杠杆率明显提升，对经济发展起到了推动作用，在经济增速放缓的情况下，企业高杠杆带来的风险开始显现，需要重点关注国有企业过高的负债率，逐步降低杠杆率。在市场机制、金融科技作用下，金融市场的快速发展，金融效率和金融业内融合程度显著提升，对实体经济发展起到了积极作用。

但是，金融效率和融合度的提升也提高了风险传染蔓延的速度，风险突发性特征更加明显，增加了风险形成过程中交叉、复合、叠加的程度，风险一旦发生，其破坏性也就更强。这也是我们将不发生系统性金融风险作为严守的底线的原因。近年来，以高杠杆为主要特征的金融风险逐渐加大，股票市场、债券市场、期货市场、资产管理、互联网金融等金融领域已经出现多个典型的风险事件，如不及时加以防控，有可能危及不发生系统性风险的底线，进而危及实体经济的稳定运行。在一系列严监管政策和措施下，我国防范和化解金融风险取得明显成效。但防风险的压力仍然较大。2018 年需要重点关注和防控地方政府隐性和显性债务风险、PPP 和产业引导基金引发的地方政府潜在债务风险、股票市场风险、银行信贷风险、资管业务风险等风险点。

在确保稳定的前提下，要不忘进取，继续致力于经济发展质量的提高，培育新的经济增长动能，从政策和机制上进一步发挥新技术、新产业、新业态、新模式对经济增长的推动作用，加快新旧动能的转换，促进以供给侧改革为主导的结构改革，促进经济结构优化，继续推进和深化对外开放、国有企业改革，鼓励大众创业、万众创新，继续推进住房制度改革，真正落实“房子是用来住的，不是用来炒的”，让更多的人有房住、住得起，为经济持续健康发展创造良好条件。

汇率市场化助经济高质量发展

李左东　商务部国际经济贸易问题专家

李左东，商务部国际经济贸易问题专家，北京大学经济学院特聘教授，中国人民大学商学院 EMBA 课程教授。毕业于北京师范大学经济系，后在澳大利亚墨尔本大学学习。在商务部培训中心、商务部研究院、北京大学经济学院、北京大学光华管理学院、北京大学汇丰商学院、清华大学继续教育学院、中国人民大学商学院、中国人民大学国际关系学院、对外经济贸易大学等十几所高校担任专兼职教师。2002 年于高等教育出版社出版专著《国际贸易理论、政策与实务》。

汇率（foreign exchange rate）是指两国货币的相对比价，即用一国货币表示另一国货币的价格，在中国可以称为购买外汇的价格。如果汇率不能由市场决定，那么汇率的水平与市场供求决定的均衡水平之间就可能存在持续的背离，这种背离就会造成资源配置的扭曲，进而引发宏观层面更多成本。

中国 2001 年加入 WTO 以后，在国际市场上出口贸易连续几年成为全球第一名，积累了大量外汇储备。外汇储备的增加导致国内本币的超发，国内人民币数量增加，人民币对内价格和对外价格如果是由市场决定，都应该做出适时调整。如果不希望人民币对内贬值就应该控制外汇储备增加，减少人民币发行数量，人民币汇率即对外价格应该升值，这时的人民币升值就是由市场力量推动，成为调节国内经济平衡，稳定国内物价、房价的重要经济杠杆，否则会加剧国内流动性过剩，进而造成通货膨胀与资产价格上升，影响宏观经济与金融市场稳定，所以人民币汇率市场化恰恰解决了国内经济的不平衡不稳定。

当前的人民币市场有一个在岸市场和一个离岸市场。离岸市场的人民币价格基本上是由市场供求来决定的，而在岸市场的人民币价格则在很大程度上是由中国央行来确定的，中国外汇交易中心每天在上午 9：30 分开市之前的 9：15 分公布当日人民币兑美元的中间价，这个价格基本上反映央行的态度，意味着在离岸市场与在岸市场之间，通常会存在汇率差与利率差，这就无疑会给市场主体以跨境套利的空间。

从 2017 年开始央行努力去杠杆，中国 M2 在 2017 年 12 月末降至 8.2%，国内人民币数量减少本身就意味着人民币值钱了。目前中国国内人民币利率水平显著高于离岸市场利率水平，导致离岸市场上的人民币买盘增加，汇率要比在岸市场上人民币汇率更贵，这时从境外借入外币或人民币，并通过各种渠道转移至境内可以进行套利。虽然中国资本项目并没有开放，很多套利交易可以用人民币跨境贸易或投资结算的伪装来进行，中国 2017 年对外贸易额大增 14.2%，这其中也可能有一些虚假的贸易成分。

中国成为全球第一大出口国以后，货物贸易的自由化必然会要求开放资本市场，也就是说人民币的国际化是一定要实现。迄今为止的人民币国际化主要沿着两条路径来开展，一是推动人民币在跨境贸易与投资过程中的结算，二是推动诸如香港、新加坡、伦敦等离岸人民币金融市场的发展。人民币国际化的前提就是人民币汇率要实现市场化。当前维持人民币汇率稳定的成本越来越高，中国要维持的是中国经济稳定，金融安全，而要实现这一目标，未来汇率手段要与利率手段成为互相配合使用的经济调控杠杆，才能保证中国经济高质量发展。2018 年对于企业和个人要越来越习惯于利率和汇率的波动，因此要采取相应措施防范和化解风险。

中国经济质量将不断提高

李佐军　国务院发展研究中心资源与环境政策研究所副所长

李佐军，国务院发展研究中心资源与环境政策研究所副所长，经济学博士，博士生导师，研究员，著名经济学家，人本发展理论创立者，华中科技大学、湖南大学等校兼职教授，同时兼任多个学术团体职务，被多个地方政府聘为顾问或首席经济学家。

2018 年，中国经济将呈现如下发展趋势。

1. 经济增长将面临一定下行压力

2017 年，中国经济表现超出预期，GDP 增速达到 6.9%，为 2010 年来第一次反弹。但 2017 年增长主要是由出口大幅反转、基础设施投资和房地产投资继续保持高位、信贷投放较多、去产能带来上游行业价格上涨等带来的。这些因素在打防范化解重大风险等三大攻坚战的背景下，都具有一定的不可持续性。故“两会”政府工作报告将 2018 年 GDP 增速目标定在 6.5% 左右。经济下行并非坏事，它会推动市场出清，促进改革和结构调整，为未来经济持续健康增长奠定基础。

2. 价格走势将总体平稳

从 CPI 来看，近年来一直较为平稳，2015 年 1.4%，2016 年 2.0%，2017 年 1.6%，预计 2018 年将延续平稳趋势，在 2.0% 以内。从 PPI 来看，从 2012 年 3

月份开始直至 2016 年 8 月份连续 54 个负增长，自 2016 年 9 月开始正增长，2016 年下降 1.4%，2017 年增长 6.3%，出现了明显反转。预计 2018 年 PPI 总体比 2017 年偏低一些，但出现负增长可能性很小。

3. 经济结构将继续优化

首先，最终消费对 GDP 贡献率继续保持高位。2014 年最终消费对 GDP 贡献率达到 51.2%，2015 年 59.5%，2016 年 64.6%，2017 年 58.8%，预计 2018 年继续保持在 60% 左右。其次，服务业增加值占 GDP 比重继续上升。2013 年服务业增加值占 GDP 比重达到 46.1%，第一次超过第二产业的占比，2014 年 48.2%，2015 年 50.5%，2016 年、2017 年都是 51.6%，2018 年估计达到 52% 以上。再次，城镇化率继续上升。过去五年城镇化率年均提高 1.2 个百分点，2014 年城镇化率达到 54.77%，2015 年 56.1%，2016 年 57.35%，2017 年 58.53%，2018 年预计达 59% 以上。

4. 经济质量将不断提高

十九大报告指出，中国经济正由高速度增长阶段转向高质量发展阶段。过去，对地方政府的考核侧重 GDP 总量和速度、固定资产投资、财政收入等指标，今后将主要考核全要素生产率、劳动生产率、资金回报率、土地产出率、单位 GDP 能耗等质量和效率类指标。这无疑会促使经济质量不断提高。

5. 新旧动能将加速转换

过去我国主要依靠三大旧动能拉动经济增长：第一，依靠出口、投资、消费“三驾马车”，尤其投资拉动经济增长；第二，依靠大规模要素粗放投入拉动经济增长；第三，依靠 GDP 导向制度拉动经济增长。现在这三大旧动能，一方面边际效用递减，另一方面副作用和后遗症在加大。所以，今后我们必须加快培育壮大新动能，主要通过制度变革、结构优化、要素升级，或改革、转型、创新这“三大发动机”，促进经济发展。因此，2018 年新动能将加速成长，新旧动能将加速接续转换。

6. 经济风险将加快排除

过去近20年的经济持续高速增长，产生了包括实体经济产能过剩、高房价等资产价格泡沫、高杠杆率、资源环境约束加剧等问题，累积了不小的经济风险。这些风险有的正在解决过程中，有的还需要采取更有力的措施予以化解。十九大报告已明确提出，要将防范化解重大风险作为未来三年的攻坚战之一。可以预期，在推进全面改革、优化宏观调控政策的综合作用下，经济风险将加速排除。

2018 年经济总体平稳运行

连　平　交通银行首席经济学家

连平，交通银行首席经济学家，博士，教授，博士生导师。

中国首席经济学家论坛理事长、中国金融 40 人论坛常务理事和资深研究员、中国银行业协会行业发展研究委员会主任、国家金融与发展实验室理事，享受国务院政府特殊津贴。多次出席国务院总理主持的专家座谈会。

主要研究领域涉及宏观经济运行与政策、国际金融和商业银行。发表文章 500 余篇，出版著作 14 部，主持完成国家级、省部级以上研究课题 30 余项。专著《利率市场化：谁主沉浮》获中国银行业发展研究优秀成果评选特等奖。荣获媒体颁发的“明星经济学家”“领袖经济学家”等称号。

2018 年“三驾马车”的运行可能出现“一升一缓一稳”态势，即出口增速回升、投资增速放缓、消费增速平稳。在世界经济持续复苏的带动下出口增速会继续上升。全球几大主要贸易伙伴和新兴市场经济国家的改善将继续有利于中国出口的增长，预计 2018 年中国出口增速高于 2017 年，达到 10% 左右。金融去杠杆、企业去杠杆、金融协调监管政策收紧等因素都会影响固定资产投资的资金来源。加强融资平台公司管理，清查利用 PPP 项目、各类投资基金变相举债，可能制约地方政府的融资能力，影响基建投资。预计 2018 年固定资产投资增速放缓至 6.5% 左右。在小排量汽车退税政策退出以及新能源汽车补贴减少等政策影响下，汽车消费增速会有所放缓。房地产市场继续受到政策严格调控，住房相关消费增速可能放缓。而居民收入增长、消费升级及养老改革等政策则对消费形成支撑，预计2018年消费增速在10%左右。

2018年中国经济总体上将平稳运行，全年经济增速可能达到6.7%左右，高于年度增长目标。经济总量及增速难起波澜，但质量提升步伐待加快。经济动能结构转变，消费持续超过投资；第三产业增速持续超过第二产业，服务业增长存在新的机会；供给侧结构性改革导致产业内结构升级和行业集中度提升，带来效率提升和强者恒强效应；数字经济和互联网+快速发展，带来创新型和技术领先型企业发展机会。

2018年可能面临三重国际经济挑战。发达经济体货币政策正常化仍可能对新兴经济体资本流动和货币汇率带来冲击。美国推行贸易保护主义对我国出口带来负面影响。美国减税政策可能打破中美两国企业竞争力平衡，并给中长期跨境资本流动带来压力。

积极的财政政策将更加注重结构性调整。预计2018年财政赤字额度与2017年相当，财政赤字率水平可能略有调降。有必要加强财政政策促进经济结构转型的力度。优化财政支出结构，提升财政资金使用效率；加大结构性减税降费力度，减轻实体经济税费负担；更好地支持结构转型和消费增长关键领域，提升经济增长的质量和效益。

稳健中性货币政策基调保持不变，宏观审慎政策将兼顾市场流动性水平适度。2018年“双支柱”调控框架下货币政策和宏观审慎政策调节适配性将增强，货币政策将保持稳健中性的基调。货币政策应保持真正中性意义上的适度性和从实际需要出发的灵活性，避免货币政策、宏观审慎政策和微观审慎监管三者同方向运用可能形成的叠加效应，真正扮演好“中性角色”。

“租购并举”将是2018年房地产长效机制的建设重心。2018年“限购+限贷+限价+限售”四位一体的全面严控局面将延续，长效机制将以“租购并举”

为重心加快推进。建议在人口流入压力较大的城市增加住房租赁供地的同时，把握好商品住房用地供应量，防止形成“变相挤占”诱发地价和房价上涨的局面。尽管短期内房地产税立法完成存在难度，但可分批次、分方案逐步落地、差别化执行，存量房占比日趋扩大的重点城市可率先开征或提高税率。

2018 年经济增速或将达 7%

梁海明　丝路智谷研究院院长兼首席经济学家

梁海明，丝路智谷研究院院长，“一带一路”国际合作高峰论坛参会专家代表，“文明之光·2016 中国文化交流年度人物”获得者。英国《金融时报》中文网财经专栏作家，中国中央电视台财经评论员。

连续两年（2016 年、2017 年）被由中央推进“一带一路”建设工作领导小组办公室指导，国家信息中心推出的《“一带一路”大数据报告》列入“在公开渠道发声最多”的 30 名专家学者榜单中，也是粤港澳大湾区唯一的一名上榜学者。

近期著作有《一本书读懂“一带一路”》《“一带一路”经济学》《你不知道的财经真相：美国退出 QE 之后的世界》等，并与亚投行行长金立群、世界银行前高级副行长林毅夫等人，合著《“一带一路”引领中国：国家顶层战略设计与行动布局》，以及《“一带一路”：香港再起飞的最后一次机会?》等。

主要研究领域：“一带一路”、宏观经济、粤港澳大湾区等。

中国经济现已进入“大而渐强”阶段。随经济的运作形成了良性互动循环，加上得益于全球经济的快速复苏有助推动中国的出口增长，中国民众消费的增幅加大、供给侧改革提供的新动能、新引擎，笔者认为，2018 年的 GDP 增速至少还会保持在 6.5% ~7% 区间，甚至增速有可能达至或超过 7%。在这种情况之下，由于无须过多担忧 GDP 增速，相信中央政府乃至各地政府未来一年将更加注重经济增长的技术含量、更加注重民生，这不仅体现了中央政府、各地方政府更重经济发展的质而非量，也凸显出政府更加重视经济的可持续发展和高质量发展。未来如何促进经济高质量发展，是推动中国经济由“大而渐强”向“强盛”转变的关键，更是实现两个一百年、中国梦的关键。对此，笔者认为，进行供给侧结构性改革、深化金融体制改革、混合所有制改革、区域协调发展战略、“一带一路”倡议和国际产能合作等，是推动经济高质量发展的主要措施。

其中，在供给侧结构性改革方面，将以培育经济增长新动能、打造科技创新体系作为主要重点措施，促进新兴高科技产业快速发展和推动传统产业加快转型升级。

在深化金融改革方面，在防范金融风险、促进经济和金融间良性循环和健康发展和服务实体经济等的基础上，协调“一行三会”，制定金融改革的新标准、新机制，促进多层次资本市场的发展。

在混合所有制改革方面，将成为深化国企改单的重点。未来将在经营层面推动多元资本的混合的模式，以此作为石油、铁路、民航等公共领域的混合所有制改革模式，提升这些领域在国际上的竞争力。

区域协调发展方面，随着京津冀一体化、粤港澳大湾区等战略的实施，特别是雄安新区的建设，将成为未来解决城市发展问题的重要试验田和突破口。

在“一带一路”和国际产能合作方面，作为全球第二大经济体，中国未来会更加主动地去了解全球的发展趋势，更加深入地与世界各国进行经济融合及文化交流，以此了解各国人民所需，了解世界经济所求，为全人类的福祉，做出中国应有的、力所能及的贡献，也显示了中国已经为世界各国经济的复苏、发展谱写出伟大的蓝图，推出更加公平、公正、合理的全球经济治理新方案。只要各国在互学互鉴、互利共赢的基础上，更多参与“一带一路”建设和进行国家产能合作，通过中国的发展模式、中国的智慧，以无处不在的经济合作模式，定能为世界各国的共同发展、共同富裕提供强大的助推力。

上述的措施，不仅将是推动中国经济高质量发展的有效措施，也是促进中国经济增长的新途径，更是为世界经济的全面发展提供中国经验，这将促使中国在世界经济秩序中获得了全面而有利的经济地位和影响力，也将助力世界经济的向前发展。

2018年新增长点仍在三大区域战略

梁昊光　中国“一带一路”战略研究院执行院长

梁昊光，发展理论和政策分析专家。北京第二外国语学院国家“一带一路”数据分析与决策支持北京市重点实验室主任，教授，博士生导师，中国“一带一路”战略研究院副院长，北京市首都发展研究院院长。《中国“一带一路”投资与安全发展报告》与《中国“一带一路”文化旅游发展报告》执行主编。

负责组建的“一带一路”数据分析与决策支持北京市重点实验室是我国成立的首个“一带一路”智库型省部级重点实验室，是我国搭建引领数字“一带一路”协同创新的重要平台，在“一带一路”地缘经济进行的基础研究、应用研究和决策技术研发积累了重要的研究成果。在 *Discrete Dynamics in Nature and Society*（SCI）《地理学报》《学术前沿》等权威期刊发表论文60余篇，出版《首都经济圈生态区研究》（中国社会科学出版社，2016）等专著5部；获得了第十届北京市哲学社会科学优秀成果二等奖和国土资源部“国土资源科技进步奖”一等奖等多项奖项；主持了国家自然科学基金面上项目、北京市科技支撑计划北京市委重点专项项目、北京市哲学社会科学基金重点项目35项。

回望2017年，我国宏观经济跨入新时代新周期，数字经济迅猛崛起，互联网金融呈现出欣欣向荣的发展态势。宏观调控政策更加精准有效，供给侧结构性改革效应逐步显现，投资、出口和国内消费升级三个方面继续联手发力。十九大所绘就的新时代中国经济蓝图，推进高速增长阶段转向高质量发展，从总量扩张向结构优化转变是中国经济跨越“中等收入陷阱”的“最好时间”。

2018 年的经济政策将继续围绕去杠杆、稳杠杆，同时避免加杠杆，政策组合压力较大。供给侧改革可能引发的融资成本上升或者持续处于高位，从而对实体经济造成冲击；应对中美利差扩大采取的货币政策对国内金融市场的扰动等问题需要高度重视，防范风险与补短板是政府工作重点。

2018 我国经济新增长点依然集中在三大区域战略：“一带一路”，京津冀，长江经济带。区域发展战略有利于优化国内乃至全球的资源配置，实现区域协同创新发展。

三大经济主流：亚太经济、空天经济、冰海经济。亚太是世界经济最具活力的地区，随着中国“一带一路”倡议的推进，势必为亚太带来更广阔的市场、更丰厚的投资机会、更强劲的增长动力。同时，“一带一路”倡议旨在实现基础设施互联互通，“空中丝绸之路”“海上丝绸之路”的建设将进一步带动空天经济、海洋经济的发展。

“新三驾马车”：消费、高科技、服务业。中国经济内需稳步扩大，目前中国消费对经济增长贡献率达到 58.8%，比 5 年前提高了近 4 个百分点。中国将继续保持战略定力，稳步推进供给侧改革，“一带一路”沿线投入，为适应或引领未来发展趋势，抢占未来发展战略制高点和经济发展主流的主导权。

党的十九大对推动全面开放新格局设置时间表，到 2020 年，中国的全球经济治理能力将进一步增强；到 2035 年前，中国成为全球经济治理的重要引领者。

迄今为止，中国已签署了 16 个自贸协定，涉及 24 个国家和地区，自贸伙伴遍及亚洲、大洋洲、美洲和欧洲。中国已经接近国际贸易舞台的中心，在全球经济治理中扮演着引领者、协调者的角色。2018 年，中国面向全球的自贸区网络建设将在数量、质量及布局等方面取得全面提升，为更广泛有效地开展国际经贸合作奠定坚实基础。从构建更广大的自贸网络，到多手段提升开放水平，中国经济向高质量发展迈进。

2018 年须强制造、重改革

梁　正　清华大学中国科技政策研究中心副主任

梁正，清华大学公共管理学院副教授，现任清华大学中国科技政策研究中心副主任。1993 年考入南开大学经济学系，1997 年、2000 年先后被本系免试推荐攻读硕士、博士研究生。2003 年 7 月毕业于南开大学，获经济学博士学位，同时留南开大学国际商学院工作，历任讲师、副教授。2003 年 10 月进入清华大学公共管理学院从事博士后研究工作，2006 年 9 月博士后出站留校任教至今。研究方向为科技全球化、国家创新系统理论与实践、科技政策、技术创新与管理。

参加国家中长期科技发展规划战略研究，中科院知识创新工程试点评估等多项国家级重大咨询课题，主持中国博士后科学基金、清华－中大博士后科学基金项目各 1 项，参加国家社会科学基金、国家软科学研究基金课题，以及科技部、教育部、发改委、国家知识产权局等部委委托课题和咨询项目多项。

研究成果先后获魏埙经济科学奖、谷书堂基金奖，“上海图书奖”一等奖，天津市第九届人文社科优秀成果三等奖等多项奖励。

迄今为止，已在《经济评论》《南开经济研究》《新华文摘》等刊物上发表学术论文 20 余篇，出版个人专著 1 部，合著或参编著作 5 部，参编教材 3 部。

2018 年是值得期待的一年，我们将迎来改革开放 40 周年纪念，将面临全面建成小康社会的关键跨越，同时也将在十九大精神指引下，在以习近平同志为核心的党中央和新一届政府领导班子带领下，为推动高质量发展，建设现代经济体系谋划新的蓝图。新时代具有新特征，新发展需要新动力。中国人常说

“四十而不惑”，希望中国经济这艘航船，在经过40年的高速航行后，能在2018年以昂扬奋进之势，再次定位出未来新的航向。

2017年，中国经济亮点频显，其中以互联网、信息通信、新能源汽车为代表的高技术产业和战略性新兴产业，表现尤为抢眼，成为支撑中国经济转型升级的关键。与此同时，科技创新领域捷报频传，涌现出包括华为公司、“BAT”、华大基因、科大讯飞在内的具备全球竞争力的创新型企业，大飞机、新一代运载火箭、中国标准动车组等一系列自主创新成果，国产钻井平台实现可燃冰首次成功试采，核电、新能源汽车等产业取得突破，大数据、人工智能领域创新活跃，以共享单车、网络约租车为代表的分享经济等新型商业模式层出不穷，创新驱动成为推动中国经济由规模扩张转向高质量发展的发动机。

展望2018，以制造业为代表的传统产业转型升级，以及以移动互联网、大数据、人工智能等新兴技术交叉融合与深度应用为特征的新型信息服务业的蓬勃发展，将有可能引领中国走出在第四次工业革命大潮背景下的独特发展道路。预测在经过2017年的热捧之后，人工智能将进入相对理性的发展阶段，并在更大程度上作为一项“赋能技术”在各个产业和经济社会领域得到普遍应用。推动智能制造、智能交通、智能城市、智能医疗、智能家居、智能金融、智能农业、智能政府等一系列领域的创新与发展，构建起面向未来智能社会需求的智能经济雏形，打造出新的经济增长点和发展新空间。

制造强则中国强，在经过了一段时间的结构调整后，从2017年下半年开始，制造业出现回暖迹象，资源性产品和上游行业价格小幅回升。预计2018年，随着“三去一降一补”等各项措施的逐步到位，以制造业为代表的实体经济将进一步向好。特别是制造强国战略的深入实施和三年行动计划的逐步落实，将有力推动传统制造业向智能制造的转型升级，目前中国已成为全球第一大机器人生产国和最大市场。完整的工业体系，高效的运营管理，一旦和工业大数据、工业云、工业互联网相结合，必将产生新的化学反应，赋予传统制造业生机与活力。

与此同时，2018年，也是相关领域改革深入推进的一年。在扎实推进国企改革、防范化解金融风险，巩固环境污染治理成果的同时，特别需要注意的仍然是进一步优化实体经济发展的市场环境，遏制脱实向虚的资源错配。同时在积极鼓励新技术、新产业、新业态发展的同时，加强对其负面影响的研究与预判，掌握好管制的时机、力度与节奏，尤其是要通过加强安全、环境、健康、信用等领域的社会性监管，引导相关产业的发展方向，筑牢底线，为高质量发展保驾护航。

2018 年是建设现代化经济体系开局年

刘　刚　南开大学经济研究所所长、南开大学滨海开发研究院院长

刘刚，南开大学经济研究所所长、南开大学滨海开发研究院院长，2005 年主持国家社科基金项目“后福特制与当代资本主义经济制度的演化”及国家哲学社会科学中国市场经济创新基地项目“自主创新与中国经济发展模式”。

2018 年是建设现代化经济体系的开局之年。随着传统经济发展动力的耗散和新动能的兴起，今后一段时间我国经济将迎来最重要的变革时期。经济增长的态势取决于围绕着新动能的培育而展开的体制和机制改革进程。总体上看，2018 年我国经济仍然处于筑底期，增长速度大致保持在 5.5% ~6.5% 的增长幅度。经济增长拐点的出现取决于新动能能否快速在全国范围内出现和扩散。

在十九大报告中，习近平总书记提到实现更高质量的经济发展是建设现代化经济体系的战略目标。更高质量的经济是指今后一段时期内，我国经济结构逐步优化和经济效益逐渐提高的过程。而更高质量经济发展表现在三个方面：一是产品结构从低端向中高端转变；二是全球价值链从低端向中高端提升；三是经济结构更加优化。而实现更高质量经济发展的基本驱动力量是科技创新。如何提高有效科技供给能力和增加有效科技供给是实现更高质量经济发展的关键。

围绕着增加有效科技供给能力，构建富有活力的创新生态系统和高效的创新治理体系是两个关键环节。在前期工业化阶段中，立足比较优势，为了实现要素驱动经济发展，我们更注重的是完善基础设施和优化投资环境。但是在创新驱动发展阶段，更高质量的经济发展依赖的富有效率的创新生态系统建设。同时，面对更加复杂的经济发展形势，在创新驱动发展过程中，提升有效科技供给能力需要多元创新治理体系的建立。对创新的有效治理不仅需要政府，而且需要包括企业、大学和科研院所、中介组织在内的多元创新主体。多元创新主体的互动和平等参与，是提升科技创新效率和加速科技成果产业化的重要机制。

高质量发展推动社会治理提升

刘理晖　国务院发展研究中心公共管理与人力资源研究所副所长、研究员

刘理晖，国务院发展研究中心公共管理与人力资源研究所副所长，研究员，管理学博士。毕业于清华大学经济管理学院。主要研究领域为社会治理、人力资源。

推动高质量发展，是2018年确立经济社会发展思路、制定经济政策、实施宏观调控的根本要求。从社会治理领域看，面对老百姓对美好生活的需求，现阶段要解决好以下五个方面问题。

1. 满足群众的需求

满足群众对高质量基本公共服务的需求，包括拥有更优质均等的教育、更高水平的医疗卫生服务、更稳定的就业、更可靠的社会保障、更完善的养老条件、更舒适的居住环境、更丰富的文化娱乐服务等等，以及如何打通便民服务的“最后一公里”，让老百姓更便捷、更舒心地获得基本公共服务。二是满足群众对矛盾化解和权益维护的需求，包括在经济高速发展中引发的土地房产权益纠纷、医患纠纷、城市管理纠纷、信访维权等方面的利益表达及矛盾化解的需求。三是满足群众对平安社会建设的需求，包括对群众生命财产安全的珍视，对“黄赌毒”、“黑拐抢”、非法集资、非法传销等问题的防范。这要求政府以城乡社区网格为基

本单元，进一步提高现代社会治理体系的覆盖面和法治化、智能化、专业化水平。

2. 转变社会治理思路

随着我国经济迈入中高收入阶段，社会治理思路有必要做出调整，重点要在维持社会稳定秩序的基础上，进一步全面激发社会活力，构建高凝聚力、高包容性、高参与度的社会结构。要逐步从政府管治为主向多元共治、基层自治转变，从风险防控为主向提供高质量公共服务、激发社会活力转变。

3. 理清社会治理职能

一方面，党委政府的角色应更多体现在用改革激发社会活力、用规划引导社会预期、用政策保障社会公平、用监管规范社会秩序，实现从管治型政府向服务型政府的转变；另一方面，在直接为居民提供服务等事项上，政府要给市场和社会让渡更多空间。利用国有资本撬动社会资本和各方力量共同参与，为各类企业和社会组织进入城乡社区服务领域提供便利途径。

4. 提高社会治理能力

科学制定城乡社区的规模布局，摸清人、地、事、物、组织等基层社会要素的“底数”，按照便于管理和服务的原则进行服务平台及网格建设。改革基层工作体系，解决“上面千条线，下面一根针”问题，优化政府服务流程，将行政服务、综治防控、监管执法有机整合为“一张网”，强化基层治理的组织支撑。利用现代信息技术手段，以网格化管理为依托，综合运用电子地图、远程监控、视联网等技术，进行集成化、精准化管理。

5. 加快法治社会建设

对社会治理的范围及党委政府的职能予以法定，明确政府权力清单和责任清单，构建程序公开、标准公开、结果公开的行政执法行为规范。同时，加快社会治理重点领域法治建设，对新型社会组织、社区自治组织、网络社会等领域，加快立法进程，及时修订完善相关法律文件。充分发挥基层网格的法治建设平台作用，增强群众依法参与意识，深化法治保障支撑范围。

重视新经济发展投入　助力高质量发展

刘立峰　中国宏观经济研究院投资研究所研究员

刘立峰，1999 年毕业于中国社会科学院研究生院，获经济学博士学位，2003 年被聘为研究员。2008 年至今为中国社会科学院研究生院博士生导师。2009 年被评为新世纪百千万人才工程国家级人选，2012 年获得国务院特殊津贴。现为中国宏观经济研究院投资研究所研究员，中国投资协会理事，国家开发银行专家。主要研究领域为政府投资与融资、投资与经济发展战略、投资与经济中长期规划。曾参与数十项重大课题研究，公开发表文章 200 余篇，出版过专著 4 部，主编 2 部。

2018 年，影响我国投资的外部环境发生了许多积极的变化。国内经济保持平稳增长，企业发展信心逐步增强，消费者信心不断增加，新技术、新业态和新模式不断涌现，大数据、云计算、机器人、移动支付等新兴产业迅速成长，旅游、文化、养老、健康等“幸福产业”快速发展。新主体继续大量涌现，创新创业活动为经济增长注入了新的动力和活力，投资热点也因此不断增加。

与此同时，中国经济仍处于新旧动能的转换期，产业新动能开始对经济增长动力形成一定支撑力，但是，又未起到主导性的支撑作用，实现产业新动能主导经济发展还需要较长时间。环保督察保持高压态势，对中小企业、民营经济后续投资的杀伤力也比较大，中下游产业因原材料成本上升，利润空间缩窄，投资也将出现下滑。财政部发布的一系列防控地方政府隐性债务风险的文件，对地方政府融资活动造成了不小的影响。

2018年，经济转型和体制转变的效果将逐步有所体现，政府融资体系趋于稳定，民间投资预期趋于改善，全社会投资增速预计回升至7%。对此，我们需要保持定力，因为随着工业投资更多转向高新技术产业，新兴服务业投资比例上升，投资增长的质量和效益与以往明显不同。只要是有效率、有质量的投资增长，即使速度比以前低一些，但是，却能产生更好的投资效果，会对结构优化、民生改善、就业增加产生积极效应。

实现投资的高质量发展，必须建立有利于新经济发展的投入体制。发挥政府引导基金的支撑作用，建立健全符合国际规则的支持采购创新产品和服务的政策体系。选择符合条件的银行业金融机构，探索试点为企业创新活动提供股权和债权相结合的融资服务方式。探索设立为科创企业提供全生命周期金融服务的科技投资银行。

发挥城镇化在增强投资动能上的作用。允许农村宅基地部分转让给城镇居民，实现农村居民出宅基地，城镇居民出资金，共同建设新城镇的新局面。鼓励集体建设用地以入股或租赁等形式参与特色小镇项目。加快特大镇“撤镇设市”改革步伐，提高新设市的行政级别，赋予新设镇市县一级的管理权限。

减弱“控风险”政策对投资的冲击。积极支持在建PPP项目、政府投资基金和政府购买服务承接主体的后续融资，保障项目续建和收尾，对受到“控风险”政策不利影响的优质项目的融资提供更多便利。充分发挥产业投资基金的作用，积极参与公共投资项目的建设和运营，优先承接因“控风险”政策的影响出现资金短缺的优质项目的融资需求。

营造公平竞争、效率提升的投资环境。把公平竞争作为政策制订的先导，贯彻以竞争促进效率提升和经济发展的理念。以打破地域分割和行业垄断、清除市场壁垒为重点，加快清理废除妨碍统一市场形成和公平竞争的各种规定与做法。抓紧修订《民办非企业单位登记管理暂行条例》，允许民非机构从事正当营利性活动，保障民间出资人的资产权益。

2018 年增长稳定性和含金量将有所提高

刘满平　国家发展和改革委员会价格监测中心高级经济师

刘满平，武汉大学经济学博士，高级经济师，现任职于国家发展和改革委员会价格监测中心。2006 ~2009 年曾任职于中共中央办公厅秘书局综合调研处。主要研究领域为宏观经济、能源产业经济及政策、价格政策等。出版专著 2 部，在《人民日报》《经济日报》《经济学动态》《中国证券报》《中国软科学》《中国电力》等刊物发表过 100 多篇学术论文。

承担多部国家部委课题，研究报告获得中央领导批示，多次受邀参加大型论坛做重要嘉宾主题发言，获得过国家能源局能源软科学研究优秀成果二等奖、薛暮桥价格研究奖。

对于 2018 年我国经济形势，我个人总体上是持谨慎乐观的态度，预计 2018 年将延续 2017 年经济稳中向好的发展态势，尽管经济增速可能会出现略微下降，但经济发展质量将进一步改善。理由如下。

从外部环境看，全球经济呈现出更多积极因素，劳动市场持续改善，国际贸易增速提高，经济回升势头明显，经济信心转向乐观。国际货币基金组织、世界银行、经合组织预计 2018 年世界 GDP 增长率分别为 3.8%、3.7% 和 3.6%。这个增速可以说是金融危机爆发以来最高的增长，对国内经济来说是利好，有利于出口的增长。从国内情况看，经济运行稳定性明显增强。2017 年我国 GDP 全年增长 6.9%，较 2016 年回升 0.2 个百分点，明显好于预期，扭转了连续 6 年的放缓势头，而且无论从需求面“三架马车”投资、需求、出口，还是从供给面，均呈现持续改善趋势。例如，规模以上工业增加值、社会消费品零售总额等保持稳定增长；工业企业经济效益继续改善；经济转型升级取得明显进展；企业对新常态的适应性和发展信心逐步增强；创新动力正在加速显现；新兴行业批量涌现；就业与居民收入稳步增长，等等。这些数据说明我国经济增长新基础、新动能初步形成，经济增长正向着提高质的方面变化。初步预计2018年我国GDP增长率可能在6.8%左右，CPI涨幅2.3%左右。经济增速小幅放缓，但无须过分担忧，因为增长的稳定性和含金量进一步有所提高。

十九大报告提出，我国经济已由高速增长阶段转向高质量发展阶段，正处在转变发展方式、优化经济结构、转换增长动力的攻关期。对此，提出以下建议。

1. 继续推进供给侧结构性改革，大力巩固经济增长的新基础和新动力

中国经济转向高质量发展，将是一个缓慢过程，表现在供给侧改革逐步深化，结构优化、动力转换和质量提升，经济活力、动力和潜力不断释放，稳定性、协调性和可持续性增强等方面。当前我国经济增长新基础、新动力的初步形成，主要得益于自2012年以来党和政府对发展思路和政策重点的重大调整，宏观调控改变了传统的“逆周期”施策的思路，把更大的力量放到调结构、转方式、深化改革方面，努力增强对发展环境变化的适应能力。特别是提出了推进供给侧结构性改革的系统任务，明确部署了“三去一降一补”等五大任务。经过一段时间的实践，我国供给侧结构性改革取得了明显进展，经济增长的“质”也有了一定的改善，但与现代化经济体系相比，供给体系结构还存在产能过剩仍待解决、微观主体活力总体有待加强等问题，而且经济增长改善的基础还不牢固，需要进一步夯实和巩固。

2. 以问题为导向，紧扣社会主要矛盾变化，推动经济高质量发展

十九大报告指出，我国社会主要矛盾已经转化为人民日益增长的美好生活需要和不平衡不充分的发展之间的矛盾。而经济社会领域的不平衡、不充分主要体现为“六大不平衡”和“六大不充分”。“六大不平衡”是指实体经济和虚拟经济不平衡；区域发展不平衡；城乡发展不平衡；收入分配不平衡；收入分配不平衡；经济与社会发展不平衡；经济与生态发展不平衡。“六大不充分”是指市场竞争、效率发挥、潜力释放、有效供给、动力转换和制度创新不充分。因此，我们要以这些“不平衡、不充分”为导向，有针对性地提出解决思路和政策措施，推动经济高质量发展。

3. 始终坚持“以人为本”的理念

这有两层含义：首先，经济“高速增长”强调的是数量或规模，靠的是资本、劳动力的数量投入；而“高质量发展”强调的是质量和效益，依靠的是技术进步、劳动生产率的提升。因此，在我国“人口红利”逐渐减少的情况下，应在“人”上花工夫，大幅提高人力资本质量，释放市场主体活力，大力推动从劳动力数量驱动向劳动力质量驱动转变。其次，经济“高质量发展”的目标始终围绕改善和满足人民日益增长的美好生活需要来展开。

实现高质量发展需要改革提供新动能

刘卫民　国务院发展研究中心研究员

刘卫民，博士，现任国务院发展研究中心人事局人才处处长，研究员。曾任国务院发展研究中心市场经济研究所综合研究室主任；中组部第十五批博士服务团成员，云南省人民政府研究室党组成员，主任助理；云南省青年联合会第十届委员会特邀委员。研究领域为房地产经济、宏观经济。

参与的重要课题及重大项目有：主要住房政策工具的作用机理与组合效应研究、公共租赁住房等保障性住房投融资机制研究、进一步完善流动人口住房公积金政策研究等。曾获孙冶方经济科学奖。

2017 年中国经济实现了稳中有进，国内生产总值增速达到 6.9%，增速比 2016 年提高了 0.2 个百分点。从经济结构看，中国正在迈向高质量发展阶段，主要表现为内需拉动作用增强、战略性新兴产业保持较高增速、第三产业对经济增长贡献率持续提高、企业效益得到不断改善。随着各项改革及配套措施陆续落地，2018 年中国经济运行仍将延续这一发展态势，继续保持在中高速增长平台平稳运行。

预计消费对经济增长的支撑力将进一步巩固，在消费结构升级的同时，以互联网技术为基础的新消费热点和消费人群逐步扩大，共享经济、数字经济的消费模式和商业模式将不断迭代更新，在提供新供给的同时，创造新的消费需求。随着乡村振兴战略及相关政策落地，将从根本上培育和提高农村居民的消费能力。金融领域的风险会得到缓释，我们看到近期相关监管部门相继出台了一系列监管措施，其目的就是要让金融体系更加注重服务于实体经济，宏观审慎管理框架也日趋完整，央行提出探索把影子银行、房地产金融、互联网金融等纳入宏观审慎管理政策框架，有利于促进资金本市场的规范性、降低金融风险。房地产因城施策将会更加精细化、靶向化，2018 年房地产投资增速将呈现稳中回落，一线城市和热点二线城市房价继续调整，在中央政府“房子是用来住的，不是用来炒的”政策基调下，地方政府推出的共有产权住房和长租住房对于解决大城市中新市民的住房困难和阶段性住房支付能力不足问题发挥重要作用。以重大技术突破和重大发展需求为基础的战略性新兴产业将继续保持较高增速，特别是新一代信息技术、高端装备制造、新能源汽车、新材料等知识技术密集、物质资源消耗少、成长潜力大、带动作用强的产业将面临重要的发展机遇。2017 年规模以上工业战略性新兴产业增加值比 2016 年增长 11%，规模以上工业高技术产业增加值比 2016 年增长 13.4%，分别高于整个规模以上工业 4.4 和 6.8 个百分点，制造业的新旧动能继续转换。

本人认为，实现高质量发展的关键还是要全面深化改革。第一，抓住供给侧结构性改革的主线，坚持质量第一、效率优先，推动信息技术、生物技术、新材料技术、新能源技术等重要新兴产业领域的重大创新，提高全要素生产率，积极参与全球供给体系和产业链的调整重塑。第二，通过简政放权进一步理顺中央与地方的关系、政府与市场的关系，激发各类主体的内在动力，发挥好市场在资源配置中起决定性作用和更好发挥政府作用，提高民间资本投资的积极性。第三，做好民生保障网建设，推进在就业、医疗、教育、住房、环保等民生关注度较高领域的改革进程，促进民生质量全面提高，让大家学有所教、劳有所得、病有所医、老有所养、住有所居。

建立现代财政制度时不我待

刘小川　上海财经大学中国公共财政研究院执行院长

刘小川，教授、博士生导师，现任上海财经大学中国公共财政研究院执行院长，兼任中国财政学会理事、中国税收教学研究会副会长。在《管理世界》《财贸经济》《财政研究》等国内外刊物发表论文100余篇，出版专著、译著、教材30余部，主持国家社科、财政部、江苏省和上海市等研究课题40余项，获得国家级、省部级各类科研奖励20余项。

党的十九大报告指出："我国经济已由高速增长阶段转向高质量发展阶段，正处在转变发展方式、优化经济结构、转换增长动力的攻关期，建设现代化经济体系是跨越关口的迫切要求和我国发展的战略目标。"2018年是深化供给侧结构性改革的关键之年，而供给侧改革的终极目标是提升经济发展质量，所以也是我国经济发展的质量之年。我们迫切需要通过政府和市场的"双轮"驱动，奠定经济高质量发展的良好制度环境基础。显然，深化财政体制改革是经济高质量发展的"助推器"，而现代财政制度建设是财政体制改革的"奠基石"。

现代财政制度之所以与传统的制度不同，是因为其建立在现代社会发展的大环境之中，并且充分体现出中国的特色。我国经济体制改革迄今40年的实践，已经基本形成具有我国现代化经济纵深发展的时代标志，主要体现在社会主义民主政治、法治国家和科学管理等三个方面。因此，我国的现代财政制度建设的目标及内涵，必须依托我国现代化经济发展的新时代特征进行。

2018 年我们亟待构建现代财政制建设的顶层设计框架，其框架主线主要包括央地财政关系、政府预算制度、税收制度改革。根据新时代特征，需要运用全新的理念和方法，将建设现代财政制度的基础夯实、构架充实。

关于央地财政关系的处理。在坚持中央统一领导、地方分级管理的原则下，首先力求做到：清晰权责配置、合理财力协调、实现区域均衡；其次要形成特定的法律范式，保障中央与地方的财政关系按照既定的轨道前行。

关于政府预算制度的创新。首先要建立科学规范的预算科目与模式体系，其次要建立预算管理与考核指标体系，最后要建立全面绩效管理的评价体系。当然，以上三套体系的有效运行，必须依托公开透明的氛围以及相关法规的保驾护航。

关于税收制度的改革。应当立足丁国内和国际两个视野，首先要健全规范地方行为、强化地方活力的地方税体系，其次要建立公平与效率兼顾的税制体系，最后要协调处理好有利于经济全球化发展的国际税收关系。

2018 年开启高质量开放发展

刘英奎　中国贸促会研究院国际投资研究部主任

刘英奎，中国贸促会研究院国际投资研究部主任，国际贸易学博士；兼任科技部/商务部政策咨询专家、中国世界贸易组织研究会理事、北京城乡创新发展博士研究会副会长等职；长期从事国际经贸、对外经贸，尤其是中国双向投资、“一带一路”建设等国家对外经贸战略研究；主持、参与重大研究课题 50 多项，撰写、主编著作 20 余部，发表专业论文 100 余篇；多次接受中央电视台、新华社、中央人民广播电台、《国际商报》《中国经济时报》《中国贸易报》等媒体采访。

一、世界经济持续复苏，中国将在制度创新中扩大开放

近期，全球经济增长趋强，2017 年增速达到 3%，是 2011 年以来的最快增速，约有 2/3 的国家增速高于 2016 年。2018 年，全球经济预计将延续 3% 左右的增速；同时，主要经济体保护主义抬头，加大对本国制造业的扶持以及对其他国家产品进口、跨国并购的限制力度，国际竞争加剧，地缘冲突不断，国际经贸形势依然复杂多变。

十九大报告旗帜鲜明地提出，中国开放的大门不会关闭，只会越开越大，要推动形成全面开放新格局。2018 年，适逢改革开放迎来改革开放 40 周年，中国对外经贸将在制度创新中深化对外开放，其中最大亮点，一是“放管服”改

革深入推进，市场开放力度不断加大，现代制造业、高技术服务业、公共服务领域将进一步对内外资企业开放；二是制度创新力度加大，自由贸易港建设实质性推进；三是将举办中国国际进口博览会，各国商品将更加便利地进入中国市场。

二、对外经贸在转型升级中有望实现中高速增长

近几年，中国外向型经济发展处于转型调整时期，其增速特点，一是大起大落，起伏不平；二是节奏变化，由高速转变为中高速增长。2015～2017 年间，中国对外贸易、吸引外资和对外投资增长三组数据分别为：－7%、－0.9%、14.2%；6.4%、2.3%、7.9%；18.3%、44.1%、－29.4%。

考虑到世界经济持续经济复苏、国际市场对中国产品需求旺盛、大宗商品价格增速放缓、中国继续扩大进口、国际投资竞争加剧等因素，对 2018 年中国对外经贸增速做出如下预判：对外贸易长期保持两位数高速增长难以为继，但将延续中高速增长态势，预计全年增速适度下调至 10%左右，其中，进口增速将继续高于出口，出口增长压力依然较大；对外投资也将结束过山车式剧烈波动，实现稳定增长，增速合理区间为 10%～20%；吸引外资预计将保持 5%～10%的增速。

三、质量、结构提升，全球经济治理话语权不断增强

在增速适度放缓的同时，中国外向型经济发展质量、结构不断提升。随着十九大精神的贯彻落实，2018 年，供给侧结构性改革深入推进，对外经贸高质量发展提上日程，一是从整体看对外经贸将实现高质量发展，具体体现在进出

口商品结构中的高质量、高技术含量、高附加值产品以及服务贸易占比，双向投资中高技术服务业和现代制造业占比，都将继续提高；二是对外经贸结构更趋均衡，其中包括“走出去”“引进来”结构、进出口结构、对外经贸区域发展区域布局结构都将更加均衡；三是中国在经济全球化中理念引领和经济贡献作用更大、中流砥柱作用更加稳固，在全球经济治理中的话语权不断增强，负责任大国的形象更加深入各国人心。

迈向高质量发展的 2018 年宏观经济

刘元春　中国人民大学副校长

刘元春，经济学博士，现为中国人民大学经济学院教授、博士生导师、“长江学者”特聘教授，国务院特聘专家，国家“百千万人才工程”有突出贡献中青年专家，国家新世纪人才，国家高端智库“国家发展与战略研究院”执行院长、经济研究所常务副所长。

兼任教育部国际商务专业学位研究生教育指导委员会委员，国家社科基金评审专家、教育部留学基金委评审专家、世界经济协会常务理事、国际金融协会理事，四川省决策咨询委员会委员、工业与信息化部专家咨询委员会委员。

先后获得“全国优秀博士论文奖、2002 年和 2009 年“北京市哲学社会科学优秀成果奖”、第十届和第十一届“孙冶方经济学奖”、“北京市哲学社会科学优秀成果一等奖”、“第十届霍英东青年基金奖”、“吴玉章社会科学奖优秀奖”、教育部第六届高等学校科学研究优秀成果奖、国家“三个一百”图书奖。先后入选“国家新世纪人才”、北京市社科理论人才“百人工程”、“首都教育先锋科技创新标兵”。在《中国社会科学》《经济研究》等学术刊物发表 200 多篇论文，出版专著 10 多部。

常规性出席国家经济形势专家座谈会（其中包括 3 次总理经济专家座谈会），为中共中央政策研究室、国务院政策研究室、国家货币政策委员会、发改委、财政部等部门聘请专家，先后被多家国家机构评为咨询专家；担任 CCTV 和凤凰卫视等多家电视台和媒体的财经特约专家；担任《经济研究》《世界经济》等杂志匿名审稿人。

2018 年是贯彻落实十九大精神的开局之年，是改革开放 40 周年，是决胜全面小康社会、实施“十三五”规划承上启下的关键之年。中国经济虽然没有迈入全新的新周期，但中国经济新常态步入到新阶段。中国经济在增长基础进一步夯实的基础上全面加速深度改革和结构调整，中国宏观经济也将在政策的调整和发展思路的调整下进入到“稳中趋缓”的调整期。

2018 年中国宏观经济将保持相对平稳的发展态势。预计 2018 年 GDP 实际增速为 6.7%，比 2017 年小幅下滑 0.1 个百分点，但由于 GDP 平减指数下降为 3.7%，2018 年 GDP 名义增速为 10.4%，较 2017 年下滑了 0.6 个百分点。其中，第一产业增速基本持平，第二产业和第三产业增速分别为 6.1% 和 7.7%，均较 2017 年小幅回落 0.1 个百分点。

在房地产投资、基础设施投资和民间投资趋缓的作用下，2018 年固定资产投资快速下滑的趋势将有所缓和，但疲软的态势难以根本扭转，预计全年增速为 7.0% 左右。

在消费政策、房地产政策和民生政策陆续出台的作用下，2018 年消费保持了持续景气的局面，预计增速为 10.5%，较 2017 年略有提升。但考虑价格因素，实际增速较 2017 年略有下降。

2018 年外需改善难以达到新的高度，中国进出口增长进入相对平稳期。当前外部环境的复苏在本质上是全球刺激增长作用下的产物，具有恢复性和政策性的特征，它不仅缺乏可持续的新动力，同时还面临全球刺激政策退出的冲击，因而 2018 年外部环境的改善难以达到另一个高度。预计 2018 年中国出口增速为 8.5%，进口增速为 12.0%，贸易顺差为 3587 亿美元，较 2017 年下降 8.2%。

外需和内需的边际改善使得 2018 年价格水平总体保持较为温和的状态。随着大宗商品价格的回升、工业生产成本的传导以及高基数效应，PPI 涨幅略有缩小，而 CPI 涨幅扩大，CPI 与 PPI 缺口缩小。预计全年 CPI 上涨 2.3%，PPI 上涨 4.6%，GDP 平减指数为 3.7%。

经济基本面的改善使2018年财政收入增速较为可观，不过随着房地产市场的调整，政府性基金收入增速将出现明显下滑。综合来看，预计2018年政府收入同比增长10.1%，较2017年有所回落，但为财政赤字率的调整提供了空间。

适应新常态新阶段的发展需要，2018年货币政策将在继续保持稳健中性的基础上深化结构调整，预计M2增速小幅回升至10%左右，社会融资规模存量增速小幅回落至12.5%，两者的缺口明显缩小。

在上述判断和预测的基础上，提出以下系列政策建议。

第一，对于2017年宏观经济的超预期企稳要有科学的认识，要从根本上反对“新周期”观，中国扩张性的宏观经济政策还没有到全面退出的时点。在固定资产投资增速没有触底企稳之前，宏观经济政策的总体积极的定位不宜改变。

第二，鉴于中国稳增长取得阶段性胜利、中国经济的韧性已经得到了大幅度提升，2018年的中国宏观经济调控目标的核心应当从“稳增长”适度转向“控风险”基础上的“促改革”。2018年是全面推出新常态新阶段的关键性改革攻坚计划的窗口期，要抓紧梳理党的十九大提出的改革任务和举措，按照党中央确定的全面深化改革的总目标，提出新常态新阶段的改革计划。市场体制改革的核心是消除各种“软约束”，特别是政府与银行、政府与企业、银行与国有企业之间的各种软约束。供给侧结构性改革需要进一步深化和扩容。

第三，建议2018年中国经济增速目标在强调1100万就业目标的基础上可以适度淡化；物价水平目标可以确定为2.5%，应当关注个别时点上价格的冲高；M2增速为10%，社会融资总额增速可以确定在12.5%左右；名义财政赤字率可以缩减到2.5%左右；目标汇率在保持稳定的基础上适度加大波幅，对美元的平均水平在6.7∶1左右。

第四，当前中国经济必须高度重视固定资产投资实际增速的加速下滑，2018年稳增长的核心在于“稳投资”，但“稳投资”的政策方向和政策工具必须做出大幅度的调整：一是政府必须从目前的投资型政府逐步转向民生型政府；

二是国有企业投资体系和利润使用应当进行战略性重新定位改革，非主营业务投资必须严格限制；三是各类管制要重新梳理；四是事业单位和公共服务体系的市场化改革必须深化；五是供给侧结构性改革在“降成本”方面应当进一步强化。

第五，“完善促进消费的体制机制，增强消费对经济发展的基础性作用”，不能就消费刺激消费，而必须从更宏观和更动态的视角来考虑消费促进。实施与消费相匹配的供给侧结构性改革，促进中国中高端消费品的供给和需求能力的释放。大力控制房价，多渠道和多主体提供房地产供给，全面解决住有所居的问题，减少居民收入在房地产领域中的过度支出，从而减少居民刚性住房性储蓄的水平，释放收入用于消费。加大公共服务，加速民生建设，减少居民为养老、医疗、教育等服务而进行审慎性储蓄的水平，从而提升消费率。积极转换政府职能，使目前政府在各类产业的投资大幅度减少，更多用于公共服务和民生工程的建设。

第六，在金融整顿和深化金融体制改革的进程中，2018 年中国货币政策应当延续 2017 年的定位，但监管力度应当进一步强化。M2 增速不宜设定过低，全社会融资总额增速不能过快回调，短期内利率水平不宜过快上升。2018 年可以逐步降低金融机构的存款准备金率的方式完成货币投放。货币政策除常用的公开市场操作工具外，应当通过常备借贷便利、中期借贷便利等一系列创新型工具向市场注入流动性，以强化引导市场预期。在 MPA 考核中应当弱化信贷规模调控。正确认识 2018 年美元利率正常化、美联储“缩表”以及其他发达国家货币政策常态化操作。

第七，2018 年应当延续中国财政政策的积极定位，但过快增长的广义财政赤字率应当成为财政政策调整的核心关注点。2018 年名义财政赤字率依然可以确定在 2.5% 左右，但各类隐形化债务必须进行大幅度管控，同时高度关注美国减税带来的全球税收竞争问题。

2018 年经济走势“谨慎乐观”

刘正山　东北财经大学中国战略与政策研究中心副主任

刘正山，清华大学博士后，东北财经大学中国战略与政策研究中心副主任。

著有《老子经济学》《当代中国土地制度史（上、下）》《幸福与幸福指数：理论构建与计量分析》《大国地权——中国五千年土地制度变革史》《寓言经济学》《幸福经济学》等 20 多部著作。在《经济学（季刊）》《思想理论内参》《学习时报》《经济参考报》《经济日报》《联合早报》《南风窗》等刊物发表各类文章数百篇。

参与全国人大、中央党校、中央财办、国务院发展研究中心、国土资源部、农业部、国家自然科学基金、国家社科基金等 50 多项课题研究。

党的十九大报告提出，我国经济已由高速增长阶段转向高质量发展阶段。2018 年伊始，辽宁、内蒙古等地区大幅调减经济数据，主动挤掉“GDP”水分。本人认为，这并不影响宏观经济增长的大局。经过供给侧结构性改革，新旧动能转化，中国经济逐步走出“L”型增长。从经济增长的“三驾马车”（GDP 的构成）——消费、投资、出口等分析，2018 年中国经济走势谨慎乐观。

1. 中国经济发展面临的外部环境

多数国家自 2008 年世界金融危机以来，调整了发展思路，如德国工业 4. 0、日本智能制造、美国互联网制造等战略的提出和实施，加上宽松的货币政策与促进发展的政策体系作用下，新业态不断涌现，新的经济增长动能具备，到了

2017年，世界经济大面积复苏、回暖。尽管有美国特朗普政府的减税政策、加息和“缩表”等不利影响，但总体上不改世界经济持续走好的趋势，因此，2018年中国经济的发展面临较好的外部需求环境。

2. “内需”强劲

从消费看，目前我国消费对经济增长的贡献率超过资本形成，如2017年前三季度最终消费支出对GDP增长的贡献率达到64.5%。“我国社会主要矛盾已经转化为人民日益增长的美好生活需要和不平衡不充分的发展之间的矛盾”，可以预期，2018年的消费贡献持续增长。

从投资看，2018年的增速仍很可观。进入2018年，随着“一带一路”、新型城镇化、“乡村振兴”等的推进，固定资产投资不会减缓步伐，而是将稳步增长。至于房地产投资，此轮调控效果已基本达到预期目标，泡沫逐渐挤出，与此同时，地方政府债务风险凸显，房地产宏观调控或有调整，加上货币政策很有可能转向中性偏松，房地产市场或复苏。

3. 中国经济的新增长点

从“一带一路”倡议看，已步入“4.0”阶段，实质性推进在加快进行，截至2017年12月，中国已与58国签署各类投资贸易协定。2017年前三季度，对“一带一路”沿线国家进出口增长20.1%。可以预期，中国与“一带一路”沿线国家和地区的经济更加密切化，成为中国经济“外需”的重要载体。

供给侧结构性改革效应显现，新经济的引领效应凸显。例如，2017年1~11月份，高技术制造业投资增长15.9%，增速比去年同期提高2.4个百分点，比全部制造业投资高11.8个百分点；对制造业投资增长的贡献率为46.4%，拉动制造业投资增长1.9个百分点。进入2018年，我国更加强调增长的质量，并以绿色发展指数评价各地发展质量。一方面，这几年延续的高技术制造业持续快速发展；另一方面，减排降耗等带来新的投资领域，区块链等新的“风口”，带来新的增长机会。

“乡村振兴”、农村宅基地“三权分置”等改革，有望从要素市场，以土地产权制度的突破变革，激活农村建设用地入市、农用地使用权交易与规模经营、宅基地的跨区域交易等，激发和盘活“沉睡”的农地资产，其效果将直追 20 世纪 80 年代的家庭联产承包责任制改革。

对于中国经济高质量发展，提出以下建议。

一是积极寻找新的经济增长点，确保高质量的中高速经济增长。因为没有一定的赶超型 GDP 增长速度，2035 年时，很难从中等收入发展水平进入高收入国家行列，不可能实现现代化。未来新的增长点，在于新型城镇化、乡村振兴、各种新型产业，也在于“一带一路”，内需与外需巨大。

二是增量与存量改革并举，尤其突出增量改革的作用。近年来的供给侧结构性改革表明，存量改革推进难度大，但已取得积极成效，高能耗、高污染等产业逐渐被更新。与此同时，积极搞增量改革，比如通过突破性增量土地产权改革，引进社会力量，采用成熟而低成本的技术手段，改造 15 亿 ~20 亿亩盐碱地、荒漠化与沙化地等未利用土地，向西推进“胡焕庸线”，扩展中华民族的发展空间，转移农村劳动力、安置复转军人，扩展新的投资领域，建设新型城镇、新型农场，成为新时期中国经济增长的新引擎和新亮点。

三是推进结构性税改，切实降低企业负担。振兴实体经济、刺激民间投资，需要进行结构性税改，比如实现直接税为主向间接税为主转变。

2018 年：推进改革、防范风险，转向高质量发展

隆国强　国务院发展研究中心副主任、研究员

隆国强，现任国务院发展研究中心副主任、党组成员，研究员。兼任对外经贸大学博士生导师，以及北京大学、北京理工大学、延安干部管理学院等多所大学教授/研究员。中国国际经济合作学会副会长，中国国际贸易学会、WTO 研究会理事，世界经济论坛 2009 全球贸易议程委员会副主席。

长期从事中国对外经济政策的研究，在对外贸易、跨国投资、经济合作、特殊经济区、区域经济合作等领域完成多项重大政策研究报告；研究领域还包括宏观经济、产业政策、粮食经济、汽车工业等。多次参加国务院和相关部委的经济形势分析与政策研讨会议，2007 年为中共中央政治局集体学习讲解《扩大对外开放，维护国家经济安全》。

享受国务院特殊津贴。获北京市哲学社会科学优秀成果一等奖（集体）、“北京市优秀青年骨干教师”荣誉称号；多次荣获国务院发展研究中心年度优秀论文奖、中国发展研究奖、全国外经贸优秀成果奖等。

2018 年是自 2008 年全球金融危机爆发以来首次出现全球性经济复苏的一年。美、欧、日等发达经济体普遍复苏，很多新兴经济体也出现了恢复性增长。中国经济 2017 年改变了近年来增速逐年下降的态势，2018 年有望继续保持稳定增长。

党的十九大提出，中国经济已经进入从高速增长转向高质量发展的新阶段。

发展方式的转换，并不是一个自然演进的必然过程，需要我们付出更加艰苦的努力。历史上众多国家陷入“中等收入陷阱”，一个根本原因就是没有成功实现向高质量发展的转型。

建立有利于高质量发展的一整套体制机制，是成功实现向高质量发展转型的关键。发展方式的形成，是由多方面因素共同决定的，包括一国的比较优势、发展阶段、产业基础、技术水平、人力资源、发展观和体制机制等，其中，体制机制是重中之重。高速度增长阶段形成了一整套相应的体制机制，要实现向高质量发展的转型，就必须以壮士断腕的勇气不失时机地推进改革，打破原有的体制机制，建立起一整套有利于高质量发展的新体制、新机制。

推进新体制的建立，要把握好有利时机。通常，经济平稳增长的时期，是改革的有利时机，但是，经济平稳增长时期，又让人们满足于原有的发展方式，看不到推进改革的紧迫性。当各种矛盾集中爆发不得不推进改革时，往往也是经济下行的时期，改革的风险上升，改革变成了背水一战的无奈选择，很多改革因此而夭折。因此，把握好 2018 年经济平稳增长的有利时机，不失时机地推进改革，着力建立一整套有利于高质量发展的体制机制，是一种理性的选择。

防范化解重大风险，为推进改革提供有利环境与条件。稳中求进是一种方法论，要求进，先维稳。维护经济增长之“稳”，是实现改革之“进”的基础。因此，要坚决打好防范重大风险的攻坚战。防范化解系统性金融风险是重中之重。当前，我国金融体系蕴含的金融风险不容忽视，宏观杠杆率高企，部分城市房价虚高，一些地方政府和企业负债率过高，特别是一些僵尸企业“僵而不死”。金融“脱实向虚”，乱象横生。防范化解金融风险，要坚定贯彻中央部署，精心设计，抓住重点，把握力度，扎实推进，综合施策，破立结合。

同时，要高度重视防范化解外部风险。金融危机爆发后，全球贸易投资保护主义抬头，“逆全球化”思潮涌动。面对中国崛起，美国处于战略焦虑之中，其对华经济政策交织着经济利益诉求和地缘战略考虑，可能对华采取“非理性”措施，严重冲击中美双边甚至全球经济贸易。对此要高度警惕，多方施策加以防范化解。特别要防范外部冲击与内部风险联动震荡。

贯彻落实好党的十九大战略部署，打好防范化解重大风险攻坚战，全面深化各项改革，构建有利于高质量发展的体制机制，为转向高质量发展开好局，2018 年将成为我国现代化进程中具有重大意义的一年。

政策推动高质量发展

娄　峰　中国社会科学院数量经济与技术经济研究所研究员

娄峰，现任中国社会科学院数量经济与技术经济研究所经济系统分析研究室主任，研究员，博士生导师。中国系统工程学会社会经济系统工程专业委员会常务理事长，中国社会科学院“宏观经济预测与政策评价”创新项目首席专家。目前主要从事宏观经济预测和政策模拟研究。在《中国社会科学》《经济研究》《世界经济》《中国工业经济》《数量经济技术经济研究》等国内外核心期刊发表多篇论文，主持和参与几十项国家社科基金、国家自然基金、部委课题。

2018 年是全面实施“十三五”规划的关键一年，也是深化推进供给侧结构性改革、落实我国经济“高质量发展”战略布局的重要一年。

展望 2018 年，我国经济增长存在许多积极因素：我国新一轮对外开放（上海自贸区、外商投资新模式、结构性改革），以及“一带一路”的积极推进将稳定和激发我国的外部需求；我国就业规模持续扩大，调查失业率保持在 2013 年以来的最低位，这对社会稳定、居民收入增长都起到关键作用；社会和平稳定，居民收入稳步增长，消费者预期稳定，消费新业态高速发展，消费质量不断提升；虽然 2018 年翘尾因素将成为推动 CPI 上升的重要力量，而上游成本压力不断加大，目前供给充足，成本传导较为缓慢，而国际原油供需将趋于平衡，原油价格基本稳定，对国内的输入作用有限，从而使得我国物价水平总体依然保持平稳。

当然，2018 年我国经济发展面临一些问题和风险，诸如：由于三、四线城市缺少产业的有力支撑，并且随着信贷政策收紧，房地产调控措施趋紧的环境下，房地产销售和投资将会逐步回落，而政府债务、赤字水平将限制基础设施投资充分发挥作用，从而使得 2018 年投资拉动作用或将减弱。尤其值得注意的是，美国的“缩表加息”配合其“降税减负”的产业政策可能会进一步促使资本和制造业不断回流，从而使得新兴经济体外部融资条件收紧、投资使用成本上升、消费机会成本上升，甚至可能引发局部地区资产泡沫破裂，进而造成银行坏账增加、居民财富缩水等潜在金融风险；而且随着美国制造业的不断复苏和扩张，其外部需求将不断减弱，并形成新的国际市场供给和加剧国际市场竞争。另外，由于 2017 年较高的基数因素，也使得 2018 年我国外需增速有所回落。

2018 年，预计我国 GDP 增长率为 6.7%，继续保持在中高速的适当的经济增长区间；居民消费价格指数（CPI）为 2.0%；工业生产者出厂价格（PPI）为 3.6%；2018 年全社会固定资产投资将达到 69.2 万亿元，名义增长 6.3%；2018 年社会消费品零售总额将达到 40.3 万亿元，名义增长 10.1%；2018 年居民消费价格指数（CPI）为 2.0；农村居民人均纯收入实际增长和城镇居民人均可支配收入实际增长分别为 6.8% 和 5.8%；财政收入 18.3 万亿元，增长 5.7%，财政支出 22.3 万亿元，增长 8.8%。总之，2018 年中国经济增速将在新常态下运行在合理区间，就业、物价保持基本稳定，中国经济不会发生硬着陆。

推动我国经济实现高质量发展的具体政策建议如下：推进税制改革，降低宏观税负；合理利用税收、社会保障、转移支付等手段，完善财政再分配效应；完善金融市场基准价格机制，优化金融市场价格功能和社会融资成本；推进行政性垄断基础产业领域的改革、开放与竞争；优化投资结构，积极发展新兴领域；改革科研体制，促进全要素生产率提高。

“三大战役”决定 2018 年经济走势

鲁政委　兴业银行首席经济学家、华福证券首席经济学家

鲁政委，经济学博士，兴业银行首席经济学家、市场研究总监。在宏观经济形势和货币政策等方面的分析见解独到。现为《金融时报》专家组成员，中国人民银行上海总部公开市场操作部专家咨询团成员，曾在多个国家宏观部门就宏观形势发表演讲或应邀进行咨询。

十九大报告指出，我国已进入中国特色社会主义的新时代，未来三年要坚决打好防范化解重大风险、精准脱贫、污染防治的攻坚战。由此，“三大攻坚战”将成为决定 2018 年我国经济和政策走势的主要外生变量。

从“三驾马车”来看，出口预计将继续受益于全球经济的良好景气，但人民币汇率持稳、国内环保成本的上升，也会制约出口能力的充分释放，综合来看 2018 年出口增速会基本持平于 2017 年。投资增速将有所放缓，房地产平稳减速，基础设施建设投资更为明显放缓，制造业投资震荡中略有加快。消费增速有所提高。总体上，预计 2018 年实际 GDP 增速 6.8%，与 2017 年持平；2018 年名义 GDP 增速在 10.5% 左右，预计较 2017 年的 11.1% 有所下降。特别需要指出的是，由于供给方的调控，宏观数据表现与微观个体状况之间的不一致，可能会持续存在。

对于物价来说，化解企业债务风险以及污染防治或继续支撑工业品价格，

但高基数将使 2018 年的 PPI 回落到 3.5%。2018 年农产品价格或进入上行周期，从而推高 CPI 至 2.3%，这也会有利于农村精准脱贫。考虑到国际油价出现回升势头，如果出现环保力度超预期，则物价有可能高于预期水平。

随着政策重心从经济增长转向“三大攻坚战”，预计 2018 年货币政策将“保持定力”，对经济增速波动的容忍空间更大。因而，财政政策会减少对投资的支出，而将更多资金用于精准扶贫、污染防治等。金融政策会更加重视防范系统性风险，统一监管政策陆续落地，货币政策则会继续坚持“控总量”、去杠杆，存贷款基准利率和央行公开市场操作保持稳定；在促使同业负债占比降低的过程中，采取降准等适当方式相应改善流动性投放的期限结构，可能是必要的；人民币对美元汇率波动性可能增加。

对于推动高质量的发展来说，首先要深化改革，继续充分挖掘中国对外资的吸引力，从中获取国际资本在技术方面的外溢效应。其次，在去杠杆的过程中，要把握好节奏和力度，避免因处置风险而诱发新的风险。再次，采取有效措施，管控好房地产这头“灰犀牛”，避免大起大落。

打造高质量发展的制度和政策环境

吕　薇　国务院发展研究中心研究员

吕薇，博士，国务院发展研究中心研究员，获政府特殊津贴专家，第十二届全国人大常委会委员，财经委员会委员。获国家科技进步奖、孙冶方经济论文奖，中国发展研究奖特等奖、一等奖等。

主要研究领域：创新政策和科技政策、高技术产业和装备制造产业政策、产业发展和组织政策、知识产权、中小企业政策等。参与国家一些重要战略和规划研究制定，主持完成多项国家和部委级重大政策研究项目。任国家制造强国建设战略咨询委员会委员、国家知识产权专家咨询委员会委员等。

十九大报告指出，我国进入中国特色社会主义新时代，经济发展从高增长进入高质量发展阶段。2017 年，我国经济增长实现稳中有进、稳中向好的局面，为进一步调整经济结构留有空间。2018 年是贯彻落实十九大精神的开局之年，是实施“十三五”规划承上启下的关键一年。因此，2018 年要在继续稳定经济的基础上，着重构建高质量发展的制度和政策环境，为实现经济社会高质量发展打好基础。

从宏观经济总体来看，高质量发展主要表现在两个方面：一是经济发展方式是高效率的，即用较少的投入形成更多有效产出；二是经济运行是稳定、低风险和可持续的。实现高质量和效益型发展关键是要转变传统的投入扩张型发展模式，实现发展动力的转换，既要建立符合质量型发展的指标体系、绩效考核体系，更重要的是建立一套符合高质量高效益发展的体制机制和政策体系，引导各级政府和社会各界的行为，实现高效率、可持续、低风险的发展。

实现经济社会高质量发展，需要高质量的治理体系。在经济运行管理上，要转变观念和管理模式，把提高发展质量和效益作为各项政策的出发点和落脚点，一方面，控制各种风险的增长，另一方面，促进实体经济健康发展，逐步化解风险。一是切实转变政府职能，转变市场监管模式。进一步完善标准、检验检测和认证体系，以环境、安全、质量等标准为市场准入和监管的手段，严格执法，形成公平竞争和法治有序的市场环境。二是加强政策机制设计，建立公开、透明、稳定和可预期的政策体系。通过规制与市场机制相结合，将外部成本效益内部化，有效发挥市场机制的作用，促进实体经济转型升级。三是进一步营造具有国际竞争力的营商环境，激发实体经济的活力和动力。强化产权保护，有效运用财税、金融、汇率等政策工具，多措并举切实降低实体经济的运营成本和创新成本，提高实体经济的竞争力。四是进一步完善社会保障制度，提高政府公共资金使用的社会效益。增加教育、医疗卫生和养老等公共产品的有效供给，提高公共品的供给质量和效率。五是探索体现高质量发展内涵的评价指标体系。我国是有近 14 亿人口，经济总量居世界第二的发展中大国，评价指标要能够体现提高要素生产率，增加人均生活水平和缩小收入差距，反映经济活力和预警风险。经济高质量发展与社会高质量发展相结合，重视社会发展的指标。

稳中有进　高质量发展形态初成

罗建钢　中国财政科学研究院宏观经济研究中心研究员

罗建钢，1983年本科毕业于湖南大学（原湖南财经学院）财政专业；1999年毕业于中南财经大学金融专业，获硕士研究生学位；2000年8月起任中国财政科学研究院副研究员；2004年毕业于财政部财政科学研究所财政专业，获博士研究生学位。2005年10月任硕士生导师。2007年12月任中国财政科学研究院研究员。

研究领域：PPP、宏观经济、国有经济、财政政策、公司治理等。

学术兼职：中国财政学会第八届理事会常务理事，中国财政学会投融资研究专业委员会常务理事，中国财政科学研究院政府与社会资本合作（PPP）研究所理事。

主要著作：《清产核资实务操作手册》（合著，中国财经出版社，2004年版）、《部门预算问题研究》（合著，中国财经出版社，2004年版）、《财政支出效益评价》（中国财经出版社，2004年版）、《委托代理：国有资产管理体制创新》（专著，中国财经出版社，2004年版）、《合并会计报表理论与实务》（合著，经济科学出版社，2005年版）。

2018年是我国全面建成小康社会三年决胜期的第一年，也是我国打好“三大攻坚战”的第一年。总体上，经济运行仍将延续稳中有进的状态，并在产业结构、创新能力和增长质量上形成新突破。

2018年的经济增速预计将保持在6.8%左右，与2017年的情况基本趋同，经济增长稳定在合理区间，继续为改革的推进和经济结构的调整创造良好的空间。

固定资产投资的增速预期将有所下降，增速为5%左右，低于GDP的增速水平。根据十九大“投资作为供给结构调整的重要手段”的定位，预期固定资产投资结构将发生重大的调整：基础设施投资增速将下降到12%左右，较2017年下降7个百分点；房地产投资增速将降到5%左右，较2017年下降2个百分点；而工业投资则成为重点领域，预期增速将达到6%左右，较2017年提高约2.8个百分点。伴随着投资结构的调整，资本形成率将从2017年的47%左右提高到57%左右，从而使资本形成总额对经济增长的贡献率仍可保持在25%左右。

消费的增速预期将保持稳定运行，消费规模进一步扩大，消费的渠道和方式仍在深入创新。受到房地产市场的“挤出”影响，我国的家庭消费增速进入到中速的稳定增长状态，消费的结构也基本稳定，没有形成中等收入阶段中良好的消费升级现象。预期2018年的社会消费品零售总额的增速水平在10%左右，农村的消费支出增速仍将高于城市。但消费的方式和渠道的创新仍在加速，网络购物、新零售等业态和概念的兴起，体验式消费、服务式消费的模式更加清晰。预期网络购物的增速将保持在25%左右，占消费的比例达到18%左右；新零售业态逐步成型，并在全国重点城市和区域布点推广。

进出口形势仍十分复杂。受到部分发达国家“逆全球化”行为的影响，我国货物贸易出口增速将受到一定程度的影响和制约，总体表现为出口增速略有下降，进口增速保持稳定，进出口规模略有增长。具体而言，预期在“1美元=6.3元人民币”的汇率水平下，出口的增速为8%左右，进口的增速为20%左右，进出口总规模预期将首次超过30万亿元人民币，实现11%左右的增长，贸易顺差约为1.6万亿元人民币，较2017年下降1.2万亿元。

就业形势总体仍将保持稳定，调查失业率仍将保持在5%左右的低水平。由于政策导向和现代金融发展的要求，实体经济将获得了良好的发展环境和重要的政策支撑，就业形势将保持稳定，全年预期新增就业人数1300万人左右，城市调查失业率维持在5%左右，登记失业率保持在3.9%左右。

物价水平将出现一定程度的上升，但仍在合理区间之内。受到全球经济复苏的影响，大宗商品的价格上升速度很快，尽管人民币出现了一定程度的升值，但仍然无法抵销价格上涨的压力。而国内的环境保护监管制度和资源节约可持续利用的政策，都将增强企业的生产成本（尽管这是合理的）。这样，物价水平总体上将会出现一定程度的上涨，但预期水平在2.2%～2.5%之间，低于3%的上限值，不影响我国物价稳定的总体形势，并有助于生产企业理顺和优化成本结构和价值链体系。

战略性新兴产业、高技术产业等新兴行业保持较高增长，新动能成为保持经济平稳增长的重要动力。2018年，工业新旧动能持续转换，预期规模以上工业战略性新兴产业增加值比2017年增长12.0%，规模以上工业高技术产业增加值比2017年增长15%，均较2017年形成小幅提高。

高质量宏观增长关键在新旧动能转换

马　涛　哈尔滨工业大学教授，宁夏大学党委常委、校长助理

马涛，哈尔滨工业大学教授、博士生导师。宁夏大学党委常委、校长助理（中组部第17批博士团挂职），哈尔滨工业大学经管学院副院长、空间规划与城市治理研究所所长，哈工大－北卡大学教堂山分校城市与区域经济发展研究中心（HIT－UNC Consortium for Urban & Regional Economic Development）中方负责人。国家发改委“十三五”多规合一试点方案负责人，国家发改委《哈长城市群发展规划》编制起草专家，黑龙江省政府科顾委宏观经济组专家。教育部学位中心全国博士论文抽检评审专家。中国区域科学协会区域可持续发展分委会副主任委员。

2008年金融危机以来到2017年下半年，全球宏观经济体系总体增长复苏态势与主要经济体货币金融政策分化同步呈现。虽然首次出现了150个国家和地区的经济正增长，但全球总需求增长缓慢的基本格局没有变。新兴市场经济体仍面临外需疲弱与跨境资本波动等潜在风险，“逆全球化”、贸易保护、地缘政治不确定性上升，对主要经济体维持持续复苏增长的预期形成了较强压制。

本轮复苏一方面要归因于宏观经济杠杆率的提升，包括政府部门、居民部门、非金融机构部门和金融部门内部杠杆率都显著提升，而另一方面，尽管新技术新产业蓬勃发展，但并没有带来同步的行业利润率提高，全球整体金融深化与经济增长的“脆弱性”就此埋下。尤其是金融与政治等诸多不确定、不稳定的“黑天鹅”叠加出现时，被全球金融市场更加紧密联系在一起的各国宏观

经济与资产市场的微观主体，在国际国内资产价格涨跌一体化传导中形成了同方向预期，美国资产价格重估预期就成了全球各国资产价格的重估预期。可以将这种宏观经济和金融市场高杠杆与微观主体预期高度联动，称之为全球宏观增长的“预期脆性”，用来描述金融危机至今我们所塑造增长体系宏观政策中的微观预期机制。

如何应对全球增长“预期脆性”?

第一，影响微观主体在短期预期的同时建立长期预期。从宏观审慎管理角度考虑，预期共识的建立，需要客观尊重当前异质性、多层次、大中小微并存的各类市场微观主体。需要专业性、针对性加强与包括国内市场在内的全球主要市场沟通以及与其他经济体的政策协调，有效引导各类市场微观预期，增强微观市场对中国经济和改革开放前景的信心。党的十九大顺利召开，引发了全球主要经济体和市场主体开始就如何确立与中国高质量增长应对的整体思考，这也扩展了全球主体对中国经济增长的认知，一定程度上提升了中国抵御系统性风险的预期溢价。

第二，加大加快确定性创新的宏观杠杆规模。长期赶超式增长使政府投资和出口构成了中国经济增长的主要需求，造成了持续近十几年的非金融部门行业利润率和全要素生产率下降，宏观经济杠杆率整体偏高。2017 年全国规模以上工业企业主营业务收入利润率 6.46%，同比增加 0.54%，而 2016 年银行业金融机构平均资本利润率 12.96%。国内微观主体预期随时会因外部变化形成一致性预期，危及增长稳定。从宏观风险的微观治理角度，结合中国供给侧改革宏观政策体系，可以从两方面入手。一方面，对于风险清晰、创新性强、价值链长的新动能、新经济、新需求，要视为“创新杠杠”。长期来看，要培育促进该类“创新杠杆”的绝对规模和成长空间，联通深化“创新杠杠”与中国宏观增长体系的微观联系，加快加大“创新杠杆”在中国宏观经济中的杠杆率。换言之，高质量宏观增长实质上是长周期内新动能资产增速快于旧动能资产增速，最终实现具备新竞争和效率利润优势的资产规模扩张。另一方面，对于 P2P 及比特币等风险不确定、过剩产能和“僵尸企业”等创新性不强、技术进步慢和市场化程度低等相对滞后的市场机构，可以视为“低效结构”。短期来看，需要不断弱化宏观体系对“低效结构”的微观关联，在宏观审慎管理中防范市场主体对“低效结构”的信用溢价，促进微观主体对“低效结构”信用萎缩，最终实现宏观增长资源退出“低效结构”。

夯实增长新平台　稳步推进高质量发展

孟　春　国务院发展研究中心宏观经济研究部研究员

孟春，国务院发展研究中心研究员，博士生导师。曾任中共中央党校经济管理教研室讲师、财政部地方预算司专项资金处处长、广西财政厅副厅长、中国长城资产管理公司审计部总经理，国务院发展研究中心宏观部副部长、巡视员，中国科学院大学中国 PPP 研究中心主任、教授等。

主要研究领域：宏观经济、区域经济、财税政策、公共政策、科技金融等。

2017 年国民经济延续了稳中有进、稳中向好的发展态势，整体表现好于预期。全年经济运行平稳，GDP 比上年增长 6.9%，经过近 7 年调整后首次实现回升；物价涨幅温和，价格曲线更加平滑，CPI 与 PPI 之间的剪刀差逐渐收窄；出口回升向好，扭转此前连续两年下降的局面；企业利润增速明显加快，PMI 全年处在扩张区间，经济结构积极改善，供给侧结构性改革重点任务取得阶段性成果。总体来看，2017 年我国经济在推动结构优化、动力转换和质量提升上蹄疾步稳，韧性持续增强，展现出新气质。不仅为上一届政府五年经济工作画上完满句号，同时也为中国经济迈进高质量发展阶段创造良好开局，注入信心和动力。

展望 2018 年，我国经济有条件继续保持在中高速增长平台上平稳运行。从拉动总需求的“三驾马车”来看，一是投资增速有望缓中趋稳。受规范地方债和房地产调控影响，基础设施和房地产投资增速将略有下调，但制造业投资增速企稳回升，可能对冲部分下行压力，投资整体增速全年有望稳定在 7% 左右。

二是消费增长缺乏持续上升的动力，但消费贡献有望继续提升。受消费率总体偏低和居民收入增速放缓的影响，消费增长缺乏持续上升的动力。但也应看到，消费升级态势不减，电子商务、新零售、共享经济等新型消费业态涌现。消费整体增速预计将在10%左右。三是出口增长总体平稳。世界经济延续复苏态势，大宗商品价格温和上涨，投资品贸易预计逐步恢复，出口增长总体稳定。综合判断，2018年经济运行有望延续增速稳、就业稳、物价稳、效益稳的“多稳”局面，有望实现十九大之后经济发展的良好开局。

十九大后的第一次中央经济工作会议指出，中国特色社会主义进入了新时代，我国经济发展也进入了新时代，基本特征就是我国经济已由高速增长阶段转向高质量发展阶段。这一重大论断充分体现了我党对我国经济发展阶段、对经济增长规律的精准把握。推动高质量发展，需要把握好以下三个方面。

第一，具体问题具体分析，避免“泛化”高质量发展。我国不同地区、不同行业的发展阶段不同，经济基础、资源条件、发展难题千差万别，高质量发展理念在全面推开的同时也要考虑部分地区行业需要做前提性、基础性工作。另外，需要警惕将“高质量发展”当做一个筐，什么都往里面装。

第二，坚持以供给侧结构性改革为主线。针对当前我国经济工作中的当务之急，“破”“立”“降”三管齐下，大力破除无效供给，化解过剩产能；大力培育新动能，形成要素流向新机制；通过改革制度性交易成本和资源垄断行业，大力降低实体经济成本。

第三，坚决打好“三大攻坚战”。通过稳定宏观杠杆率，增强金融结构适应性，提高金融对实体经济的服务效率，打好防范化解重大风险攻坚战；围绕特困群众精准帮扶，向深度贫困地区和人口聚焦发力，打好精准脱贫攻坚战；采取调整产业结构、淘汰落后产能、调整能源结构、加大节能减排力度等一系列措施，打好污染防治攻坚战。

高质量发展有助化解高风险

彭　刚　中国人民大学发展中国家经济研究中心主任

彭刚，中华外国经济学说研究会发展经济学分会副会长，中国人民大学发展中国家经济研究中心主任，中国人民银行研究生部、财政部研究生院、中央社会主义学院等单位兼职教授，教育部特聘本科教学评估专家等。

2018 年是中国改革开放 40 周年。新春伊始，我们站在时代的转折点上，继往开来，心潮澎湃；牢记使命，不忘初心。展望业已开局的新一年中国经济：形势严峻，任务艰巨；目标明确，前景乐观。

作为中国特色社会主义进入新时代的标识之年，中国经济所面临的形势是严峻的。2017 年 12 月下旬召开的中央经济工作会议明确提出了未来三年要重点抓好决胜全面建成小康社会的防范化解重大风险、精准脱贫、污染防治三大攻坚战，“稳金融，脱贫困，保环境”便成为决胜全面建成小康社会的近期、中期和长期的艰巨任务。

打好防范化解重大风险攻坚战，重点是防控金融风险，这也是当前中国经济所面临的最直接的挑战。除了要强化监管，降低杠杆率等直接措施，更重要的是要聚焦提高经济质量，从根本上实现从过去注重量的扩张到当前追求经济增长的质量和效益。首先就是要切实推进经济的“脱虚向实”，积极布局和培育支撑新经济发展的新动能，为高质量的发展夯实基础。应该看到，提高经济质量是防范和化解金融风险的重要举措，是发展理念与发展战略的重大变革，只要我们紧紧抓住提高经济质量这个“牛鼻子”，当前中国经济发展进程中的众多矛盾和问题便会迎刃而解了。

作为中国特色社会主义进入新时代的标识之年，中国深化改革、扩大开放的新蓝图举世关注。在2018年1月下旬瑞士达沃斯的世界经济论坛上，中共中央政治局委员、中央财经领导小组办公室主任刘鹤明确表示：2018年中国将推出新的、力度更大的改革开放举措，可能有一些措施超出国际社会的预期。并且宣布了目前也已确定的四个方面：第一，金融业的对外开放；第二，制造业、服务业的对外开放；第三，保护产权特别是知识产权；第四，扩大进口。在这里，刘鹤代表中国政府向整个世界宣告，深化改革，扩大开放，正在为进入新时代的中国经济提供新动能。

中国特色社会主义进入新时代的根本任务就是要满足人民对于美好生活的需要，而深化改革的目的就是要让人民群众充分享受到改革的红利，拥有更多的获得感。因此在新的一年中，仍然必须要打好精准脱贫的攻坚战，坚决完成1000万贫困人口脱贫的艰巨任务，以此为龙头，确保一系列利民、惠民政策的落实，譬如增加就业、提高收入、减免税负、保障住房、提供医疗、健全保障等。

综上所述，2018年是中国特色社会主义进入新时代的转折之年、开局之年、奠基之年；更是中国经济稳中有进、开拓进取的一年。尽管任务艰巨，但是前景乐观，必然会为全面建成小康社会，实现第一个一百年的伟大梦想打下牢固的基础。

打好防范金融风险的攻坚战

邱兆祥　对外经济贸易大学金融研究所名誉所长

邱兆祥，现任对外经济贸易大学金融研究所名誉所长，教授，博士研究生导师。长期致力于经济金融理论研究工作，勤于笔耕，除公开发表400多篇论文外，还出版著作20余部，对我国改革发展和经济金融学科建设中的热点、难点问题发表了不少有价值的独到见解，产生了较为广泛的社会影响。因学术成就和学术影响而作为代表人物之一入选《百年中国金融思想学说史》一书。

党的十九大报告强调，要坚决打好防范化解重大风险的攻坚战。中国经济面临的各类风险中，金融风险尤为突出，因此必须重点防范金融风险，坚决打好防范金融风险的攻坚战。

2018年，我国金融面临的形式更加复杂多变。从国际上看，环境和经济发展的不稳定性不确定性因素增多，“逆全球化”抬头，贸易投资保护主义升温；从国内看，国内发展不平衡不充分的一些突出问题尚未解决，经济运行的基础还不牢固，下行的压力依然较大，挑战和风险不容低估。目前，我国金融体系的敏感性、脆弱性在增强，处于风险的易发多发期，金融领域里的潜在风险在加剧，不容忽视。

金融安全是国家安全的重要组成部分，是经济平稳健康发展的重要基础。防范金融风险，保障金融安全是2018年金融工作的一个重点，主动防范金融风险必定会摆在更加重要的位置，预计 2018 年防范金融风险将着重采取以下措施。

1. 积极稳妥推进去杠杆，深化国企改革，把降低国企杠杆率作为重点任务

目前，高杠杆是我国金融风险的首要表现和宏观金融脆弱性的总根源。与其他风险相比，高杠杆具有作用力大，影响面广，关联性高，叠加效应强等特点。积极稳妥地推进去高杠杆对防范金融风险而言，具有极为重要的作用。因此，预计在未来的一段相当长的时间内，仍会继续执行去杠杆化的政策。高杠杆问题主要集中在企业，特别是国有企业，而国有企业当中的问题又主要集中在僵尸企业。对国有企业和僵尸企业的降杠杆，将会成为今后一段时间内推进供给侧结构性改革和国有企业改革的重点任务之一。

2. 继续加强各类风险的监测与管理

加强对不良资产、流动性、房地产泡沫、债券违约、影子银行、交叉性金融、互联网金融、地方政府债务以及国际金融市场波动冲击等各类风险的监测与管理。2018 年将会继续采取一些更行之有效的措施处置风险点，着力控制增量和处置存量，打击逃废债行为，加大对市场违法违规的打击力度，并强化金融机构防范风险的主体责任。

3. 增强金融服务实体经济的能力

金融是实体经济的血脉，为实体经济服务是金融的天职，服务实体经济是金融立业之本，也是防范金融风险的根本举措。2018 年将会继续努力为实体经济的发展创造良好的货币金融环境，坚持以供给侧结构性改革为主线，以解决融资难、融资贵为抓手，优化社会融资结构，大力发展交易所债券市场，拓展多层次、多元化、互补型股权融资渠道，构建与实体经济发展需求相适应的投融资体系，提高金融服务实体经济的效率。

4. 加强党的领导，确保金融改革朝着正确的方向发展

2018 年将会进一步加强金融系统党的领导和党的建设，落实全面从严治党的要求，认真贯彻党中央在金融领域的重大方针政策、重大改革开放战略部署及规划、推动和组织实施金融监管体制改革、金融机构改革、金融市场改革和防范金融风险的各项重要措施。在守住不发生危及整个金融体系稳定的系统性风险底线的同时，通过深化金融改革，增强金融服务实体经济的能力。

2018年宏观经济整体保持稳健运行

沈继奔　国家开发银行研究院副院长

沈继奔，经济学博士，研究员，国家开发银行研究院副院长。先后毕业于中国人民大学财政金融学院和中国社科院研究生院投资系，在中国社科院经济所从事理论经济学博士后研究。曾在中石化安庆分公司计划财务处工作，1997年参加首批博士团到重庆市挂职，先后任重庆市建设委员会主任助理和计划委员会副主任，山东省临沂市副市长。在开发银行政研室、规划局、综计局、财会局工作过，对宏观经济、投资、金融、规划、区域和产业经济理论政策与实务等有一定的研究。

2017年经济增长好于预期，GDP增速达到6.9%，实现了7年来首次提速。展望2018年，随着中国进入高质量发展阶段，宏观经济整体将保持稳健运行，从高速度发展转向高质量发展，为推进结构性改革预留空间，改革政策持续推进同时带来改革红利的进一步释放，结构调整优化进一步显现。国际地缘政治风险的不确定性进一步增强，将成为影响全球经济、金融市场、多双边贸易合作等的重要因素。

宏观经济总体保持审慎乐观。投资方面，随着经济运行稳定性增强，结构性政策措施促进有效投资增长效应的不断显现，民间投资和制造业投资将在2018年回暖态势有望延续。房地产市场长效机制逐步建立，短期内或对房地产投资增速形成一定挤压效应。贸易方面，全球经济复苏带来的国际贸易回暖对我国贸易的有利条件犹在。但需要重点关注以下两点：一是发达及发展中国家的产业政策。以美国为代表的发达国家制造业回流，越南印度等产业升级逐步对我国劳动密集型产业形成出口替代。二是发达国家市场的外溢效应，美国股市波动、美国税改政策增加全球金融市场的不确定性，并通过美元对包括我国在内的全球贸易、投资形成外溢效应。消费方面，受益于城镇居民人均可支配收入增长、通胀上行、地产销量下滑、中高端消费升级等因素，社会消费将有所提振。金融风险方面，国际地缘政治的不确定性风险逐步成为当前各大经济体的重要冲突点，应重点防范相关“黑天鹅”事件的全球性蔓延传导；重点关注地方政府隐性债务风险成为我国发展的“灰犀牛”；在货币政策和宏观审慎政策双支柱调控框架下，单一货币政策变动的影响力有所降低，在金融强监管体系尚未建立完成、金融业务尚未调整到位的背景下，流动性紧平衡将成为新常态，同时谨防风险传导至股市、债市、汇市，引发联动性、系统性风险。具体建议如下。

1. 保持积极的财政政策聚力增效

进一步增强财政政策在需求端及供给端两侧的精准调控的作用，赤字率控制在 3% 左右。致力于优化财政支出结构，在推动基础设施、消费升级、新旧动能转化、发展服务业、发展先进制造业、脱贫攻坚、乡村振兴、保障改善民生工程、“一带一路”等方面提高支持力度。

2. 保持稳健的货币政策中性适度

在宏观审慎与货币政策双支柱调控框架下，增加宏观调控的灵活性与有效性。致力于疏通货币调控传导机制，提高资金周转和服务实体经济效率。提升预期引导深度、广度、力度，避免因误解而在金融市场上出现的非理性踩踏行为。同时做好金融资源向实体经济的引导工作，提升金融服务效率。做好与财政政策、产业政策、区域政策的有效衔接。

3. 优化固定资产投资结构

中央经济工作会议强调，投资仍然是2018年经济工作的重点，未来建议更加注重结构优化、提高投资边际效益，有效促进民间投资合理增长。探索公私合营合理化模式，提升政府治理效率及企业运营积极性，重点围绕国家发展重点领域，推动商业可持续。

4. 持续防范化解金融风险

做好国际风险事件前瞻性研究，做好风险预案。重点关注房地产领域居民杠杆率提升、金融体系内理财产品的兑付风险及呆坏账的比例上升等问题，做好风险预案。按照中央经济工作会议要求，打好防范化解风险攻坚战的同时，提升金融服务实体经济能力。重点关于高杠杆、高债务问题，设计一套行之有效的整体、系统、协调性的政策组合拳，重点防止资产价格崩溃的“明斯基瞬间时刻”出现所引发的剧烈调整。

5. 以对外开放促进中国软实力建设

随着中国经济体量及地位在国际上的提升，对中国的软实力建设提出了更高的要求。充分使用国际高峰论坛平台，尤其是2018年将在中国主场召开的中非合作论坛峰会、隆重纪念改革开放40周年国际论坛、首届国际进口博览会等，对外唱好中国好声音，用国际语言讲述中国故事。借鉴世界银行、国际货币基金组织的经验，做好全局性、战略性、前瞻性问题研究，通过中国智库对外发声。

期待改革持续助力发展

宋国君　中国人民大学环境学院环境经济与管理系教授

宋国君，经济学博士，中国人民大学环境学院环境经济与管理系教授，博士生导师，中国人民大学环境政策与环境规划研究所所长。讲授：本科生《环境政策》《环境规划方法》，研究生《环境政策与管理》《高级环境政策分析》，博士生《环境政策设计与评估》等课程。

主要学术成果：发表学术论文 170 多篇；主要著作有《环境规划与管理》《环境政策分析》《中国城市能源效率评估研究》《中国淮河流域水环境政策评估》《排污权交易》等。

总体来看，我国人民的发展热情不减，对改革充满希望，是经济发展的基本面。市场发展比较好的领域，无疑将继续保持快速发展。

本人对推动高质量发展的建议如下。

首先，建议加快科技类事业机构改革。目前一些科技类事业机构研发效率较低，占用了大量社会优质资源，浪费严重，建议科技类事业机构全部转为企业，极少部分转为公务员实施管理和绩效评估。

其次，建议加快改革政府机构和相关事业机构。一些政府机构僵化，不适应新形势下的公共管理需求。建议政府继续推进大部制改革，对政府机构数量实施严格控制，最大可能地合并政府所属的事业机构，释放社会活力、规范行政执法和提高行政效率。

最后，建议深化促进各级政府信息公开。我国已经进入信息化、大数据的时代，虽然中央政府一直在强调政府信息公开，但一些地方政府的信息公开做得并不好，甚至为信息公开实施各种阻碍手段。建议以国务院督察组的形式加快推进地方政府信息公开。政府信息公开将极大地促进我国的社会、经济、资源环境等领域的进步和发展。

三方面着手推动高质量发展

苏　剑　北京大学经济学院教授

苏剑，美国布兰戴斯大学（Brandeis University）国际经济学与金融学博士。现任北京大学经济学院教授，博士生导师，兼任北京大学外国经济学说研究中心主任、北京大学经济研究所常务副所长，北京市新世纪人文社科理论“百人工程”学者。

主要学术贡献：对经济分析的供给侧研究方面在国内领先；推动了中国人口政策的调整；在需求管理方面，引入了创新支持政策；就本次美国金融危机的成因发展，发达经济的新常态以及世界发达经济的前景有独到的见解，指出至少今后十年内，世界经济将处于实体经济半死不活、虚拟经济剧烈波动的状态；就中国经济的“新常态”进行了深入的研究，并对新常态下的中国、中国宏观调控方式进行了探讨。

2018 年，虽然世界经济持续复苏，但是全球加息减税、贸易保护升温、地缘政治不稳等，使中国面临的外部环境恶化。2018 年中国经济自然走势是供给需求增速“双收缩”，价格增速温和上升。在供给端，受环保加强、能源及劳动力价格上升、民营企业投资空间收缩、发达国家“再工业化”影响，生产扩张速度放缓。在需求端，三大需求增速均下滑：收入增速下滑，以及房地产相关消费和汽车消费动力不足将导致消费增速小幅下降，房地产调控、环保、企业去杠杆、地方政府去杠杆将使处于低位的投资增速进一步下滑。2017 年出口大幅增长支撑了中国经济，但同时也形成了高基数，再加上贸易摩擦增加以及世界经济复苏存在不确定性，中国出口增速将下降。

2018 年经济下行压力增加，宏观经济政策的组合将是市场化改革、供给扩张、需求扩张这样的政策组合。结合经济自然走势以及可能的宏观经济政策，预计能够实现 2018 年的宏观调控目标。具体而言，预计 2018 年 GDP 增长 6.7%，增速低于 2017 年 0.1 个百分点；PPI 增速为 4.8%，保持高位；随着 PPI 向 CPI 传导，再加上低基数效应，CPI 增速上升至 2.5%；新增就业能够维持在 1100 万人以上。

中央经济工作会议指出，我国经济已由高速增长阶段转向高质量发展阶段。高质量发展的含义有三方面：创新型经济、低风险、平衡发展，其中平衡发展包括缩小贫富差距和污染防治。因此，推动高质量发展应从这三方面着手。

第一，走创新型发展道路。首先，进行市场化改革，消除价格刚性等扭曲，引导资源流向创新企业。其次，市场扭曲无法消除情况下，要通过供给侧结构性改革淘汰落后产能，降低企业成本，完善市场体系，提高国企效率，改善劳动力市场流动性，扩大对外开放，培育新动能，加快产业和技术升级。最后，通过需求管理保障创新产品需求。

第二，防范经济金融风险。2017 年经过结构性货币政策收紧、完善宏观审慎、加强微观监管等一系列措施，中国经济风险得到有效处置。但是防风险是个长期任务，未来中国经济仍将面临汇率风险、房地产市场风险、国企债务风险、地方债务风险、居民债务风险、互联网金融风险、政策超调风险等。防范经济金融风险需要货币政策、宏观审慎、微观监管共同协调实施，在妥善处置风险的同时，也要避免超调。

第三，平衡发展。首先，缩小贫富差距，实现城乡、东西部地区平衡发展。缩小贫富差距的关键是精准扶贫，一方面通过普惠金融解决贫困人口融资问题，另一方面通过减税、转移支付增加贫困人口收入，同时完善社会保障体系。其次，通过污染防治实现物质文明、生态文明等多种文明的平衡发展。污染防治要循序渐进，完善法律法规，加强市场的作用。

让 PPP 在高质量发展中发挥重要作用

孙 洁 中国财政科学研究院研究员

孙洁，中国财政科学研究院研究员，管理学博士，PPP 管理模式提出者（2005 年完成的博士论文《城市基础设施公私合作管理模式研究》中提出）。目前兼任中国财政学会公私合作（PPP）研究专业委员会秘书长，亚洲开发银行、财政部 PPP 专家，中国社会组织促进会专家委员会委员。《PPP 与保障性住房》一书获得钱学森城市学金奖提名奖。2002 年至今，一直研究 PPP 管理模式。2013 年、2014 年，两次到英国财政部基础设施局（英国 PPP 项目管理机构）学习交流 PPP 经验，2013 年到曼彻斯特大学、德国复兴银行等交流 PPP 经验。2014 年，作为亚行 PPP 专家组长，组织了首次亚行 PPP 示范城市 PPP 项目培训。

经过 2017 年经济结构调整，2018 年中国经济仍然会处于调整过程之中，同时，在混合制改革不断深入进程中，政府投资逐步会转向由社会投资。GDP 的质量会逐步提高，粗放式产业比重会减少，高新科技、服务、新能源在 GDP 中比重也会逐步提升。

中央提出供给侧改革，并以“三去一降一补”作为主要内容，以推动经济高质量发展。在这里我主要谈一下如何补基础设施和公共服务这一短板。

随着人们基本生活水平的不断提高，我们面临的任务也由解决基本温饱问题，转向了人们对美好生活的向往，而实现人们对美好生活的向往，意味着人们需要更多和更好的基础设施和公共服务。满足人们对高质量基础设施和公共服务的需求，这是政府职能之一，而完全依靠政府投资并不是一个容易的事情，一方面面临财政资金的约束，另一方面也面临如何管理如此高质量基础设施和公共服务的管理问题。而解决这一难题一个可行的方式就是财政部 2014 年提出，通过政府和社会资本合作（PPP）来实现。通过 PPP 模式提供，从 2014 年到目前已经有 4 年多的时间，虽然取得了巨大的成绩，但也面临一个突出问题，那就是对政府付费的 PPP 项目过多。由于政府支付受一般公共预算支出 10% 的限制，所以许多项目为了能够实施，就会做了些不符合 PPP 要求的变化，也被称为不规范的 PPP。这种不规范的做法，必然未来会导致政府债务增加。

因此，为了能够更好通过 PPP 模式补短板，以推动高质量经济发展，我们应当积极采用规范的 PPP 模式，在规范的 PPP 模式基础上，鼓励社会资本创新，通过社会资本来减少财政支付压力，让政府付费的 PPP 模式，尽可能通过社会资本创新获得合理收益，而不是完全依赖政府财政预算资金来满足投资者需求。当然，这种创新是在满足社会公众需求的前提下，而不是以损害公众利益为前提的创新。为了鼓励社会资本创新，有必要设立创新奖励基金，对创新社会资本给予相应的激励措施。只有这样，才能够发挥社会资本积极性，让社会资本这社会提供更好、更优质的基础设施和公共服务，以促进经济高质量发展。

新发展理念引领经济发展新时代

谈慧娟　中共江西省委党校马克思主义研究院副院长、教授

谈慧娟，中共江西省委党校马克思主义研究院副院长、教授，中共江西省委党校习近平新时代中国特色社会主义思想研究中心、中国特色社会主要理论研究所特约研究员，主要从事区域经济、财税理论研究。主持完成省部级课题 10 项和多个横向课题，公开发表论文 50 余篇。

我国经济已由高速增长阶段转向高质量发展阶段，这是根据我国发展条件和发展阶段变化作出的重大判断，指明了新时代我国经济发展的基本特征。过去的几年，应该说我国宏观经济运行总体平衡，呈现出稳中有进、稳中向好的发展态势。经济增速平稳换挡，经济运行的稳定型和韧性在逐步增强；经济产业结构由工业主导向服务业主导转变，工业和服务业向中高端迈进；需求结构由依靠投资拉动经济的模式正向以消费拉动经济增长为主转变，消费对经济增长的贡献率持续提升；发展方式由外延向内涵转变，新动能持续壮大；发展目标由重视 GDP 转向更加重视民生事业发展和环境质量改善，更加关注经济的外部性。

展望 2018 年，我国经济有条件继续保持在中高增长平台平稳运行。然而，在高质量发展进程中，发展不平衡不充分问题凸显，结构调整和转型升级的任务仍然十分艰巨。因此着力建设适应高质量发展要求的现代化经济体系，坚定

不移贯彻新发展理念，加快建设适应现代化要求的产业体系和经济体制，是引导好经济发展的新趋势，是落实中央经济工作会议精神的具体要求，是全面建设现代化国家的基础。

以新发展理念引领现代化经济体系建设。把创新摆在首位，深入推进创新驱动发展战略、完善技术创新体系，加快建设创新型国家；补齐短板，创建区域发展新机制，实施区域协调发展战略；践行“绿水青山就是金山银山”的理念，实行绿色发展和生态文明建设共抓；把握“一带一路”建设新机遇，拓展对外贸易新空间，推动形成全面开放新格局新优势；坚持以人民为中心的发展思想，顺应人民对美好生活的新期盼，实现社会和谐共享发展。

建设协同发展的现代化产业体系。实体经济、科技创新、现代金融、人力资源协同发展的现代化产业体系是建设现代化经济体系的基础。聚焦实体经济，抓好先进制造业，主攻提高供给体系质量，积极推动互联网、大数据、人工智能和实体经济深度融合，调动好、配置好、协同好资本、资产、资金及人才等各种资源要素，充分发挥科技创新成果转化为现实生产力、支持产业发展的作用，协同促进实体经济和产业体系优质高效发展。

完善社会主义市场经济体制。市场机制有效、微观主体有活力、宏观调控有度的经济体制是建设现代化经济体系的制度保障。加快市场经济体制改革，使市场在资源配置中起决定性作业和更好发挥政府的作用，完善产权制度，实现产权有效激励、要素自由流动，进一步深化简政放权、优化服务改革，完善市场监管体制。加快国有企业改革，尊重企业的主体地位，完善各类国有资产管理体制，优化国有经济布局，推动国有资本做强做优做大，支持民营企业发展，激发各类市场主体的创造性和能动性。不断创新和完善宏观调控，发挥国家发展规划的战略导向作用，健全财政、货币、产业、区域等经济政策协调机制，增强金融服务实体经济能力，促进多层次资本市场健康发展。健全金融监管体系，守住不发生系统性金融风险的底线。

预期 2018 年我国经济稳定、金融安全

谭雅玲　中国外汇投资研究院院长

谭雅玲，1985 年进入中国银行从事国际金融研究至今，一直从事国际金融领域研究工作。原为中国银行国际金融研究所、中国银行全球金融市场部高级分析师，高级研究员；现为中国银行退休干部、高级研究员。

由于长期的研究市场经验、个人追求和社会需要，继续从事研究工作，现为中国外汇投资研究院院长兼首席经济学家、中国国际经济关系学会副会长、中国亚非发展交流协会常务理事、哈尔滨市政府经济顾问、商务部特约评论员、国家外汇管理局特约评论员、国家开发银行特约顾问、北京大学金融衍生品研修院特约研究员；同时为北京大学、清华大学、浙江大学、河北大学、中央财经大学、厦门大学、交通大学、中山大学、西南财经大学、国防大学防务学院兼职教授，中国黄金学会黄金分析师认证授课教授，为国内外知名专家学者。

预计 2018 年我国经济前低后高走势将会明显，其中受制汇率走势的滞后效应影响将会十分突出，2017 年汇率滞后的负效应将会十分严峻。毕竟刚刚因 2016 年人民币贬值的效应带来的我国外贸订单红利、份额红利、价格红利将面临全面反转的被动不利局面，这势必牵制我国经济前景。严重的问题在于当前我们似乎更多对这种认知准备不足，对形势的评判依然是套路方法、短期思路、自我乐观，甚至并没有仔细研究过国际环境的变化特性，尤其是与我国的相同与不同之处，进而在自我的分析论证上存在空白与欠缺。

第一，世界经济复苏加快，因此我国经济恢复利好与世界同步，并不必要过于强调我国增长的利好，或即将超越美国的导向。即使我国总量概念依然是世界老二，但人均差异较大，贫富差异、环保压力或将是我国经济应该特别重视的重心，尤其是金融风险压力对实体经济影响更值得关切。

第二，世界经济复苏以发达国家为主凸显，其中贸易恢复性更明显，甚至预计2018年国际贸易复苏速度或将与世界经济同步显现。相反因为汇率问题，我国贸易形势或将适得其反，必要的准备与判断并不准确或充分。但外贸第一驾马车的顺序是值得重视与合理理解的，不要颠三倒四把握马车经济的先后顺序，影响或干扰自己正常国情和经济规律的发展定力。

第三，世界经济复苏更突出发达国家宏观经济强化，微观金融收敛，货币政策调节更突出价值投资的有效与加强。反观我们的脱虚向实较为艰难，基础货币与货币乘数概念、循环、主次关系较为复杂且混乱，分业监管与混业产品的不适宜和超出规矩较为严峻，未来的金融风险不可掉以轻心，金融改革服务实体经济面临挑战。

预计2018年我国经济惯性的发展面临瓶颈，制造业、PPI、生产率水平将会有所波动，尤其要警惕向下态势。但是我国经济结构性调整已经取得初步成效，如何应对波折阶段对我国经济信心的考验很大。加之外部环境，尤其是美国针对我国的贸易制裁在上升，我们的企业、机构或者政策如何调整需要智慧和务实。

预计2018年我国金融结构性调整任务艰巨，供给侧改革的金融精准服务十分重要与必须。尤其是我国面临国际金融环境与政策与我国差异性走向十分明显，我们不仅需应付自己内部的主次关系梳理，更面临与外部衔接的路径与方法。特别是汇率风险值得关切，人民币升值之后的效应增加的是负担，甚至导致信心不足、外向阻力、国际挑战严峻。尤其是我们简单化货币升值推进人民币国际化的理念、方法与路径不妥，货币贬值显得十分急切和必须。更严峻的是美元贬值与人民币贬值会否同步的选择、应对以及对接更加复杂化、尖锐化和矛盾性。为此，2018我们需要应用价格周期规律、受制主导因素、国家资质差异、货币比较层次为自己的货币贬值留出空间和余地，进而以汇率保外贸、保企业、保实体是十分重要的。

预计2018年我国对外经济金融贸易关系更加复杂、纠结，矛盾面的压力十分巨大，未来的对策方法直接涉及利润、收益和发展信心。我们必须脚踏实地做足国内、本土市场要素配置，均衡、有效、合理发展是关键，按照经济规律与国情个性理性应对与面对是2018年的重点与核心。预期2018年我国经济稳定。

2018 年宏观经济将好于预期

滕　泰　万博新经济研究院院长

滕泰，著名经济学家，新供给主义经济学和软价值理论的创立者，万博新经济研究院院长，万博兄弟资产管理有限公司董事长，复旦大学、中国人民大学、中央财经大学兼职教授。

新供给主义经济学的创立者。2012 年发表《新供给主义宣言》，呼吁供给侧改革，2013 年提出完整的新供给经济学理论体系。著有《供给侧改革》《新供给主义经济学》等专著。

软价值理论的创立者，著有《软财富》《软价值》等著作。软价值理论首次系统地将量子理论引入经济学，揭示了知识产业、信息产业、文化娱乐产业、金融产业、其他服务业完全不同于牛顿物理世界的价值创造和价值实现规律，提出后工业时代家庭、企业、国家的软价值战略。

万博新经济研究院预测，2018 年的经济可能会好于一致预期。市场上的主流机构对于 2018 年中国经济增速的一些预测，最乐观的是中金公司 7%，悲观的是一些外资机构认为中国 GDP 的增速 2018 年只有 6.3%，大部分集中在 6.5% ~6.7% 的区间。从供给侧看中国经济周期：2018 年宏观经济将好于预期。

市场上的经济预测机构大体上有这几个角度来做预测：一是库存变化周期，二是金融收缩与扩张周期，三是设备投资周期，四是需求周期。以上这几种预测都隐含了一个经济学的前提假设，就是假设供给结构不变——他们从现有的出口结构去预测未来的出口，从现有的消费结构去预测未来的消费，从现有的投资结构去预测未来的投资，也就是说从需求到需求。

新供给主义经济学认为，需求是由供给创造的，基于现在的供给结构预测未来的需求，可能就会偏悲观。一个完整的新供给经济周期，大概分为四个阶段，起步是新供给形成阶段，然后是供给扩张阶段到供给成熟阶段，再到供给老化阶段。中国经济从 2002 年到 2007 年是一个典型的供给扩张阶段，在这个阶段，一个单位的有效供给能创造 N 倍的有效需求，所以经济蓬勃向上。2008 年到 2010 年左右处于供给成熟阶段，一个单位的有效供给还能够创造一个单位的有效需求。2011 年、2012 年以后，就处于一个老化的供给阶段，一个单位的有效供给只能创造 1/N 的有效需求。目前中国经济总体已经进入了一个新供给形成阶段。这个阶段供给创造需求的能力已经在逐步地复苏。

万博新经济研究院根据长期跟踪的 15 个软产业和软性制造业，构建了万博新供给指数。这个新供给指数是 2015 年、2016 年的时候占比还在 38% 左右，到 2017 年已经突破 40%。所以当看到老的供给，一些传统的制造业确实非常艰难的时候，并不能因此就对中国经济发出悲观的预测，因为还要看到一些新供给、新经济、新动能的占比在迅速地提升。万博新经济研究院的预测，到 2018 年中国经济当中新供给占比将提升到 41%，2019 年提高到 42%。这些行业未来三年同比的增速会达到 10.22%。

剔除掉这 15 个行业以后，其他的中国经济部分叫做老供给。老供给的占比 2017 年首次回落到 60% 以下，而且未来的三年里面增速会逐步回落到 5% 以下。

根据新老供给占比结构的变化以及各自的经济增速，万博新经济研究院预测 2018 年中国的 GDP 增速大致在 7% 左右，2019 年中国经济的 GDP 还会回到 7% 以上（见下表）。中国经济未来几年既有量的边际扩张，也有质的显著变化。

未来中国新供给占比预测

类　别	2017 年预测	2018 年预测	2019 年预测
新供给占比	40.23%	41.45%	42.69%
老供给占比	59.77%	58.55%	57.31%
经济增速	6.90%	7%左右	7%以上

防范经济风险是2018年经济发展关键

唐任伍　北京师范大学政府管理研究院院长

唐任伍，经济学博士，中共党员，教授，博士生导师。国务院特殊津贴获得者。现为北京师范大学二级教授，政府管理研究院院长，北京师范大学学位委员会委员、管理学分会主席，浙江师范大学经济与管理学院院长。曾先后担任北京师范大学经济学院副院长、管理学院院长、政府管理学院院长、北京师范大学珠海分校管理学院院长、北京邮电大学文法经济学院院长（兼任）等职。全国公共管理类专业教学指导委员会副主任委员、全国MPA教育指导委员会委员，中国经济思想史学会会长、中国企业管理研究会常务副理事长、北京市政治学与行政管理学会副会长、中国企业文化研究会常务理事、马克思主义理论研究和建设工程管理思想史首席专家，《改革》《北京师范大学学报》《首都经贸大学学报》等多家学术刊物编委，多所大学兼职教授，其他社会兼职10多项。承担过国家和省部级以上课题数十项，获得北京市、教育部、国家发展和改革委员会、文化部、人力资源和社会保障部等颁发的各类优秀成果奖20余项。2013年被人民日报社评选为2013年度十大思想人物。

“防范化解重大风险”是2018年中国经济发展中的命门和关键。因此，2018年必须抓住防范风险的重点、补齐风险产生的短板、增强化解风险的弱项，瞄准供给侧结构性改革的重心，真正实现经济发展由数量型向质量型的转变，才能保证2018年中国经济稳定、健康，实现中高速增长。

尽管2018年中国经济社会发展具有良好的支撑基础和许多有利条件，但

2018年经济发展仍然存在着一系列导致风险产生的因素。从国内来看，中国经济发展仍然处在各种矛盾叠加期和经济结构转型期。原始创新的缺乏，使得中国的产品在世界上竞争力仍然不强；地方政府债务高企，随时引发地方政府债务危机的风险系数很大；货币的超发，不确定的货币危机和通货膨胀风险潜伏；金融领域监管中的“猫鼠一家”“宽松软”“灯下黑”“无照驾驶”以及众多非法集资金融乱象的风险隐患不可低估；房地产、股市泡沫的存在，全要素生产率的低下等隐形风险，随时都可能产生“蝴蝶效应”，发挥社会财富绞肉机和蒸发器作用。从国际上来看，西方唱衰中国经济的杂音甚嚣尘上；美国特朗普政府的减税政策，在“美国第一”的利益驱使下可能掀起的对中国贸易战；中国购买的美国国债隐藏的巨大风险等，都可能在2018年发酵，引发相应的经济风险。

针对2018年中国经济发展中隐含的这些风险，需要采取相应的化解对策。一是加大“结构性改革”的力度和速度，增强原始创新能力，提高经济发展质量，实现要素扩张向“创新驱动”和“消费拉动”的经济增长模式转型。二是加大金融监管力度，尤其是加大对高杠杆、高虚拟金融的监管，有效构筑起资本流失防火墙，保障金融安全。三是降低企业税负和个人所得税，大幅度减少行政审批，改善营商环境，提升企业的竞争力和中产阶级的获得感，增强居民对未来的信心。四是及时调整房地产的调控政策，在提高公租房、低收入群体的保障房供给能力的同时，避免房地产市场的大起大落，尤其是避免一线城市、中心城市的商品房市场大幅回落，以防止房地产市场的风险发生。五是控制货币总量，化解地方债务，加大对民生领域的投入和实体经济的支持，防止系统性通货膨胀的发生。

通过上述措施和手段，化解各种有形和潜在的风险，2018年经济增速有望保持在6.8%～7%之间，CPI控制在4%以内，新增就业岗位1000万个以上，物价基本稳定，人民实质性收入增长7%，国民经济发展实现良性运行。

创新发展面临重要机遇期

田杰棠　国务院发展研究中心创新发展研究部副部长、研究员

田杰棠，1998年7月，毕业于清华大学电子工程系，同年8月参加工作，就职于原信息产业部第五十四研究所。2003年7月，毕业于中央财经大学经济管理系，获硕士研究生学位，后就职于国务院发展研究中心技术经济研究部。2008年任研究室副主任，2011年任研究室主任。2013年毕业于中国社会科学院工业经济系，获博士研究生学位。2015年起任技术经济研究部（2017年更名为创新发展研究部）副部长。2016年被评为研究员。

研究领域：创新政策、科技体制、高技术产业发展、信息技术与经济增长等。

学术兼职：中国技术经济学会副秘书长、《技术经济》编委、国家“互联网+”行动专家委委员等。

代表著作：《制度·技术·产业——基于创新的视角》（独著，经济科学出版社，2012年版）、《中国云计算应用的经济效应与战略对策》（独著，中国发展出版社，2013年版）、《中国电子商务的发展趋势与政策创新》（合著，中国发展出版社，2014年版）、《哈佛访学札记》（独著，中国发展出版社，2017年版）、《互联网新兴业态规制研究》（合著，中国发展出版社，2017年版）。

党的十九大报告明确指出，我国经济已由高速增长阶段转向高质量发展阶段，社会主要矛盾已经转化为人民日益增长的美好生活需要和不平衡不充分的发展之间的矛盾。这两大里程碑式的判断对今后一段时期我国经济发展具有高屋建瓴的指导意义，也是研判经济走势的重要基石。2017年我国国内生产总值

（GDP）同比增长 6.9%，明显好于预期，也为我们下决心提升经济发展质量提供了良好基础。

中央经济工作会议确定，今后 3 年要重点抓好决胜全面建成小康社会的防范化解重大风险、精准脱贫、污染防治三大攻坚战，并明确提出要“要推进中国制造向中国创造转变，中国速度向中国质量转变，制造大国向制造强国转变”。这就意味着我国不再追求粗放式的增长，而是更加注重经济发展的质量效益。一言以蔽之，创新发展正面临前所未有的重要机遇期。

首先，市场环境正在向有利于激励创新的方向发展。曾几何时，房地产、金融、能源三大行业的利润率和投资收益率远远高于高技术产业，致力于创新的企业家面临非常高的机会成本，以至于很多企业将资金投向了虚拟经济。近几年来，随着合理整顿金融秩序和抑制房地产泡沫的等重大政策措施的实施，以及多种因素造成的能源价格走低，再加上简政放权改革的持续推进和“双创”的蓬勃发展，越来越多的企业意识到创新对长期健康发展的重要性，产生了研发和应用新技术的动力。其次，中央政府对基础研究和应用基础研究更加重视，布局了一批科学中心和大型科研设施，产生了许多重大突破性科研成果，未来可望为国家提升原始创新能力提供基础支撑，为企业创新活动提供更多的“公共产品”。再次，人工智能、大数据、生物基因、新一代数字通信等新技术方兴未艾，为创新创业和传统产业升级提供了前所未有的契机和无限可能性，谁能抓住这一次技术革命的机遇则必将成为中国创造的领头羊，否则就可能被时代淘汰。此外，随着国民经济统计体系的调整，研发支出中能获得收益和报酬的部分已经可以进入 GDP。我国 2017 年研发总支出约为 1.7 万亿元，其中大约能有 2/3 进入 GDP，这对各级政府支持创新有着较强的正向激励作用。

当然，机遇总是伴随着挑战。一个突出的挑战是如何形成崇尚创新的社会和文化氛围。一个善于创新的社会，应该是具有宽松开放氛围，鼓励好奇心和勇于探索精神的社会。要鼓励年轻人有梦想、敢于挑战、敢于创业，从政策制度设计上建立鼓励创新、宽容失败的良好环境。此外，无论是对企业还是国家而言，创新发展最需要的是笃定和持之以恒。从研发投入到获得持续回报，往往需要较长时间，而且还有一些风险和不确定性。总而言之，行百里者半九十，践行创新发展理念仍有很长的路要走。

改革与创新仍是 2018 年主旋律

王　健　对外经济贸易大学教授

王健，对外经济贸易大学教授、国际商务研究中心主任、APEC 跨境电子商务创新发展研究中心主任、博士生导师。APEC 电子商务工商联盟专家委员会主席、联合国亚太经社会无纸贸易专家、商务部电子商务专家委员会委员、中国国际贸易促进委员会专家委员会委员、国际商会数字经济委员会专家、成都市政府电子商务专家、山东电子商务促进会专家等。相关研究领域为国际贸易和电子商务，具体包括跨境电子商务理论与政策、电子商务模式与规则、电子商务立法与规范。代表中国政府参与联合国电子商务立法、APEC 有关无纸贸易电子商务的研究和讨论，也参与国内电子商务的立法规范、政策讨论和国际谈判。

主要研究领域包括：国际贸易实务、电子商务模式与规则、跨境电子商务政策与法律、国际商务谈判、期货市场等。

2017 年，既是中国经济低速调整发展的一年，也是中国经济全面转型开始的一年。2017 年，全球贸易投资呈非常缓慢的增长态势，全球市场经历了转型和调整，由新技术创新带来的产品和服务的变化层出不穷，人类开始步入新一轮的产业革命时代，也带来了新一轮的全球化发展。

2018 年，这一趋势更加明显，中国在这一轮的全球化中走到了世界前列。虽然从官方统计中看到的宏观经济增长数字不是很突出，而实际上，这一轮的经济增长已经突破了以往的增长模式。以往用供给与需求或者经济周期来解释经济增长的理论已经不能完全解释这一轮新的经济增长方式。全球市场结构变化正在引领全球分工方式变革。

这一轮全球化是以普惠贸易趋势为代表，全球中小微企业开始很容易参与到全球贸易中。这归咎于跨境电子商务平台的崛起，给全球贸易带来了更低的门槛，让全球贸易主体发生了深刻的变化，让中小微企业，甚至消费者直接参与全球贸易，买全球、卖全球成为现实。因此，未来一年的全球市场中，平台崛起而所起的作用会越来越突出。信息技术驱动的贸易是全球经济增长的新驱动力。在新的一年里，数字经济将成为经济增长新模式的代名词。

在这个发展趋势下，中国经济稳步调整，改革开放又到了新的阶段。如何深化改革，进一步推进开放是近期发展的最大挑战。

2018年，中国所倡议的“一带一路”建设会逐步影响到国内的产业调整和升级，会深化国内的供给侧改革，特别是通过促进进口来刺激国内产业转型升级，与此同时摒弃以往割裂国内国际两个市场的行政管理方式。用跨境电商作为主要创新抓手，统一国内与国外两个市场。这既为“一带一路”国家带来更多的贸易机会，也为中国跨境电商平台的全球布局，企业国际化拓展奠定发展的基础。全球品牌建设、智慧外贸已经开始引领外贸转型。

2018年，以信息技术创新引领的数字经济发展是不可忽视的力量，如人工智能、物联网、区块链、大数据等技术应用的不断改进和应用，会让生产效率与市场效率双提升。这些技术创新会不断带来新的商业模式的出现，也注定带来商业规则的变革。这些技术创新会带来中国新经济时代。

在此形势下，我们期待更进一步的深化改革，探讨社会治理方式的创新，为新经济创造良好宽松的发展环境。我们也期待进一步简政放权，调整财税政策，坚持为商业模式创新留有发展空间。机遇与挑战并存，中国经济转型时代的到来不仅给中国带来发展机遇，也为全世界经济增长带来新的动力。改革与创新仍然是新的一年的主旋律。

2018 年全球经济：持续复苏　风险仍存

王金照　国务院发展研究中心对外经济研究部副部长、研究员

王金照，2005 年 7 月至 2015 年 6 月在国务院发展研究中心产业经济研究部工作，历任助理研究员、副研究员，研究室副主任，研究室主任。其中 2009 年 10 月至 2010 年 10 月作为中组部、团中央第十批博士服务团成员，挂任贵州省黔东南州苗族侗族自治州州长助理、州政府党组成员。2015 年 6 月至今，任国务院发展研究中心对外经济研究部副部长。

研究领域涉及能源战略与政策，工业化与经济增长，产业政策。

主要学术论文：《新能源产业发展思路和政策建议》（《发展研究》2009 年 12 月）；《构建现代产业体系　新一轮西部大开发重中之重》（《中国发展观察》2010 年第 10 期）；《矫正行业利润失衡，促进实体经济发展》（《中国经济时报》2012 年 5 月）；《对我国工业化发展阶段的判断》（《中国发展观察》2012 年第 8 期）；《工业增加值率的国际比较与启示》（《经济纵横》2012 年第 8 期）。

主要著作：《典型国家工业化历程的比较与启示》，中国发展出版社，2010 年版。

2017 年全球经济在 2008 年国际金融危机后首次出现的大范围向好的局面，全球 3/4 的经济体实现增速提高，全年增速达 3.6%，成为 2010 年以来最大幅度的增长提速。2018 年全球经济仍然在持续复苏的轨道上，失业率下降，企业和家庭的资产负债逐步修复，带动消费持续回暖，生产性投资开始恢复；国际大宗商品价格处于高位，带动了发展中的经济企稳回升；欧洲和日本逐步走出

通缩，美国的通胀水平有所加速但仍然非常温和，货币政策正逐步回归常态，其过程总体上平稳有序，预计全球经济复苏有望进一步巩固。OECD 监测的占全球 GDP80% 的 45 个经济体在 2018～2019 年将保持增长，其他国际组织及著名商业研究机构也一再上调预测 2018 年的经济增长预测结果。

在全球同步增长、企业和投资者信心逐步恢复的同时，全球经济也存在诸多风险和不稳定因素值得密切关注。

一是生产率增长低迷、工资增长缓慢仍困扰发达经济体可持续发展，经济长期持续稳健增长的基础仍然不牢。

二是全球资产价格处于高位。在 2018 年 2 月初大跌以前，美国道琼斯指数与金融危机前最高点相比已上涨了 82%，美国的房价也超出金融危机前的高点；印度、巴西等发展中国家的股指处于历史高位。如果美联储缩表和持续加息导致刺破资产泡沫，将对金融市场和经济增长产生重大冲击。

三是受民粹主义和“逆全球化”思潮影响，国际贸易投资保护主义愈演愈烈。针对中国的局部性贸易和投资限制措施呈现明显增多势头。从美欧日在承认我市场经济地位上的不断设置障碍、对中国海外投资加大安审力度、以“对等开放”力压中国放宽市场准入、美国启动 301 调查等现实情况看，未来中国可能会面临更复杂多变的国际经贸关系和新招频出的贸易投资壁垒。

四是大国角力竞争思维强化。特朗普在《国家安全战略报告》中将中国和俄罗斯作为战略竞争对手，且连续退出国际协定或共同行动，导致多边治理机制权威性和有效性持续下降。

五是政治格局纷乱。中东旧乱未平、新乱又起；朝核紧张局势暂时缓解，一旦矛盾再次激化将蕴藏更大风险；地缘政治经济形势进一步复杂，如果引发局部冲突甚至战争，将带来国际金融、能源等市场动荡，对世界经济复苏产生重大冲击。多重风险因素叠加，世界经济持续稳定复苏的长期前景和我国外部环境仍存在不确定性。

得益于世界经济增长复苏带来外需回暖，加上国内各项改革举措效果继续显现，2017 年我国货物进出口总值（海关统计按人民币计）比 2016 年增长 14.2%，扭转了连续两年负增长的局面。跨境投资也有所改善，利用外资规模止跌回稳，结构优化，高新技术产业和服务业吸收外资快速增长，中西部地区吸收外资增速领跑全国；非理性对外直接投资得到有效遏制，同“一带一路”沿线国家投资与产能合作稳步推进、增长较快。

展望 2018 年，扩大对外开放仍是中国深化改革与转型发展的重要推动力，加强互利合作也是我国整合全球资源、向价值链高端攀升，实现高质量发展的重要手段。既要密切关注全球经济的走势、积极推动全球化和“一带一路”等新型区域合作，携手各方共同构建开放型世界经济，为我国经济发展营造良好的外部环境；也要对标高标准国际经贸规则，以开放促进改革，加快监管模式和管理体制的改革创新，培育国际贸易投资竞争新优势；同时，要加强国际宏观协调与合作、防范和应对全球性风险发生和蔓延。

中国经济已站在高质量增长新周期起点

王晋斌　中国人民大学经济学院副院长、教授

王晋斌，1999 年毕业于中国人民大学，获经济学博士学位。现任中国人民大学经济学院副院长、教授、博士生导师。研究领域：资本市场和开放宏观经济学。在《经济研究》《世界经济》等国内期刊发表论文数十篇。2007 年入选教育部"新世纪人才"；2009 年获"宝刚优秀教师奖"；2015 年获教育部第 7 届高校科研论文三等奖；2017 年受聘中国人民大学"杰出学者"。中组部司局级干部培训大讲堂教员。

2018 年中国宏观经济将在 2017 年供给侧结构性改革取得较好成效的路径上继续前行，总体上呈现出比较平稳的态势。经济增速维持在 6.5% ~7.0% 的区间，物价处于温和的通胀状态，城镇登记失业率继续保持在相对低位。

2018 年随着外部经济环境进一步好转和"一带一路"的持续推进，对外贸易将呈现出良好的增长势头，但美国"逆全球化"的贸易政策会导致国际贸易摩擦升级，这给对外贸易带来一定的不确定性。随着 OPEC 的减产和全球经济进入弱复苏阶段带来的需求增加，国际大宗商品价格，尤其是原油价格将处于 60 ~ 80 美元/桶的运行区间，脱离 60 美元/桶以下的低位运行区间，这会推动全球大宗商品成本的上升。

2018 年国内投资将难有大幅度的增长。"贸易 – 投资"联动机制会提升国内投资，但供给侧改革中的"去杠杆"以及抑制房地产泡沫会降低投资的力度。

且由于民间投资在短期中很难恢复到快速增长的态势，2018 年国内投资增速将维持在近年来的相对低位。

2018 年消费继续成为拉动国民经济增长的第一动力。城镇居民收入增速超过 GDP 增速、网购消费的刺激和居民对服务业需求的增长等因素为消费维持在 10% 左右的增速提供了比较扎实的基础。

2018 年进一步促进经济的高质量增长，要重点关注以下几点。

第一，继续推进供给侧改革。供给侧改革是获得经济高质量增长的基础。继续清理没有自生能力的“僵尸”企业，淘汰落后产能；加大新能源行业的发展，推进环境的持续改善。

第二，控金融风险。金融与实体经济分离的态势必须得到扭转。整治金融行业的“寻租”乱象是 2018 年金融工作的重点。在摸清地方政府债务存量的基础上，有序化解地方政府债务风险，宏观“去杠杆”必须有明显成效。

第三，大力发展高端制造业，推进新增长点。制造业是中国立足世界的本钱，发展高端制造是一个庞大的综合工程，需要在教育、研发上有更大的投入，并在税收体制上进行适合制造业发展的改革，尤其是降低增值税。

第四，采取切实措施，创造更好的有利于民间资本投资的营商环境。

第五，严防汇率风险，避免汇率“超调”。人民币必须维持相对稳定的态势。要时刻关注美联储的加息和美国的税制改革等因素带来的资本外流的外部拉动力，寻找对冲外部拉动力的因素，这要求国内资产市场必须维持“弱房市、温股市”的基本格局。

我们坚信随着供给侧改革的持续推进，新动能的培育，金融风险整治、化解和防范，中国经济已经站在高质量增长新周期的起点上，2018 年这一趋势会更加清晰。

2018 年应注重防范系统性风险

王　彤　中国城镇化促进会副主席

王彤，著名经济学家和战略学家，牛津大学博士后，国家发改委高级专家。现任中国社会经济调查研究中心主任，中国城镇化促进会副主席，中国发展研究院院长。2011～2017 年任中国绿色能源发展基金管理委员会主席。荣获国家发改委评选的 2015 年“中国绿色发展领军人物”、2016 年“发展中国十大年度人物”称号和中央电视台、新华社、中国国际教育电视台联合评选的“2016 年度中国最具影响力十大文化杰出人物”称号，长期从事国家宏观经济政策和国家战略研究。

2018 年，是中共十九大提出“新时代、新征程”后的第一年，中国经济的发展走势，成为世界关注的中心。

2017 年，中国 GDP 同比增长 6.9%，增速较 2016 年回升了 0.2 个百分点，七年来首次扭转下行的局面。然而，数字尚好、质量堪忧，整体局面并没有产生根本性的改变，影响经济走势的主要数据的曲线和影响大部分是向下的。

因此，对于 2018 年的中国经济，我们在保持谨慎乐观的同时，还应注意防范系统性风险。我们认为经济总体上下行压力不小，前景依然复杂多变，投资增速回落，生态环保压力较重，以及剔除无效 GDP，这些因素均将导致 2018 年中国的经济增长可能低于 2017 年，处于稳中有落的下行周期，有可能迎来二次探底，并在 L 型底部过程中呈现波动。

1. 2018 年，“减速增质”步入白热化阶段，做实、做优中国经济，对于下一步发展十分重要

2018 年的首要任务是通过跟踪研判各类风险并及时防范化解，做好金融、地方债和房地产市场风险防控。要积极采取措施促进形成金融和实体经济、金融和房地产、金融体系内部的良性循环，坚决打击违法违规金融活动，加强薄弱环节监管制度建设，保证金融体系稳定。要密切关注房地产市场泡沫、地方债务状况，做好重点领域风险防范和处置，死守不发生系统性风险的底线。

2. 2018 的重点工作是全面深化改革，推动中国经济实现高质量发展

一是通过供给侧结构性改革“降成本”和“补短板”。推动质量变革、效率变革、动力变革，大力培育新动能，培育一批具有创新能力的排头兵企业，积极推进军民融合深度发展。

二是进一步深化金融体制改革。金融风险尚未真正释放，结构调整还要真正做牢。加强金融监管协调、加快金融法治建设和完善金融市场体系是深化金融体制改革的三个重要支撑。要增强金融服务实体经济能力，防止金融“脱实向虚”，提高直接融资比重，尤其是加快普惠金融的发展。要优化投资结构，理清政商关系，进一步加大地方政府扶持民营企业的力度，加大对实体经济的支持，提升民营资本在配置社会资本中的关键作用。

三是推动深化财税体制改革。2018 年随着中央对地方政府债务的规范性监督力度进一步加强，必须厘清事权和支出责任，降低地方债务的风险，提升财政支持经济发展的效率。改革的根本在于建立符合中国经济发展的现代财政制度，增强地方和中央财政的执行效率，更好地发挥财政对投资的带动作用，促进民间投资发展，合理创新地方政府融资模式。同时根据国内外发展形势，进一步加大税费减免力度，夯实企业竞争优势，促进企业健康有序成长。

“纷繁世事多元应，击鼓催征稳驭舟。”严峻的形势，考量着我们各级领导的政治智慧和领导艺术，需要有极大的勇气和担当，需要有高超的辩证思维和恢宏的战略思维。要增强战略定力，创新底线思维，谨慎判断，谋定后动，既抓住重点又统筹兼顾，既立足当前又放眼长远，既熟悉国情又把握世情，真正把“平衡点”找好，把“着力点”找对，把“结合点”找准，真正拿出集聚基层创造和群众智慧，接“地气”的顶层设计，并辅之以可按图索骥、具体操作的实施方案，从最坏处做准备，努力争取最好结果，真正能做到“多元应”和“稳驭舟”。

2018 年宏观经济将继续保持平稳增长态势

王小广　国家行政学院决策咨询部副主任、研究员

王小广，现任国家行政学院决策咨询部副主任，研究员，博士生导师。

1995 年于中国社会科学院研究生院获经济学博士学位，同年就职于国家发改委经济研究所。2001～2007 年任经济形势研究室主任，2008～2009 年任发展战略与规划研究室主任。2009 年调入国家行政学院。

长期从事宏观经济形势分析及经济发展战略研究。研究领域涉及宏观经济预测、房地产、汽车、区域经济和城市发展等五大方面。2000～2008 年连续 9 年主持国家发改委宏观经济研究院重点课题《国内宏观经济形势跟踪、预测与对策研究》。

在宏观经济趋势分析上探索出一套独特的分析方法，并多次准确预测中国宏观经济的“拐点”变化。2003 年初提出房地产“泡沫论”，在社会上产生了相当大的反响。是“实施中部崛起战略”“实施双稳健政策”“黄金周改革”等的最早建言者。于 2009 年第一次发出我国可能陷入“中等收入陷阱”的警告，并提出通过发展模式调整来避免中国经济陷入“中等收入陷阱”的新思想。对我国经济周期和发展阶段有独到的见解，发现中国经济存在一种 30 年长期周期现象和 10 年中期周期的“38”定律（即中国经济逢 3 的年份上升、逢 8 的年份调整）。在城市发展规划上主张以“节约土地、节约投资、节约交通流”为主要规划原则，大力发展紧凑型城市。

2018 年我国宏观经济发展受到多重因素的有力支撑，将继续保持平稳增长态势。首先，2017 年的经济止跌企稳、稳中向好为 2018 年继续保持平稳增长创

造了十分有利的条件。年度经济增速自 2011 年持续下行以来出现首次回升，特别是工业增长的企稳回升以及 PPI 的回升，对宏观经济与微观经济都提供了重要支撑。其次，“脱实向虚”开始转为“脱虚向实”，将使我国经济稳中向好的基础更加巩固。三是十九大报告提出的打好“三大攻坚战”，有利于经济结构的优化，并能明显提高发展的整体性和协调性。四是国际经济继续保持温和复苏态势，也有利于金融市场和物价的稳定。

当前经济回升仅是短期周期性的回升，回升空间有限，不会出现一些人期待的 U 型或 V 型走势。主要是因为：新旧动能转换仍在进行中，远未完成。一方面，新增长动能尽管成长较快，但所占体量较小，难以推进经济在现阶段加速前行；另一方面，传统动能调整从增长速度看似已到位，但内在结构性矛盾和深层次的体制矛盾远未解决，旧动能的升级改造仍需要较长时间。

2018 年经济增长不仅不会加速，相反则可能会有所调整，预计 GDP 增长 6.5% 左右。主要理由是：一是仍存在需要调整的重要因素，那就是房地产。二是 2018 年出口增长可能出现较明显的调整。三是预计 2018 年 PPI 增幅将回落到 3% ~4%，这对微观经济会产生较明显的影响。

2018 年是贯彻落实十九大精神的开局之年，也是推进高质量发展的“起始”之年。推进高质量发展，要重点抓好以下四个方面的工作。

第一，要促改革、调结构，加快推进新旧动能转换，形成推进高质量发展的新动能。一方面，要继续深入推进行政体制改革，进一步简政放权、深化“放管服”改革，理顺政府与市场的关系，激发市场活力。另一方面，在继续推进“三去一降一补”的同时，着力推进要素资源配置市场化改革，促进电力结构、能源结构和运输结构的优化升级。

第二，全面落实“五大发展理念”，重点提高发展的创新性和协调性。一方面，要把优化产业结构、提高创新能力作为推进高质量发展的重要抓手。另一方面，要着力“被短板”，打好三大攻坚战，提高发展的整体性和协调性。

第三，深化税收体制改革，建立公平合理的税收制度。本人以为，要把改革地方税收体制作为新一轮改革的突破口。地方税改革的大方向是降低间接税比重，提高直接税的比重，税收结构从侧重于企业端向个体端即需求端转变。一方面要清理各种不合理不规范的税收优惠政策；另一方面，要通过征收财产税、遗产税等来调节收入差距，尽可能减少存量资本占有对新增分配的不公平问题。

第四，对房地产调控要保持定力，坚决抑制房地产泡沫，重在构建房地产健康稳定发展的长效机制。对房地产市场的调整，不能再次出现“半途而废”的情况，要坚持到底，保持定力。从房地产调控政策的完善来讲，现在急需用房地产的长效机制（征收房地产税等）来替换目前行政色彩过浓的强调控措施，否则将会再次出现一放就“爆涨”的局面，必须通过长效机制的设计实施来打破房价不断上涨的预期。

2018 年制造业将出现加快发展、协同发展态势

王晓明　国务院发展研究中心产业经济研究部第一研究室主任、研究员

王晓明，国务院发展研究中心产业经济研究部第一研究室主任，研究员。1995 年获得黑龙江大学化学专业学士学位，2000 年获得清华大学 MBA 学位，2010 年获得中国人民大学经济学博士学位。2000 ~2006 年先后在国务院发展研究中心信息中心和办公厅工作，主要从事交通、环保、医疗、住房等公共领域的研究。2006 年开始在国务院发展研究中心产业经济研究部工作，主要从事制造业、能源、交通、城市化等领域的研究工作。2009 年主要研究传统产业转型升级、战略型新兴产业发展、区域产业发展。2013 年开始研究第三次工业革命对传统产业的影响、中国制造强国战略、中国能源发展战略。2015 年重点研究工业互联网与智能制造、能源互联网与能源革命、智能网联汽车与智能交通。

2018 年是十九大的开局之年，是政府换届的迎新之年。党的十九大报告提出，“深化供给侧结构性改革”“把提高供给体系质量作为主攻方向”，同时提出要“加快发展先进制造业”“培育新增长点、形成新动能”，我国制造业将出现加快发展、协同发展的态势。

一是智能化装备和互联网平台加速发展。随着《中国制造 2025》战略的实施和产业数字化转型的推进，数字化、智能化装备和高端信息产品将成为新增长点。工业机器人、新能源汽车和服务器继续保持高速增长的同时，智

能网联汽车将取得突破性发展，物联网、大数据、云计算和人工智能将在制造业的应用领域将得到进一步拓展，行业和地区性工业互联网和车联网平台将加快发展。

二是新模式、新业态进一步涌现。在消费升级的引领下，以“互联网+”为核心特征的消费新业态创新活跃，高科技小型无人便利店快速扩张，生态型的服务型机器人、智能家居、智能电视、智能音响、智能安防等新型数字家庭产品将蓬勃发展，面向产品全生命周期管理的服务型制造和融资租赁将成为新的创新热点。

三是区域产业发展进一步分化。北京、上海、合肥等地随着科创中心的建设步伐加快，以基础研究支撑产业升级的模式初步建立；市场主体活力强、创新创业动力强、金融和人才要素支撑能力强的地区，如深圳、杭州、重庆等地的制造业发展形势明显好于其他地区；借助新一代信息技术的武汉、成都、贵州等地区的产业转型升级也进入良性发展阶段。

2018 年是制造业新旧动能转换的关键一年，如何在行业、业态、区域和增长动力分化的发展态势下加快结构调整，推动制造业转型升级是十九大开局之年的主要任务。建议政策的着力点聚焦在降低企业成本、改善企业效益、促进新兴产业发展等三个方面，在稳定工业保持合理增速的同时，为推动高质量发展创造更多有利条件。

一是深化改革，提高资源配置效率，加大竞争性领域国有企业改革力度、支持民营企业发展、加大产权保护，提高有效供给、推动科技创新、降低企业运转成本。

二是加大对制造业的资金支持力度，发挥政府引导基金、产业投资基金对制造业投资的引导作用，加大智能制造、企业数字化转型方面的资金支持。

三是促进新兴产业有序发展。在高端装备制造、新一代网络和信息技术、智能网联汽车、新材料等领域攻克一批重点技术、培育一批重点企业、形成一套完善的商业运作模式。

四是提高技术改造投资比重。重点支持工业转型升级重点领域、关键环节的技术改造。为增强制造业核心竞争力，组建一批地区级制造业创新中心和产业共性技术促进心，为企业提供基础研究和竞争前技术支撑。

重启房改及加快科技进步至关重要

王尧基　复旦大学证券研究所副所长

王尧基，经济学博士，金融学博士后，现为复旦大学证券研究所副所长、中央电视台财经指数专家委员会委员、《中国新闻周刊》专栏作家、《董事会》杂志特约研究员，主要从事金融市场、宏观经济等方面的研究工作，也经常在媒体上发表评论或观点为中国的经济改革和发展建言献策。

展望2018年，在面临美国大幅降税及大力发展实体经济等外部冲击的背景下，若要推动中国经济的高质量发展，我们必须深化供给侧改革。而要深化改革应先抓主要矛盾。当关乎全局的住房问题以及科技进步推动经济发展的作用都空前凸显的时候，我国重启房改及加快科技进步就显得至关重要。

众所周知，住房制度关乎千家万户，“牵一发而动全身”。上次房改以来，我国居民的居住状况有了很大改善。但随着房价的一路走高，我国主要城市房价收入比远超国际水平，住房制度的弊端凸显：居民家庭的资产过度集中于房产，使高房价蕴含着很大的金融风险；高房价大大抬高了用工成本，使得制造业等诸多行业的利润越来越薄；房价的畸形上涨，使住房消费严重挤压了其他消费，且拉大了贫富差距、降低了平均消费倾向；高房价使得人们婚育及创业的经济压力剧增、理想“萎缩”，也使有些多套住房拥有者蜕变成不思进取的“食利者”。因此，要真正使住房回归居住属性，并彻底走出“涨价－调控－再涨价－再调控”的怪圈，就有必要重启房改。新的房改举措应充分体现“房子是用来住的、不是用来炒的”这一定位，通过推行住房产权形式多样化、土地供应主体多元化等策略大幅减轻刚需购房压力，并推出房产税等严格限制投资房，且地方政府须充分发挥在住房方面的保障作用。此外，应把房改成效列为对各地政府的重要考核指标。

如今，我国经济已由高速增长阶段转向高质量发展阶段，而高质量发展在很大程度上要靠科技创新，科技的“第一生产力”作用比以往任何时候都显得更加重要。近年来，在国民经济发展壮大的基础上，我国科技创新取得了较大进展。特别是在一些尖端科技及高端装备领域取得重大突破之后，我国科技工作者的自信心空前增强，这也意味着我们终于迎来了加快科技进步的历史机遇期。同时，我国有独立自主的科技体系、完备的工业体系以及巨大市场，特别是主要消费群体文化素质的不断提升等，都为我国加快科技进步创造了必要条件。应当看到，虽然近年我国的科研投入持续增长，但我国科技工作者的待遇仍相对偏低、“过劳”现象大量存在，知识产权保护力度仍很不够。特别是近年在蓝领用工成本大幅提高的情况下，科技工作者的收入增长明显滞后，收入分配中“脑体倒挂”问题更加突出。这些因素还在相当程度上制约着我国科技创新的步伐。因此，我们应深化科技体制改革，在进一步加大科研投入力度、大力加强知识产权保护的同时，还应通过提高科研人员的薪酬水平来充分调动其积极性和创造性。

应该继续维持中国经济必要增长速度

王　勇　北京大学新结构经济学研究院副院长

王勇，北京大学新结构经济学研究院副院长（主管学术）、经济学副教授、博导。复旦大学世界经济系学士，北京大学中国经济研究中心硕士，芝加哥大学经济系博士，师从 Myerson、Becker、Hansen、Lucas 4 位诺贝尔奖得主。曾任教于香港科技大学经济系。2010～2011 年担任世界银行常驻研究员，并于 2008～2012 年间担任世界银行的咨询专家。研究领域为经济增长、宏观发展与贸易、中国与印度经济等。最近研究包括结构转型、产业升级与产业政策、中等收入陷阱、内生性宏观政策、中美贸易与汇率。在 *Journal of Development Economics*、*Journal of Monetary Economics* 等国内外学术期刊发表论文十余篇。担任 *China Economic Review* 特约编辑。应邀在国际货币基金组织、世界银行、美国国务院、美国财政部、美国国际贸易委员会、美联储、亚洲开发银行与韩国金融研究所等政策机构介绍自己的研究和政策建议。承担中财办等机构委托的多部政策研究课题。著有《产业政策：反思与展望》《新结构经济学思与辩》《新结构经济学》等书。

从 2007～2008 年国际金融危机开始，大家对中国的经济增速的预期就普遍性地开始下调。现在有不少人担心中国经济增长率会断崖式硬着陆，甚至会出现经济、金融、社会危机。依我之见，在“十三五”的未来 5 年，如果平均增速维持在 5% 以上，中国就依然可以在维持社会比较稳定的情况下调整经济结构并且有财力进行各项改革。目前中国股市占金融市场总融资的比例尚小，所以，股市震荡的影响虽大但是相对有限；城市化远未完成从而一线城市的房价在近几年内大幅下跌的可能性不大；给定商业银行当中的国有银行所占比例很高，而国有银行会得到央行与政府的全力支持和担保，所以，发生大规模银行挤兑的金融危机的概率也很低；现在资本账户的开放程度依旧有限，离人民币完全自由可兑换还有相当差距，所以发生像当年拉美国家所经历的大规模资本外逃导致经济危机的条件也不具备。所以，本人对2018年中国宏观经济的基本面与未来五年经济走势的判断总体上保持谨慎乐观，认为断崖式下跌的概率较小。

我之所以没有那么悲观，原因恰恰就是我国有太多的政策和制度的技术性改善和提升增长的空间。全要素生产率、投资的效率都还太低。客观上，中国在很多产业的技术上依旧大幅落后于发达国家，所以产业升级和结构转型的潜力巨大。而且政府目前掌握的资源依旧非常大，对经济的操控力远高于很多发达与发展中国家的政府，在未来五年里依然是有利于其通过政策改革和宏观调控防控住系统性风险的。

诚然，中国当前产能过剩，投资回报率低下，总体负债比例很高，所以有不少经济学家认为造成这种局面的原因是由于政府制定了过高的经济增长率的目标。的确，如果目标设得过高，容易导致政府揠苗助长，各级政府盲目追加扩大各种投资，导致杠杆率过高的风险。但另一方面，我们也需要考虑可替代的地方各级政府考核目标的调整问题，使得各种结构性改革真的得到执行和有效推进。单纯降低增长率目标而不做其他调整，官员的压力小了，但市场化改革的动力并没有必然变大，市场化改革的阻力也没有必然变小。

有论者呼吁中国应该完全放弃增长率目标的设定，甚至认为即便是低增长率也无所谓。本人非常反对这种观点。低增长率的背后将意味着很多问题如高失业率，社会福利投入的减少，等等。我们不能因为太习惯于高增长率，就忘却了它的好处并幻想它很容易达到，招之即来，挥之即去。不同于发达国家的常态，对于人均收入只有8000美元左右的中国来说，如若两年内GDP增速就降到3.5%以下，我觉得各项民生改革就会停滞，社会就会不稳定，因为不只是实际速度本身，对未来的负面预期也会发生很大的作用。从政治经济学的角度，政府如果公开宣布放弃6.5%的增长目标，往下调低，那不仅有损政府之前所做承诺的信誉，还将进一步放大国内外市场对于中国经济前景的悲观预期，从而进一步降低投资与消费信心，使得实际的增长率比现在还要低。

理论上，能倒逼改革的，既可以是经济、社会危机，也可以是各级官员为实现某个（较高）增长率目标的政治压力。要实现长期可持续增长，某些改革就是必需的，特别是要素市场的改革与上游国企改革。现实中究竟是什么阻碍了市场化改革的倒逼机制的发挥？本人并不认为罪魁祸首是目标增长率制定得过高。

最后，我想通过分析说明，我国2008年以来的经济增长速度放缓的主要原因是外部周期性负向需求冲击，而不是由于内部体制性原因推高供给成本导致。理由如下：如果主因是外部周期负向需求冲击，则根据宏观经济学模型，产量与价格都应该降低，是同向变化。但如果主因是内部供给侧体制原因，那么产量下降但是价格上升，两者做反向变化。这两个不同机制哪一个更符合现实，我们需要看数据。

下图是两个价格指数的时间序列图，灰线是PPI，即上游的工业品生产价格指数，黑线是CPI，是下游消费品的价格指数。2007年美国次贷危机逐渐演变为2008年国际金融危机，我们看到价格指数急剧往下走，变成负增长，所以应该是需求下降导致更加符合现实中的数据。

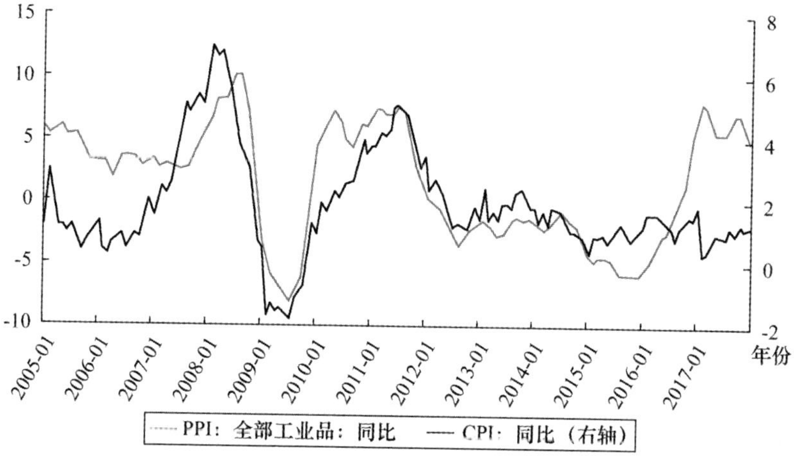

中国的 **PPI** 和 **CPI** 价格指数变动

处理好金融强监管和经济稳增长的关系

温　彬　中国民生银行首席研究员

温彬，中国民生银行首席研究员，中央财经大学、对外经贸大学兼职教授和研究生导师。主要研究方向：宏观经济、国际金融、银行管理。曾任中国银行宏观经济研究主管、战略管理主管、《国际金融研究》杂志常务副主编、《国际金融》杂志副主编。已在《世界经济》《金融研究》《国际经济评论》《财贸经济》《国际金融研究》等核心期刊，以及《金融时报》《中国证券报》《第一财经日报》等主流财经媒体发表论文多篇，并出版专著《发展中国家贸易自由化》《个人金融实务》等。

2017 年我国 GDP 增速达到 6.9%，实现了自 2010 年以来首次回升，超出市场预期。预计 2018 年 GDP 增速回落至 6.6% 左右，仍将运行在合理区间。

从外部来看，美、欧、日及新兴市场经济体同步复苏，全球经济增长趋势日渐明朗，国际贸易形势整体向好，我国外需相对稳定。

从内部看，随着我国人均 GDP 超过 9000 美元，我国社会主要矛盾已经转化为人民日益增长的美好生活需要和不平衡不充分发展之间的矛盾，居民收入增长带动消费需求转型升级，消费对经济增长的基础性作用将进一步增强。同时，加强地方政府债务管理和房地产市场调控将导致基础设施建设和房地产投资增速进一步放缓，不过供给侧结构性改革推动产能出清，新一轮“朱格拉周期”或将启动，制造业投资增长有望改善，投资仍将在稳增长中发挥关键性作用。

2017 年以来，为了防止资金脱实向虚、守住不发生系统性风险的底线，金融监管力度加大，金融领域去杠杆成效显现，银行同业资产和负债自2010年以来首次收缩。在金融严监管的背景下，金融领域的治理整顿或将在一定程度上对实体部门融资需求以及融资成本带来影响，进而对经济增长带来压力，需要处理好金融强监管和经济稳增长之间的关系。

首先，坚持货币政策稳健中性。这不仅与当前经济发展趋势相适应，同时也是深化供给侧结构性改革、使宏观杠杆率得到有效控制的客观要求。稳健中性就是要求货币政策根据内外经济金融环境变化做到“量要适度、价要合理”。自2016年第二季度以来，央行主要通过“逆回购+MLF”组合满足流动性需要，却提高了金融机构获得流动性的成本。2018年1月针对普惠金融实施了定向降准，但对处于高位的法定存款准备金率而言，仍需要适时采取全面降准，这样既可以稳定银行间市场流动性水平，也有利于防止债券和信贷市场利率过快上升。

其次，保持人民币汇率基本稳定。2017年受中国经济稳中向好、引入“逆周期因子”、美元指数走势疲软、中美利差扩大等因素影响，人民币兑美元汇率升值6.74%。2018年以来，人民币对美元继续保持升值态势，银行结售汇和外汇占款状况有望继续改善，有助于引导市场利率下行。截至2018年2月11日，中国10年期国债收益率为3.88%，回落至2018年初水平。相反美国10年期国债收益率为2.85%，较年初上涨42个bp，中、美无风险收益率利差从年初的148个bp收窄至103个bp。

再次，化解表外融资压力。截至2017年末，社会融资规模中委托贷款、信托贷款、未贴现银行承兑汇票三项表外融资余额为26.94万亿元，占社会融资规模的15.4%。近期，监管部门规范银信合作、委托贷款等业务，着力去杠杆、去通道、去非标，一些行业和企业的融资压力上升。建议保持新增信贷的适度增长，满足表外融资回表需求；并增加股票和债券发行，引导表外融资转向直接融资。

2018 年中国经济将继续平稳增长、稳中求进

夏汛鸽　中国民营经济研究会专职研究员

夏汛鸽，先后获武汉大学经济学学士学位、联邦德国施佩耳尔国家行政管理学院行政管理学硕士学位、中国社会科学院欧洲系法学博士学位。曾任知识青年队队长、大队党支部副书记，国营造船厂板金工人、厂部办公室秘书，湖北省计划委员会干部处科长、管理干部学院培训处处长及副研究员。中国（海南）改革发展研究院国际合作部部长，综合开发研究院（深圳）国际联络部部长、北京办事处主任、特邀研究员。联邦德国经济合作发展部技术合作公司北京项目咨询顾问。现任中国民营经济研究会专职研究员。著有《德国东部经济形势及企业的适应性进步》《推倒柏林墙之后：德国东部经济重建》《关注非确定性：经济学消息的启示》《马洪同志晚年学术思想与实践》《探析共同富裕：川陕甘冀渝调研》《践行非歧视原则：中小微企业调研》《历史考验国家智慧》《生态市场经济：德国为例》《要参集》等十余部著作。

2018 年中国经济将继续保持平稳增长、稳中求进的大趋势。这主要是因为，2017 年中国经济稳的基础继续得到巩固，进的成效继续得以显现；多项重要宏观经济数据均证实，中国经济稳中向好、普遍好于预期，活力、动力及潜力不断持续释放。

但是，由此做出中国经济宏观形势已经根本好转，中国经济持续下行趋势得到根本扭转的结论是错误而有害的。

其一，中国经济转型实践证明，关注非确定性因素，是观察中国经济大趋势应具备的审慎学术立场和重要理性思辨。

其二，非确定性因素的重要内涵，目前至少包括金融债务风险、产业结构风险、经济社会风险等诸多方面。为实现 2018 年中国经济稳中求进的宏观目标，应当在关注非确定性因素、抑制风险性倾向、保持稳定性趋势之间，努力寻求合理的综合解答。

例如，2018 年中国经济增速区间预测，可能 6.0% ~6.5% 为宜；进而为适应中国经济进入高质量发展阶段，国民经济增速未来 3 ~5 年内稳定在 5.0% ~6.0% 可能为好。2018 年中国经济增长动力将主要来自改革、激发各类市场主体活力和生态文明建设等选项，因而深化国企改革、金融监管体制改革和社会保障制度改革进展如何，或将成为能否真正实现我国经济高质量发展之关键所在。

从长周期的视角考量，中国经济进入高质量发展的社会阶段，或许实际上从 1978 年中国实践“改革开放”伟大历史征程时业已开始。党的十九大对我国经济发展做出由高速增长阶段转向高质量发展阶段，正处在转变发展方式、优化经济结构、转换增长动力攻关期的重大判断，其本质内涵已经深化拓展了当代中国经济长周期的时空范畴与理性边界。

因此，讨论推动“中国经济高质量发展”这一重要命题，可能既需要对中国改革开放 40 周年的辩证回顾，进而更需要对包括 2018 年在内今后三年中国经济如何高质量发展的理性推断。笔者以为，如何重点抓好决胜全面建成小康社会的防范化解重大风险、精准脱贫、污染防治三大攻坚战，事关中国经济如何更高质量地发展。

其一，应当在“三大攻坚战”中充分发挥市场主体的决定性作用和更好发挥政府的引领作用，不应把攻坚战误解为只是政府发力的单边行动。

其二，应当在“三大攻坚战”中充分利用市场机制正确引导国有控股中央企业和大中型民营企业共同发力，不应让攻坚战误导出缺乏科学定义的任何“国进民退”式臆断。

其三，应当在“三大攻坚战”中充分倡导始终坚持依法治国重要方略，不应使攻坚战误入法外之地。

可以认为，“三大攻坚战”将更加丰富中国现代化经济体系建设的重大实践，为中国经济高质量发展奠定更加坚实的制度供给基础。

2018 年：把提高供给体系质量作为主攻方向

许正中　国家行政学院经济学教研部教授

许正中，国家行政学院二级岗教授，财政学学科带头人，博士生导师，经济学博士、博士后。现任国家行政学院经济学教研部教授。

研究领域：宏观经济与财政政策、区域经济与区域发展战略、管理学与管理模式创新。

科研成果：主持完成 4 项国家自然科学基金项目、2 项国家社会科学基金项目、6 项国家软科学研究计划项目、5 项世界银行课题、3 项联合国课题，参与多项党中央、国务院交办的重大科研咨询项目。出版《绩效预算与构建有序社会》《走向创业型经济》《中国现代职业教育理论体系研究》《跨越：中国经济战略转型》等 30 多部学术专著，在国内外重要期刊发表论文 180 多篇。2009 年、2011 年获得国家行政学院首届和第二届优秀科研咨询成果奖。2013 年获得国家行政学院第三届优秀科研咨询成果奖一等奖（教材类）。

所获荣誉：2008 年享受国务院政府特殊津贴，2009 年入选“新世纪百千万人才工程计划”，2007 年、2011 年两本专著荣获“三个一百”原创图书工程奖，2012 年荣获第三届黄炎培优秀理论研究奖。

2018 年有望成为国际金融危机以来全球经济满负荷或接近满负荷运转的元年。促进优质教育和医疗改革，以及改善基础设施服务，可以显著提振潜在增长率。贸易限制的升级和地缘政治紧张局势加剧都有可能影响信心和经济活动。几个大型经济体也有可能实现高于预期的增长，进一步推动全球经济向好。中国在全球经济中的作用同时在中国力量、中国方案、中国榜样、中国动力、中国风范五个方面发力，构建共商共建共享的全球治理新体系。

把提高供给体系质量作为主攻方向，显著增强中国经济质量优势。补好公共服务与消费服务均在供给数量和质量不足的短板。对于城镇居民而言，退休工资逐年提高、棚改、旧改都是缩小收入差距的政策手段。而对于农村居民而言，乡村振兴战略以及精准扶贫是提高农村居民收入水平的关键。

唤醒沉睡资产减少地方政府负债，目前由于资产信息缺失造成了中国政府资产家底不清、闲置浪费、效率低下、碎片化管理，有巨大的资产处于“沉睡”状态，提高政府资产使用的效能来减少负债将是2018年的工作重点之一。然而，个别地方政府继续通过融资平台公司、PPP、政府投资基金、政府购买服务等方式违法违规或变相举债，风险不容忽视。“谁家的孩子谁抱”，坚决打消地方政府认为中央政府会“买单”的“幻觉”，坚决打消金融机构认为政府会兜底的“幻觉”。对继续违法违规的，发现一起、查处一起、问责一起，终身问责、倒查责任。

智慧商业模式成商业蓝海，推动数字经济发展，云计算将加速ICT生态变革，已经成为共识。到2018年，全球行业协作云（ICC）的数量将增长三倍至450个以上，中国行业协作云的数量超过40个；2020年，超过80%的全球500强企业、超过50%的中国100强企业将成为通过ICC提供数字化服务的供应商。2018年中国零售业将出现更多人工智能技术催生的新业态，越来越多企业将继续探索和使用这类新科技，结合数字化技术的发展，为产业升级和消费升级寻找新方向，为商业活动注入更多的新力量，进一步推动流通业的现代化。

人民币国际化步入快车道，2018年，人民币国际化出现恢复增长、基础深化、便利提升、前景看好的稳固发展的良好态势。中国金融市场双向开放的推动下，人民币国际化也不断增添新动能，国际投资者对配置人民币资产的兴趣逐渐升温。人民币可以形成“资本输出 + 贸易回流”的顺畅流通机制，扩大在全球的流通使用。另外，在岸金融市场的不断开放和离岸金融市场的深入拓展，均为人民币的全球流通提供了顺畅渠道。

促进中国产业迈向全球价值链中高端，培育世界级先进制造业集群。

中国产业的增加值率比世界平均水平和发达国家低 10 ~ 20 个百分点，这是中国产业面临的突出矛盾和痛点。结合产业特点发挥金融的支撑作用，发展产业链金融、供应链金融，加大金融创新，这将进一步盘活企业的资产和能力。互联网的创新红利给传统行业带来了翻天覆地的变化，而线上线下全面整合的“OMO”（Online-Merge-Offline）模式有望成为互联网的下一个增长点。2018 年物联网和人工智能的项目会越来越火热。区块链技术将被纳入不断发展的物联网应用网络，物联网设备将越来越与机器学习，人工智能，云计算等技术融合。这将帮助企业从仅仅产生增量收益的物联网转向创建全新商业模式和收入来源的新型生产关系。同时，也会创造出一种新的市场，在这个市场中，行业孤岛正在消失，跨行业的产品与服务将会越来越多，这将使企业从物联网投资中获得更大的价值，从而让物联网和人工智能更广泛的应用。未来的生产布局、生产模式、生产工艺都会随着数字化、网络化、智能化的应用改变我们原来的生产方式。

树立全球视野补足技术短板、人才短板、品牌短板、标准短板、体制机制短板等五大短板，“以开放倒逼改革”，探索建设自贸港这种更高水平的开放形态。2018 年，在对外贸易领域，加快推进外贸转型升级基地、高水平的贸易平台等建设；加快培育跨境电商、市场采购、综合服务平台等外贸新业态；促进加工贸易创新发展；继续实施积极的进口政策；大力推进贸易便利化，营造法治化、国际化、便利化的营商环境等都应是题中之意。

中国经济高质量发展特征初步显现

杨　驰　华夏银行发展研究部战略室负责人

杨驰，经济学博士，华夏银行战略发展部战略研究处处长。主要研究领域为商业银行经营管理、宏观经济等。

2017 年，在需求稳步增长、供给侧结构性改革扎实推进和新旧动能加快转换等因素作用下，我国经济结束连续 6 年增速下滑趋势，呈现好中趋稳的态势。2018 年是贯彻党的十九大精神的开局之年，也是实施“十三五”规划承上启下的关键一年，我国经济仍将保持稳中有进态势迈入高质量发展阶段，总体表现出“经济增速稳中趋缓，发展质量稳步提升”的特点。经济运行表现出较强韧性，新动能持续快速成长、老动能恢复性增长为经济总体平稳增长提供了强力支撑，我国经济有条件继续保持在中高速增长平台上平稳运行。同时，2018 年将处于进入高质量发展的起步时期，供给侧结构性改革成效进一步显现，经济增长新特点将日益明显。

展望 2018 年，房地产和基建投资可能下降比较明显，但制造业投资小幅提升，消费和出口保持平稳增长态势，内外需增速整体将小幅放缓，使得经济整体将呈现稳中趋缓态势。一是进出口保持温和增长。短期内全球经济整体向好的态势仍将延续，市场需求继续改善，有助于我国进出口保持平稳增长。二是投资增速会略有放缓。在政府控杠杆背景下，地方政府债务严监管和规范 PPP 融资可能使基建投资增速放缓。2018 年房地产调控政策放松的可能性不大，在“租购并举”的政策框架下，2018 年房地产投资增速也将有一定的韧性，回落速度可能比较缓慢。在盈利明显改善的推动下，2018 年制造业投资增速有望加速，但总体仍将维持中低水平。三是消费增速平稳可期。我国城乡居民收入增速高于 GDP 增速，为后期消费稳步运行提供了良好基础；城镇新增就业保持较快增长，农民工就业形势改善，城镇调查显示失业率处于较低水平也为消费的稳定增长提了有力支撑。在小排量汽车退税政策退出以及新能源汽车补贴减少等政策影响下，汽车消费增速会有所放缓。房地产市场继续受到政策严格调控，住房相关消费增速可能逐渐下降，但服务消费需求增长、消费升级及健康养老产业发展等为消费增长提供了新的空间，预计 2018 年消费继续发挥对经济发展的基础性作用。

2018 年我国经济将平稳运行，预计全年经济增速在 6.6% ~6.7% 之间。在整体需求平稳、货币收紧的大背景下，2018 年不会出现明显的通胀压力，物价水平相对较为温和。但在 2017 年低基数的基础上，CPI 同比增速或将温和上升。经济增速略有放缓，但质量提升步伐将加快，供给侧结构性改革不断深化，高质量发展的特征初步显现。一是经济结构持续优化升级。经济动能结构转变，消费对经济增长贡献持续超过投资；第三产业增速持续超过第二产业，服务业可持续发展后劲强劲；供给侧结构性改革导致制造业产能出清、行业集中度提升以及企业利润改善较为明显，推动了经济转型升级；数字经济和“互联网 +”快速发展，为高质量发展提供了强大动力；持续推进的供给侧结构性改革和“放管服”改革使国内政策和营商环境继续改善，微观市场活力逐步增强。二是新旧动能转换持续推进。集成电路、人工智能等高技术产业快速成长，装备制造、战略性新兴产业势头良好，工业发展的新动能不断累积；消费领域中，以网络销售和快递业为代表的互联网经济快速增长，分享经济覆盖范围不断拓展，共享单车、网络约车、在线医疗等新模式涌现；我国居民消费结构性不断升级，给相关行业不断输入发展新动能。三是经济抗风险能力有所增强。新常态下，我国经济运行仍存在不少突出矛盾和问题，2018 年我国经济也面临一些潜在风险。从国外看，海外金融市场发生大幅波动可能波及全球市场共振；发达经济体货币政策正常化，全球利率中枢可能会有所上行；美国减税措施和推行贸易保护主义仍会给全球经济格局带来一定不确定性。从国内看，金融业面临资金脱实向虚的风险；地方政府债务规模过大、增长速度过快等问题不容忽视；房地产市场调控的长效机制尚未完全建立，热点城市房价上涨压力仍然存在。但是，经过两年的供给侧结构性改革，我国产能过剩和高库存的问题已经得到了明显的解决；强监管政策推动金融机构去杠杆，资金脱实向虚势头得到初步遏制。各领域的风险得到有效释放，我国经济韧劲强和回旋余地增大，为防范系统性风险打好坚实基础。

构建国民共进、协调发展的经济格局

项安波　国务院发展研究中心研究员、企业研究所国企研究室主任

项安波，香港科技大学哲学博士，国务院发展研究中心研究员、企业研究所国企研究室主任。主要研究领域为国企改革与发展、企业政策及相关理论研究。获全国建筑经济优秀论文奖（2010 年）、中国发展研究奖（一等奖，2011 年）、国务院发展研究中心优秀调研报告（2012 年）等奖励，作为协调人和主要参与者的课题研究成果获中国发展研究奖三等奖 2 次（2013 年、2015 年）。

中国先行优秀企业在创新方面的艰苦卓绝的长期努力，避免了转型升级中的失速风险，为中国经济从高速增长转向高质量发展，提供了较为扎实的微观基础。2018 年应夯实基础，巩固来之不易的成果。下一步，需要继续深入推进国有企业改革，完善“国民关系”，构建国民共进、协调发展的经济格局；继续发挥新经济在稳增长、促改革方面的积极作用；还要大力改善营商环境，提升生产“生产力”的生产力。

首先，适应高质量发展的要求，深入推进国有企业改革，应以“三个有利于”为标准，以提升国民经济整体效率和国家竞争力为目标，以提升国有资本效率、增强国有企业活力为中心，构建国民共进、协调发展的经济格局。要实现这一目标，新一轮国企改革需要明确深化国企改革的两个主攻方向：以混合所有制改革促进国有企业转变经营机制，以管资本为主完善国有资本管理体制。

推进混改要与完善国资管理体制协同联动，与产权保护、释放人的积极性同步推进。

其次，更加注重发挥新经济在稳增长、促改革方面的积极作用。2017 年，相关政府部门对发展新经济更多地采取了审慎包容的态度，为新业态、新技术、新模式的探索和发展提供了空间。可以预期，随着改革和“双创”工作的深入推进，蓬勃发展的新经济将为中国经济转向高质量发展源源不断注入更多新动能。新经济的迅猛发展，一方面促使我们考虑如何适应智能互联时代的技术变革、产业变革和企业变革，如何以技术驱动管理和推进政企协同治理，另一方面也要求相关部门加强研究，在法律和制度层面对一些新问题做好政策准备或应对预案。

再次，营商环境是提升生产力的生产力，需要着力改善。这既是地方经济发展的需要，也有助于促进区域协调发展。我国营商环境整体呈改善、提升的趋势。但各城市表现差异较大，个别经济不振的地方营商环境恶化，加剧了区域发展的不平衡。十八届五中全会强调要“完善法治化、国际化、便利化的营商环境”，这要求我们不仅要将营商环境视为提升地方竞争力的重要工作，更要认识到营商环境是生产“生产力”的生产力。完善营商环境，要求构建公平正义的法治体系，提供透明高效的政府服务、和谐诚信的社会环境，建设公平竞争、开放包容、互利共赢的市场环境。重点可从如下一些工作着手：改进公务员遴选机制、提升公务员素质、净化公务员队伍；推进制度化反腐；改进政府工作，落实“放管服”，提升政府公信力，构建“亲”“清”政商关系；同时，加强社会信用体系建设和公民诚信体系建设，提倡开放、包容、多元的发展观。

防范风险、加强监管、改善结构仍是宏观调控主基调

肖金成　中国区域科学协会副理事长

肖金成，经济学博士，享受国务院特殊津贴。中国区域科学协会副理事长，中国宏观经济研究院二级研究员，国家发改委国土开发与地区经济研究所原所长，中国社会科学院研究生院博士生导师，福建省人民政府顾问，中国国际工程咨询公司学术专家委员会委员。1997 年毕业于中国社会科学院研究生院，后在南开大学做博士后研究。曾任中国区域经济学会副会长、中国国土经济学会副秘书长、中国投资协会常务理事，在中国人民大学、国家行政学院等兼职教授，国家原材料投资公司财务处处长、国家计委经济研究所财政金融研究室主任等职。被中国国土经济学会评为“2011 年中国十大国土经济人物”，被中国国际城市化发展战略研究委员会评为“2012 年中国城市化贡献力人物”，2012 年被中国科学技术协会评为“全国优秀科技工作者”。

2017 年，我国经济增长 6.9%，高于 2016 年，也高 2017 去年中央经济工作会议确定的 6.5% 的目标，更高于国际社会的预判。而且，经济增长是在去产能、去库存、去杠杆的宏观调控背景下，在金融紧缩形势下取得的，却较 2016 年提高了 0.2 个百分点。据此，可以做出中国经济已走出低谷的判断。

经济增长的走势表明，中国市场主体尤其是民营企业发挥了重要作用。在资金供应趋紧的形势下，民间金融却异常活跃，填补了主流金融机构资金供给

紧缩的空间。虽然提高了资金成本，放大了金融风险，但为经济增长做出了贡献。主流金融机构虽然受贷款额度的限制，难以改变贷款难的情况，但也通过代客理财等渠道，为一些大型国企解了燃眉之急。

从2017年的经济形势可以看到，市场的力量是巨大的。市场周期也显现出来，中国经济已从萧条中走出来，进入经济复苏期。煤炭市场、钢材市场开始活跃，生产资料价格开始上扬，市场低迷的形势将根本改观。

2017年最值得称道的就是积极的财政政策发挥了重要作用。精准扶贫不仅为贫困地区、贫困人口提供了强有力的扶持，也为经济增长做出了贡献。常住人口城镇化率达到58.52%，有1000多万人从农村移居城市。2010年以来已有七八千万人移居城市和城镇，其带来的消费需求非常可观。过去在城市打工挣钱，回农村建房，现在是举家进城。有的在三、四线城市买房装修，把全家接到城市居住。体现在内需稳步扩大，消费对经济增长贡献率达到58.8%，服务业增加值占GDP比重达到60%。服务业的发展增加了就业，又为城镇化增加了动力。

中国未来发展有巨大的潜能，既包括城镇化的潜能，也包括改造传统产业和创新发展的潜能等，因此，2018年经济形势看好，但风险犹在，防范金融风险仍是重要任务。金融对实体经济的支持仍不乐观，我国未来的经济发展在一定程度上弱化了对GDP的重视，转移到提高经济质量之上。防范风险、加强监管、改善结构仍是宏观调控的主基调。所以，经济只能砥砺前行。

经济增长的动力来自市场，因此，2018年的经济增长仍可在7%上下徘徊，有可能在7%之上趋稳。除了经济本身和城镇化水平提高带来的动力之外，还有十九大报告提出的区域协调发展、乡村振兴、军民融合发展三大战略对经济增长的拉动效应。

未来三年，我们的任务是基本消灭绝对贫困，实现现行标准下农村贫困人口全部脱贫，其中包括实现易地搬迁减贫的 280 万人。全面建成小康社会，2018 年是关键之年。

为实体经济降低成本是中央经济工作会议提出的着眼发力的重点。降低成本、提高质量是企业提高竞争力和发展的根本。降低资金成本，宏观经济政策具有重要的作用。比如，降低贷款利率，降低融资成本等，还有就是克服贷款难等，改变过去民营企业只能依靠民间融资的情况。

我国还处于在工业化和城镇化推进过程中，内需有空间，发展有动力，创新有手段，中国经济长期向好的趋势没有改变。在世界经济复苏，全球贸易增长的良好外部环境下，2018 年我国经济将继续保持稳定增长。

以新发展理念推进中国经济健康发展

谢士强　中国社会科学院研究员

谢士强，研究员。1994 年 9 月至 1998 年 7 月，在武汉测绘科技大学大地测量系（现武汉大学测绘学院）学习，获工学学士学位。1998 年 8 月至 2000 年 8 月，在电子工业部南京第十四研究所（现中国电子科技集团南京第十四研究所）三部工作，从事计算机软件编程。2000 年 9 月至 2003 年 7 月，在广西大学商学院学习，获金融学硕士学位。2003 年 9 月至 2006 年 7 月，在中央财经大学经济学院学习，获经济学博士学位。2006 年 7 月至 2007 年 3 月，在中国社会科学院马克思主义研究院从事研究工作。2007 年 3 月被借调、9 月被正式调入至今，在中国社会科学院办公厅工作，历任助理研究员、副研究员、研究员、副处级学术秘书，兼任院研究生院硕士生导师、国家开发银行特聘专家、中国社会主义经济规律系统研究会副秘书长、中国发展战略学研究会会员等社会职务。

现从事现代计划经济理论、宏观经济理论与政策和国家治理体系如医药卫生体制改革、信访体制改革、反腐败体制改革和互联互通等研究，学术专长是国民经济学。至今已公开发表文章 40 多篇，参与或主持中央及院所级课题 9 个，撰文共 150 多万字。主要代表作有：《区域宏观调控理论的基本框架》（经济管理出版社 2008 年版）；《互联互通战略研究・国内篇》（第一作者，中国社会科学出版社 2016 年版）；《互联互通战略研究・政府篇》（第一作者，经济管理出版社 2016 年版）；《20 世纪 90 年代金融危机真相》（第二译者，中信出版社 2008 年版）。

党的十八大以来，鉴于中国经济已经进入新常态，以追求经济高速增长为目标的基本取向已不再是我国及其各地区的主要目标。但为了实现两个“一百年”的奋斗目标和中华民族伟大复兴的中国梦，仍需保持一定的中高速增长势头，因此注重增长的适当速度、注重发展的适当质量和注重人民的适当福祉等就成为新时代关注焦点，当然也成为2018年我国经济领域关注焦点。

考虑到目前国内外的各种影响因素特别是党的十九大精神及其2018年中央经济工作会议精神等，并顾及我国经济总量已经越来越大的客观现实等情况，特研究提出以下四点政策建议。

一是要积极培育现代市场经济体系为引领。面对我国社会矛盾主要变化、全面建成小康社会即将实现、全面依法治国稳步实施和即将开启全面建设现代化强国等的特殊时期，要根据它们的基本要求、我国的经济发展实际、政府主体的最新取向和其他经济主体的合理诉求等，继续大力推进简政放权力度、速度和质量，继续优化经济体制机制合理布局，继续激发主体创新创业活力等，不断将有利政府主体管控为主要导向向有利社会主体创新创造等为主要导向转变，毕竟确保我国经济高质量健康发展的真正主体是社会力量，而不是各级政府。

二是要继续大力推进科研管理体制改革。要广泛征求科研人员意见，要深入科研政策制定的调查研究，要把握科研管理领域的主要突出问题，要探索建立多部门的联席会议制度，要加大科研管理体制改革的督导检查，要坚持以有利科研开展甚至创新且便于广大科研人员经费报销为导向的新型科研管理体制，不能完全依靠行政手段管科研，否则将会窒息甚至扼杀科研力量。

三是要抓紧分类推进城市房地产市场发展。要全面把握，分类指导，不能一刀切。对于城市化程度比较低、经济增长推动力比较少和经济发展比较落后等的地区，要继续放开进城落户管制措施，继续大力推进城市房地产市场发展；

对于城市化程度比较高、经济增长推动力比较多和经济发展比较发达等的地区，要严格控制城市人口发展规模，审慎推进城市房地产市场发展；对于介于两者之间的情况，要尽量依靠本地实施。

四是要加快推进乡村振兴战略有效实施。要结合本地周边城市化的发展步伐和自身的扶贫推进状况等，继续加快打赢扶贫攻坚战，并酌情适度推进其乡村城镇化发展。同时，要按照立法先行、行政引导、经济跟进等的基本原则抓紧建立健全相关法律法规，探索制定其发展规划，并通过政策鼓励、项目扶持和资金注入等方式，着力培育其经济优势、产业优势和人才优势等各种优势，逐步推动本地农民向地区甚至全国交通网点、产业高地和资源富余等的乡村地区集中。

2018 年：汇率问题依然是稳住经济的首要因素

许维鸿　盘古智库学术委员、中航证券首席经济学家

许维鸿，曾就职于英国路透集团、中央国债登记结算公司、法国外贸银行集团巴黎总部。2008 年回国后，加入国都证券，曾任研究所所长、宏观经济首席研究员，西南证券研究与发展中心业务总监，重庆金融学会副秘书长。现任中航证券首席经济学家。长期从事宏观经济和金融市场研究，研究领域涉及国际宏观经济、国际化背景下的新兴市场发展模式、国际中小企业发展模式比较、中国金融和银行体系、中国债券市场建设等。央视特约财经评论员，《中国证券报》《证券时报》、和讯网等财经媒体专栏作家。2017 年中国资本市场扶贫先锋人物。

在即将告别 2017 年之际，我国各个层面都在规划 2018 年的政策战略，宏观经济层面既要避免故步自封的逆市场化潮流、也要避免单兵突进的改革冒险，稳中求进依然是最佳的“剧本”，至少要从四个方面把握改革节奏。

1. 汇率依然是稳中求进的基础

回顾 2016 年下半年，人民币的快速贬值曾令市场对人民币币值能否在 2017 年保持坚挺普遍持悲观态度，但 2017 年前三季度人民币的表现却令人“大跌眼镜”，美元兑人民币汇率中间价曾一度升破 6.5。仔细分析不难发现，中央改革进而支撑人民币 2017 年走强的逻辑主线有三条：一是牢牢抓住实体经济，用经

济基本面支撑了人民币汇率稳定；二是配合“防风险、抑泡沫、去杠杆”的经济目标，央行在2017年继续实施稳健中性的货币政策，政府部门也通过出台房地产调控政策等举措稳住大类资产价格，同时适时发布文件规范民营企业的对外投资行为，防止企业通过违规经营、盲目决策等方式造成资本大量外流；三是随着供给侧结构性改革的深入推进，“三去一降一补”政策取得了良好效果。

展望2018年，我依然认为汇率问题是稳住经济的首要因素。相反，在技术层面不应该追求汇率的“过分”稳定——在经济基本面保持稳健、调控政策持续跟进的前提下，短期内人民币汇率无论降至6.8也好还是6.9也罢，都不必过于担忧，中国经济的韧性足以承受人民币在短期内的贬值压力。

2. 严监管是手段、促转型是目的

2017年金融领域的严监管效果显著，特别是广受诟病的股票市场，证监会从严治市，正本清源，“严监管”“防风险”贯穿全年，给市场带来巨大震动。必须认识到，严监管不是目的、只是手段，任何对“作恶”资本的严监管，都是为了让资本市场增强资源配置作用，从而为实体经济服务。

展望2018年，中央经济工作会议确定防范化解重大风险为三大攻坚战之一，金融监管仍将保持相当强度，但预计从2018年下半年开始会有更多重在市场发展的政策出台、鼓励创新。首先，“补课”收到一定成效，市场短期波动风险不再是关注重点，国家队逐步退出让各板块齐头并进才是真正良性发展，特别是以近两年跌得较惨的创业板指数为代表的战略新兴产业亟须资本市场支持；其次，随着新一届各级各部门领导班子就位，各行业将陆续出台新政策支持行业发展，需要资本市场配置资金，重点行业及领域的金融加杠杆一定程度将对冲严监管带来的不利影响；再次，以沪港通为代表的境外资金的进入给A股带来了活力和流动性，下一步证监会将继续深入推进资本市场的对外开放，积极引导各类长期资金有序入市。

3. 中美利差稳定并非中国货币政策基础

货币政策要脱虚入实、为中国供给侧改革保驾护航。回顾 2017 年，中国的货币市场和债券市场上基础利率随美联储加息逐步上行，信用债上行更加明显且信用利差全面走阔、收益率曲线呈现出从熊平向熊陡的过渡。

展望 2018 年中国货币政策，必须保持相当的独立性、保持对中国经济的服务宗旨：一方面，源于资管新规的“紧箍咒”并非禁锢了货币政策，而是对金融机构资金池和期限错配的纠正。另一方面，利率的上行有助于金融回归实体经济，助力于“三去一降一补”的产业出清。

即便是从高增长向精细化发展的房地产行业，行业发展规律也需要有一个相对稳定的信贷环境预期，更何况那些朝气蓬勃的诸如互联网的新投资驱动行业？货币环境并非反转，而是中国经济结构的内在发展机理需要转型，进而加速我国从生产国向“生产 + 消费”国这一趋势。

4. 积极的财政政策需要战略抓手

回顾 2017 年，美国新政府的减税引发了国内的热议，2018 年中国财政政策如何综合降低企业成本、惠民补短板，都被社会各界广泛关注。积极的财政政策基调，是强调政策的有效性，在 2017 年更注重完成供给侧结构性改革的“三去一降一补”五大工作任务，2018 年将更加倾斜经济结构性转变、推动经济发展成效卓著。

市场期待，2018 年积极的财政政策能持续调整优化财政支出结构，最终降低纳税人和纳税企业的综合负担，实现宏观经济的持续性降成本。同时，贯彻吸取历史教训，既不能搞大水漫灌式的基础设施刺激性投资，也不能搞个别领域单兵突进式的税收改革，保障重点领域改革和项目的支持力度。

第一，国有企业混合所有制改革，国有企业作为国民经济的命脉，覆盖我国主要经济产业，借助国有企业混合所有制改革将有助于降低地方国企杠杆率，抑制地方债务风险，混改成效将决定供给侧改革和中国新旧动能转换的成败；第二，PPP投融资模式改革，实施“央企紧多样化资本松”的战略方针，支持“真正的”PPP投融资模式，鼓励更多民间资本、国际资本进入PPP领域，加大PPP引导基金规模；第三，以军民融合为代表的技术来源改革，应改变以往“明股实债”的模式，避免资金流入以创业园、产业园为幌子的房地产领域等投融资乱象的发生，运用金融指数化方法引导军民融合发展的规划。

2018 年投资机会偏向权益类资产

杨德龙　前海开源基金首席经济学家

杨德龙，现任前海开源基金管理有限公司执行总经理，10年基金从业经历。2006 年 7 月毕业于北京大学光华管理学院，获经济学硕士学位，师从著名经济学家厉以宁教授（院长）、曹凤岐教授（硕导）等，北京大学优秀毕业生；2003 年 7 月毕业于清华大学机械工程系，获工学学士学位。

2018 的经济面整体基调是稳中求进，经济将会保持平稳增长，经济增长质量也将得到很大的提高。近年来，经济面出现了三个积极的变化：第一，供给侧改革的深入推进，使得煤炭、钢铁、有色等周期性行业利润大幅提升，改善了产能过剩的状况。第二，我国消费市场的崛起，消费市场达到 5 万亿美元，超过美国成为全球最大的消费市场。人均 GDP 超过 8500 美元，应该说已经达到了中等收入国家的水平。消费升级产生很大的投资机会，白酒、家电、食品饮料、消费电子等消费类板块表现突出。第三，新兴产业的大力发展，以华为和 BATJ 为代表的科技、互联网巨头在全球崛起，很大程度上代表了中国的实力，必然能够带领 A 股科技股的崛起。

2018 年，本人对世界经济和中国经济均不悲观。预计 2018 年世界经济增长 3.6%，比 2017 年提高 0.1 个百分点。美国经济继续复苏，欧洲经济包括英国经济，逐步走出英国“脱欧”的阴影，步入复苏轨道。美联储可能会继续缩表和加息，加息次数预计 2～3 次，而美元指数维持在低位，弱美元刺激美国出口回升，减少贸易逆差。受益于特朗普减税政策，美国企业盈利有望保持两位数增长，这势必将进一步推高美国三大股指创新高。

中国经济继续延续 L 型增速，略有回升，GDP 维持在 6.8% 左右。拖累中国经济增速向下的力量主要是房地产调控导致房地产投资增速下降、资金成本上升带来的滞后影响。带动经济增速向上的力量主要来自企业利润表和资产负债表改善带来的扩张，居民收入增加带来的消费升级，以及十九大召开后，新的政策红利逐步释放。从“三驾马车”看，固定资产投资增速放缓，消费和外需是支撑经济复苏主力。宏观调控政策继续保持稳定，实施积极财政政策和稳健货币政策，但更偏向中性。

在经济平稳、政策偏紧、美联储加息背景下，国内市场资金价格将呈现高位波动特征。10 年期国债利率将维持在 4% 以上，债券市场或继续调整，投资机会仍然偏向于权益市场。汇率方面，在美元持续走低的同时，人民币汇率结束贬值，进入升值通道，预计人民币兑美元汇率在 2018 年将在6.0%～6.5%之间波动。

2018 年存在着四大重点投资机会：第一，在经济增速平稳增长的前提下，经济的增长质量大幅提升，特别是消费对经济增长贡献大于投资，占到了 50% 以上，消费类个股都会在未来有持续性表现的机会。这些消费升级的板块在 2018 年还会进一步的扩散，比如旅游酒店等消费类板块，也会受益于消费升级。第二，供给侧改革目前还会稳步推进，去产能已经取得了初步成效，周期性行情盈利大幅提升，而上市公司往往是行业龙头，所以供给侧改革对上市公司盈利比较有利。2018 年周期性行业的盈利能力还会不断超预期，周期股还会有阶段性的反弹机会。当然周期股和消费股的操作方式不一样，消费股买入持有即可，而周期股可能还要经过不断的波段操作，这样才能够把获利落地为安。第三，经济转型已经取得一定的成效，代表经济转型的一些科技龙头股将会在2018 年有比较好的表现，新兴产业行业的龙头将会受到资金的关注。第四，关注先进制造业板块。先进制造业是我国的优势产业，将会获得政策的大力支持，同时先进制造也受益于“一带一路”政策。技术领先的先进制造的龙头公司在出口方面会有一定的突破，未来可能会成为国际性的大公司。

在艰难复苏中走近新繁荣期

杨开忠　首都经济贸易大学副校长

杨开忠，经济学博士，首都经济贸易大学副校长，北京大学教授、博士生导师，享受国务院特殊津贴专家，中国青年科技奖获得者，中国区域科学协会会长。曾任中国科学院地理研究所实习研究员，美国加州大学伯克利分校、康奈尔大学访问学者，北京大学秘书长，北京市发展与改革委员会副主任，北京市经济与社会发展研究所所长，《国家中长期科学和技术发展规划纲要》起草小组成员和国家“十一五”“十二五”规划专家委员会委员。主要从事区域经济学与经济发展研究，主持完成多项国家重大、重点项目，发表论文 200 多篇，多项重要成果为国家和地方中长期发展提供了科学依据，曾获国家科技进步二等奖、中国发展研究一等奖、北京市科技进步二等奖多项重要奖励。

从长期来讲，经济发展变化的轨迹，主要由两个方面的规律决定：一是经济发展的总体趋势；二是沿着经济发展的总体趋势所经历的康德拉季耶夫周期及其嵌套的库兹涅兹周期。康德拉季耶夫周期由两个库兹涅兹周期组成，其中，嵌套于上行期的称为 A 型，下行期的为 B 型。20 世纪 70 年代末以来，中国经济一直处于一个康德拉季耶夫周期中，并在经历 A 型库兹涅兹周期后于 2000 年以来进入 B 型库兹涅兹周期。2010 年以来处于 B 型周期下行期，经济增长率和通货膨胀率双双趋于低下。目前，中国经济已在一个新的康德拉季耶夫周期和其嵌套的库兹涅兹 A 型周期门槛。未来 3 年左右，中国经济处于艰难复苏期，创新趋活跃，经济趋加速，通胀趋上扬。之后，估计从2021年左右开始，中国经济将进入一个长约8年的繁荣期。剔除中周期、短周期影响后，这个繁荣期将主要呈现四个基本特点：一是通勤都市圈建设成为城镇化主旋律；二是技术进步贡献率显著提高，生产率较快上升，新动能成为国民经济第一动能，新经济成为国民经济新支柱；三是经济年均增长率超过7.2%；四是具有较高的年均通胀率。

2018年是贯彻十九大精神、打赢决胜全面小康社会三大攻坚战的开局之年，是改革开放40周年，是全球经济大概率迎来金融危机后的全面复苏之年。因此，2018年，面临国内外诸多不确定性因素，然而作为三“年”叠加的综合结果，中国经济仍在艰难复苏中，年经济增长率可望接近2017年水平。究其具体原因，一是2018年全球经济全面复苏，其带来的利好可望对冲人民币升值给出口增长带来的不利影响。二是因防范化解金融危机地方政府财政和房地产企业现金流压力加大或将对投资增速带来不利影响。然而，2018年是自觉全面建设现代化经济体系第一年，同时，租赁住房建设加速、竞争性人才住房政策蔓延以及市域（郊）铁路开发促进，这将带来投资利好，可以相当程度上对冲上述不利影响。三是在新的满足人民美好生活需要战略导向下，消费环境可望加速改善，消费增长可望稳中有进。四是经过十八大以来5年多来的适应性学习和调整，各类经济主体已基本学会在新常态下有效生存和发展，加之出台超国际预期的改革开放措施，市场主体活力正在明显增强，企业状况正在明显好转。

最后，应该说明的是，2018年部分省份下调经济增速目标，不再考核GDP之市县增加，可减少地方政府对GDP“注水”，但并不会减弱地方政府增加财政收入进而实现真实GDP的动力，因而不会降低全国GDP增长率。而且，考虑到取消GDP考核的县市均为贫困地区和生态脆弱地区，这可能有利于部分资源向高效率地方转移、提升高质量增长。

2018 年金融科技发展将呈现新趋势

杨　涛　中国社会科学院产业金融研究基地主任、支付清算研究中心主任

杨涛，研究员，博士生导师。拥有中国注册会计师与律师资格证书。现为国家金融与发展实验室副主任、中国社会科学院产业金融研究基地主任、支付清算研究中心主任。

主要学术兼职包括：金融科技 50 人论坛首席经济学家，中小银行发展论坛常务副秘书长，中国投资协会理事，中国银行间市场交易商协会经纪业务专委会委员，中国保险行业协会学校教育专委会副主任委员等。

研究领域包括：货币与财政政策，金融市场，金融科技，支付清算等。

党的十九大报告里强调了互联网、大数据、人工智能等新技术带来的巨大影响。同时，当前金融领域也面临新技术的冲击，金融科技受到各方关注。我们认为，新技术已经成为影响下一步我国经济金融高质量发展的关键所在。

归纳来看，2018 年金融科技发展变革当中，可能有如下主要趋势变化。

一是技术分化、标准化、挤出劣币。技术对金融业的影响将一定程度上会出现适度的分化，同时技术本身也需要予以甄别、规范和落地。尤其在金融领域应用时，需进一步推动技术的标准化，同时摒除各类“伪技术”。

二是从长远来看，金融科技的业务与功能成为分类抓手，而非主体视角。如按照巴塞尔委员会（BCBS）的分类方法，金融科技活动主要分为支付结算、存贷款与资本筹集、投资管理、市场设施（包括分布式账户）四类。

三是主流金融机构的金融科技应用全面提升。从全球来看，主流金融机构一旦“大象转身”，不断转变发展理念，将在整个金融科技应用中具有更重要的地位。其中，以银行科技与保险科技作为代表。

四是金融科技应用企业更受支持和鼓励。按照整个监管的方向来看，金融技术应用方案的提供者更受政策鼓励，其中或将出现一批全新的“独角兽”。同时，现有巨头面临“向左走，向右走”挑战，即其技术基础设施提供，能否保障“准公共性”。

五是类金融需要明确定位。一些利用新技术的类金融领域，如 P2P、众筹、现金贷，从长远来看需要安于小额补充的地位。一方面因为监管环境的导向；另一方面，从全球来看，这些领域都是小而美的补充。

六是科技支持风险防范与金融安全将成为最重要的蓝海之一。未来 5 ~ 10 年，结合新技术的智能风控时代将逐渐来临，在这一领域会诞生越来越多新主体、新模式与新产品。

七是新兴产业链金融创新会体现天时地利人和。新技术、新产业、新金融叠加在一起，使得产业金融（产融结合）生态建设成为重要着力点。

八是金融科技冲击更多地向基础设施进行下沉。比如从全球来看，支付清算体系是金融市场的基础设施，近年来伴随技术产生重大变革。此外，能否对信息、信用的基础设施，以及会计、律师、反洗钱、经济鉴证类中介产生影响，决定了未来金融科技的土壤。

九是移动场景时代的大势不可阻挡。移动端的用户飞速增长的趋势在我国非常突出，这意味着未来最终着眼于 C 端的所有服务场景，其生命力都在往移动端进行转移。过去基于线下的固定场景和 PC 互联网时代的场景，某种程度上都会遭遇重大挑战。

十是金融的严监管将成为常态化。互联网金融、金融科技兴起早期，世界各国监管部门都对其提供了“观察期”。随着监管对金融科技看得越来越清楚，严监管将会常态化。

经济增长逐步企稳但风险不容忽视

姚东旭　首都经济贸易大学财政税务学院院长

姚东旭，博士，首都经济贸易大学财政税务教授，硕士生导师。现任首都经济贸易大学财政税务学院院长。

主要研究领域：长期从事财政理论与政策、国际贸易、国际金融、国际经济学以及区域经济学的教学与科研工作。

主要研究成果及获奖情况：著有《现代国际贸易》，共出版学术著作或教材近20部。发表《人民币经常项目可兑换与完善外汇市场》《加入WTO与外汇风险防范》等多篇论文。主持“跨国公司地区总部的区位因素与北京的对策研究”等多项课题。

2018年，中国的经济形势总体上应该是稳中有升，可保持谨慎乐观，经济增长率大体维持在6%~6.5%之间。

自2010年逐步退出“一揽子计划”之后，我国经济增长速度逐年下降，2017年，终于迎来了6.9%的增长率，实现了增长速度的逆转。虽然不能把这一变化视为我国经济增长率变动的拐点，但结合投资、出口、消费等其他经济指标以及经济的实绩，大体可以看出，我国近年来逐步适应经济新常态，大力推进供给侧结构性改革，推动产业升级，实施“三去一降一补”，简政放权，推动经济增长方式的变化，这些努力已经产生了明显的效果，经济增速已由下行逐步趋于稳定。未来几年，这一趋势得以保持是大概率事件。

经济增速趋稳之后，是否会迎来一轮新的高速增长，重回两位数的增长轨道？我认为，这种可能性不大。应该认识到，经过数十年的高速增长，我国经济的基本面已经发生重大变化，虽不能断言我国已经整体上完成了工业化，但至少我们已经达到工业化的中后期，对资本的渴求已经显著缓解，投资增速放缓，而第三产业也从整体上成为经济增长的主导。从国内情况看，企业和个人负债率偏高，地方政府债务负担过重，过剩产能的消化，生态环境的约束，这些也都限制了投资的进一步增长。总体上看，年增长率保持在6%甚至更低一些，应该是一个合理的水平。

当然，我国经济发展仍面临许多风险与挑战。首先是金融风险，降低宏观杠杆率是当务之急；其次是地方政府的债务风险，更加隐蔽，其潜在威胁也十分巨大；第三是外部环境，"逆全球化"与贸易保护主义不断加强，国家间的经济竞争日趋激烈；第四是我国自身的市场培育与法治化建设上存在着诸多不足；第五是企业税费负担过重，部分中小企业经营困难，创新能力不足；第六是前期积累的若干问题需要化解，如生态环境问题、贫富差距问题、产能过剩问题、部分国企持续亏损问题，等等。上述经济发展中的潜在风险一旦爆发，有可能打乱我们稳中有升的节奏，使经济增长速度重新步入下降通道，甚至导致灾难性后果。

新时代我国经济发展的基本特征是高质量发展。与外延式发展的高速增长不同，高质量发展是内涵式发展，意味着更高质量的产品、更有效率的产出、更加公平的分配和更为和谐的环境，意味着是以创新为驱动力的发展。推动高质量发展，应落实"使市场在资源配置中起决定性作用和更好发挥政府作用"：首先是持续推动改革，努力营造公平、开放、有序、法制的市场环境，让所有的经济主体都能依市场准则，在法制的轨道上自由竞争，最大限度地激发市场主体的活力，让创新成为推动经济增长的新动力；其次是充分发挥政府的作用，充分运用财政手段，矫正市场失灵，提供公共产品。

加快就业结构转型助推高质量发展

叶裕民　中国人民大学教授、博士生导师

叶裕民，经济学博士，中国人民大学教授、博士生导师，校学术委员会委员兼副秘书长，公共管理学院学术委员会主任。兼全国高等院校城乡规划学专业指导委员会委员，中国城郊经济研究会副会长，北京市城市经济学会副理事长，北京市城市管理学会副会长等。主要研究方向：城乡发展规划与管理，中国新型城市化，区域与城市经济学。热爱面对真实世界的研究，为北京、成都、深圳、广州等数十个城市提供发展战略、产业结构及新型城镇化发展咨询。

十九大报告明确提出："我国经济已由高速增长阶段转向高质量发展阶段。"国家的高质量发展的必由之路是就业结构转型。就业结构转型是指就业主体由从事较低效率的产业转向较高效率产业的过程。在工业化过程中，就业结构转型包括初次转型和二次转型，初次转型是指劳动力由农业转向非农产业，二次转型是指劳动力在三次产业内部由低效率产业转向高效率产业。一个国家就业结构转型的过程，就是高效率产业持续发展，居民收入水平持续提高的过程，就是国家高质量发展的过程。总体上看我国就业结构有待优化，首先是初次就业结构转型存在巨大空间。

一、我国就业结构初次转型提升拥有巨大空间

一个国家经济发展的过程是劳动力由低效率产业转向高效率产业发展的过程，在工业化过程中，首先表现为由农业产业转向非农产业的过程。2016 年我国农业产业和非农产业就业比重分别为 27. 7% 和 72. 3%，在农村还滞留了 2. 15 亿从事低效率产业的劳动大军。2016 年我国农业产业效率和非农产业效率分别为 2. 96 万元和 12. 13 万元，意味着每一个劳动力由农业产业转向非农产业可以创造增加值 9. 17 万元。当一个国家完成工业化过程，从事农业的劳动力比重都在 10% 以下，大部分发达国家不超过 5%，通常农业产业效率与非农业产业效率差距缩小到 2 以内。我国就业结构转型拥有巨大空间。2016 年我国人均 GDP 排名世界第 69 位，这表明我国综合就业质量和产业效率还有巨大提升空间。

我国就业结构层次较低，有三个关键原因：一是发展阶段所决定。我国总体上处于工业化的中后期，发展阶段相当于日本 20 世纪 60 年代后期。工业化阶段没有完成，尚有庞大的先进装备制造以及依附于其上的现代服务业发展很不充分，就业结构转型受到严重限制。二是长期以来我国就业结构滞后于增加值结构。由于制度改革不协调，我国促进就业结构转型的实体经济长期发展薄弱，职业教育和就业培训严重滞后，就业机会以及就业者创新创造能力提升受到严重限制。三是人口流动的制度障碍导致城镇就业增长缓慢。2016 年我国 77603 万劳动力中，乡村劳动力占到 36175 万人，占 46. 6%，只有 53. 4% 的劳动力在城镇就业。城镇是非农产业聚集的空间载体，城镇就业增长缓慢，限制了我国劳动力就业结构转型。

二、加速就业结构转型三大对策

第一，加速我国基于创新的智能装备制造业发展的过程，建立高效率就业的需求机制。通过自主创新，自主研发、制造智能装备所需要的软件、工控设备、机器人、自动化系统，这些领域是我国制造业技术进步以后节约劳动力的重要转型发展的方向。基于自主创新的制造系统创造的就业机会不仅质量，而且数量都会超过传统制造业。这也是我国产业高质量发展的必由之路。

第二，最大限度地发展大众教育，建立高质量劳动力的供给机制。首先要大力普及和发展高中阶段教育，努力让全体孩子都享有公平和高质量的基础教育，以此广泛提高城乡劳动力职业技能教育的欲望，并降低教育成本；大规模开展智能制造和现代服务业发展所需要的职业技能培训，学习发达国家多层级、高弹性的职业培训制度，重点解决结构性就业矛盾，缓解高技术劳动力和人才短缺的普遍性难题。排除行业垄断，让市场在要素配置中起着决定性作用，为社会资本发展实体经济营造公平的发展环境。

第三，全面推进新型城镇化和非户籍常住人口市民化进程，稳定并持续扩大高质量就业队伍。破除妨碍劳动力、人才就业流动的制度障碍，政府为所有人提供全方位、公平的公共就业服务，使人人都有通过辛勤劳动实现自身发展的机会。坚持按劳分配原则，完善按要素分配的体制机制，促进收入分配更合理、更有序。

总之，通过产业发展增加高效率就业需求，通过教育培训提高高质量就业的供给，通过城镇化改革稳定高质量就业队伍，从而建立高质量就业可持续发展的联动机制。

2018年：经济高质量发展新时代起步年

易　鹏　盘古智库创始人、理事长、学术委员会委员

易鹏，盘古智库创始人、理事长、学术委员会委员，鲲鹏区域与产业新发展联盟理事长，智行院院长，中国青年企业家协会指导委员会委员，中国生产力促进中心协会副理事长，阿里研究院学术委员会委员，中国经济体制改革研究会公共政策部研究员，多个地方政府的咨询委员会委员，2016年民间智库品牌年度人物。

我国经济2017年的经济数据表现亮点颇多，GDP总量为同比增长6.9%，增速较2016年提高0.2个百分点，实现了2009年以来全年经济增速首次回升。

供给侧改革成果显著，主要表现在：第一，市场需求企稳，存在严重过剩的重化工等大宗原材料去产能取得成效，供大于求的矛盾明显缓解，价格水平持续提高，受其推动，从2016年9月开始，PPI指数由负转正。第二，随着转型升级的逐步推进，越来越多的企业的创新能力和竞争力明显增强，开始逐步适应新的市场环境，企业效益好转。2017年规模以上工业企业实现利润75187.1亿元，比上年增长21%，增速比2016年加快12.5个百分点，是2012年以来增速最高的一年。2017年，规模以上工业企业主营业务收入利润率为6.46%，比上年提高0.54个百分点，工业企业盈利能力明显增强。

国际方面，全球经济出现了周期性的复苏，全球经济增长从2016年的2.4%增长为2017年的3%，投资、贸易、工业生产等都出现了反弹。20国集团的PMI指数持续回升，达到2011年以来的较高水平，世界经济复苏态势进一步明确。根据世界银行估计，2018年全球经济增长为3.1%。

基于这些情况，可以认为经济增长的新基础已初步形成，此也标志着持续6年左右的经济增速换挡过程基本结束。2018年中国经济将处于进入高质量发展新时代的起步时期。

虽然总体数据给人以信心，但是我们还是需要注意投资、出口和消费这“三驾马车”出现的问题，防范风险的扩大。

投资方面，2017年的投资绝对值增速为4.2%，第二产业各行业门类的固定资产投资占比仍然处于下降通道，而成为支撑起整个固定资产投资的仍然是水利、交通领域的基建投资。2011年水利环境业投资占比7.87%，到2017年上升到13%，增加了5.1个百分点，是固定资产投资领域最具有增长性的行业。而地方隐性债务发展、金融去杠杆持续推进等，预计对基础设施投资资金会形成一定约束。

出口领域，全球“逆全球化”趋势显现，中国最大的贸易伙伴国美国走上了加息缩表和减税之路，贸易战有进一步爆发的风险，中国的出口也将面临承压。

消费领域，可以明显地看出消费增长受压于房地产市场。我国新增贷款部门占比发生了结构性转变，2012年到2017年，居民贷款占比从28%上升到53%，而企业贷款占比由2012年的69%下降到占比48%。考虑到居民信贷大量流入房地产，最终影响到居民消费的增长，2017年城镇居民消费性支出增幅下降到5.9%，而2016年为7.9%。

在此背景下，为继续推动2018年经济高质量发展提出以下两点建议。

第一，在宏观层面，防风险要和稳增长并重，十九大报告就提到了绝不能爆发系统性金融风险。在股市、楼市、外汇、债务这几个领域，要把防范金融风险的重点放在稳住债务和抑制房地产过度投机。

第二，在微观层面，在严查 PPP 项目和产业引导基金的背景下，地方政府寻找经济增长新动能需要硬科技与软智业软硬结合，地方推动产业转型升级、建立新型产业集群需要智库、智业来参与谋划、策划和规划，以实现更好地规划和配置资源。

综上，由于金融和监管政策的收紧，发达经济体的不断增强的贸易保护政策和不断升级的地缘政治紧张局面，预计 2018 年中国经济增长为 6.5% 左右。

2018 年首要任务是防止出现重大风险事件

殷剑峰　对外经济贸易大学金融学院教授、博士生导师

殷剑峰，浙商银行首席经济学家，对外经济贸易大学金融学院教授，博士生导师；兼任国家金融与发展实验室副主任，中国金融学会理事，中国金融论坛（中国人民银行智库）创始成员，中国保险行业协会首席金融专家；曾任中国社科院金融研究所副所长。享受国务院政府特殊津贴，曾荣获孙冶方经济科学奖（第十二届）和胡绳青年学术奖（第四届），多次获得中国人民银行、中国社会科学院等部委颁发的科研成果奖。主要研究领域包括宏观经济、货币金融政策和金融发展等。

关于 2018 年中国经济总体形势，有三个基本判断：第一，结构继续调整；第二，大力处置和防范金融风险；第三，经济增长压力加大。

在结构调整方面，产业结构将延续三产增速快于二产的格局，三产中新兴的软件信息技术行业的投资将继续维持两位数以上的增速。但由于第三产业中科教文卫等现代服务业依然处于管制状态，三产总体的劳动生产率还将低于二产。二产中制造业转型升级加快，传统制造业优胜劣汰，行业集中度提高，分化加剧。需求结构也将延续消费成为“第一驾马车”的格局。由于非金融企业分化加剧，龙头企业投资动力不足，其他多数企业没有投资能力，固定资产投资增速可能继续放缓；同时，随着与美国贸易战的可能性加大，出口压力加大。

随着前期风险因素的累积，2018 年将进入大力处置和防范金融风险时期。从实体经济部门看，中央政府和不包括地方平台、房地产企业的非金融企业资

产负债表较为健康。事实上，后者的资产负债率为 20 年来最低，但是，包含地方平台的地方政府和居民部门前期加杠杆的速度太快。从金融部门看，2017 年金融去杠杆已经取得较大进展，银行整体资产负债表较为健康，但依赖金融部门内部融资的部分中小银行和中小非银行金融机构可能会成为风险爆发点。归根到底是房地产行业，分区域看，房价涨幅快于人口涨幅的部分中西部地区、部分二线和三、四线城市的房市可能会出现深度调整。

总体来看，2018 年的实际 GDP 增速会较 2017 年略为下降，但名义 GDP 增速可能会出现较大的下行压力。

关于 2018 年的政策建议，我们认为首要的任务是防止出现重大的风险事件，这将打乱改革的步伐。由于大多数金融危机都是因为此前过于宽松的货币监管政策突然转向，进而刺破泡沫，因此，要防止出台过于激进的政策措施，防止出现政策引发的次生风险；应该继续落实地方政府对债务的责任，强化硬预算约束；应该适度收紧居民部门信贷，强化对按揭贷款和消费贷款的监管；应该对部分可能出现风险的中小金融机构做好兼并收购或破产的善后工作；应该继续强化对资本项目的监管；应该加快法定存款准备金制度的改革，货币政策应该保持不松不紧，及时提供流动性支持。

在防范风险的同时，需要加快改革。在强化产权保护、依法治国的基础上，激发企业家精神；随着我国进入后工业化时代，应该加快服务业领域的改革，改革科教文卫的事业单位体制；应该深入改革财税体制，明确中央和地方的事权和财权，同时加快国企改革。

2018年中国经济将延续稳中向好态势

张　斌　中国社会科学院财政税收研究中心副主任兼秘书长

张斌，中国社会科学院财经战略研究院院长助理、税收研究室主任，研究员，博士生导师。中国社会科学院财政税收研究中心副主任兼秘书长。中国财政学会理事，中国税务学会常务理事、学术研究委员会委员，中国国际税收研究会理事、学术研究委员会委员。

主要研究领域为财税理论与政策。撰写的论文和研究报告曾获中国财政学会、中国税务学会、中国国际税收研究会等多项省部级一等奖和中国社会科学院优秀决策信息一、二、三等奖。

2017年中国经济增长率为6.9%，自2011年以来首次实现年度增速回升，经济运行的质量、效益和结构也有明显提升和改善。其中，服务业对经济增长的贡献不断提高；企业效益持续改善；战略性新兴产业、高技术产业等新兴行业保持较高增长；净出口对经济增长的贡献率由负转正；居民收入增速高于经济增速，扭转了近年回落态势，城乡居民间收入差距继续缩小。

2018年，尽管国际环境仍然错综复杂，如果世界经济保持目前稳健复苏的趋势，中国经济发展的外部环境有望持续改善。而随着供给侧结构性改革的深化，建设现代化经济体系各项措施的实施，在新旧动能转换、结构优化和高质量发展的推动下，中国经济总体上将延续稳中向好的态势。

党的十九大报告指出，我国经济已由高速增长阶段转向高质量发展阶段，正处在转变发展方式、优化经济结构、转换增长动力的攻关期，建设现代化经济体系是跨越关口的迫切要求和我国发展的战略目标。现代化经济体系涵盖了社会经济活动的方方面面，推动高质量增长也是一个系统工程。其中，转变政府职能，深化财税体制改革是处理好政府与市场关系，建设充分发挥市场作用、更好发挥政府作用的经济体制的关键。

第一，在继续实施积极的财政政策的同时，要着力优化财政支出结构，尤其要通过转变政府职能，在体制机制上扭转地方政府片面追求 GDP，依靠投资拉动经济增长的倾向。通过进一步完善基础设施投融资体制，加强对 PPP、政府产业投资基金的监管，有效防范地方政府债务风险，更好地发挥政府投资在优化供给结构、改善民生、促进生态文明建设等方面的作用。

第二，我国社会主要矛盾转化为人民日益增长的美好生活需要和不平衡不充分的发展之间的矛盾是推动高质量发展的时代背景。满足人民日益增长的美好生活需要不仅要求社会提供高质量的私人产品和服务，同时也要求政府提供更高质量的公共产品和服务。在这个意义上，加快建立现代财政制度，为人民提供均等化、高质量的公共产品和服务是推动经济高质量增长的内在要求。

第三，降低实体经济税费负担，优化税制结构，实现税负公平是推动经济高质量增长的重要措施。富有创新活力的实体经济是现代经济体系的基础，通过税制结构的优化，降低实体经济税费负担，逐步提高直接税比重不仅有利于促进实体经济发展，同时也是实现税负公平，建设体现效率、促进公平的收入分配体系的必然要求。

第四，推动高质量发展要处理好政府与市场的关系。就财税改革而言，一方面要通过公共服务均等化和税法的统一为市场主体创造公平竞争的制度环境；另一方面在进一步完善鼓励研发，促进创新、创业和绿色可持续发展的财税优惠政策体系的同时，应按照功能性产业政策的要求，从降低市场主体创新成本、培育经济长期增长动力出发推进财税体制的整体优化。

2018 年经济增长质量提升步伐加快

张春晓　国务院国资委研究中心研究员

张春晓，经济学博士，北京大学教授，从事企业基层管理、项目管理、企业重大项目合作洽谈、企业重大项目可行性分析、企业战略规划、企业信息化管理、企业文化管理、企业文化培训、企业人力资源开发及管理、企业新产品开发管理、企业兼并重组等。现任职于国务院国资委研究中心，在产学研结合的前沿阵地，从事科研、教学、咨询、策划等。在企业文化、企业战略、企业家学、组织绩效、组织行为学、市场营销、人力资源等方面均有很深的造诣。

2018 年，世界经济进入新的发展周期，经济战争深度推进，经济增长低速徘徊，创新空间加大，创新力度增强，市场开拓延展，财政手段积极，货币政策稳健，基础设施投资加速，局部冲突触点增加，“逆全球化”蔓延，贸易保护变形。世界经济发展不稳定不确定因素加剧，中国经济发展在新时代稳步奋力前进。

一、2018 年中国经济形势的总体看法

预计 2018 年中国经济平稳发展，增速略有放缓，全年增速 6.8% 左右，高于年度目标，经济增长质量提升步伐加快。一是“三驾马车”协同发力，“稳升缓”态势明显。“稳”即消费增速平稳，“升”即出口增速回升，“缓”即投资

增速放缓，消费成为拉动经济增长的第一动力。二是第三产业增速持续超过第二产业，经济增长动能从第二产业向第三产业提升、推进，高质、高效、精准、创新型服务业增长空间加大，一、二、三产业融合发展格局形成。三是供给侧结构性改革引致质量、效率、动力三大变革，促使产业结构快速升级和行业集中度提升，高新技术行业快速增长，有成本和技术优势企业的市场份额显著增加，经济增长的内生动力显现。四是中国工业 4.0 全面探路，中国制造 2025 稳步推进，“数字经济”和“互联网 +”快速发展，人工智能基础、智能应用与分析、智能事物、数字孪生、从云到边缘、会话式平台、沉浸式体验、区块链、事件驱动、持续自适应风险和信任等高科技成为现代产业体系的生力军。

二、推动高质量发展的建议

1. 阶段性推进“三去一降一补”

一是调整去产能方向，从总量性去产能调整到结构性优化产能，以优化促使产业结构升级。二是抓住去杠杆节点，做实清理退出一批，综合运用破产重整等方式，加快推动“僵尸企业”出清。三是找准降成本重心，不折不扣落实已出台的各项减税降费措施，加大力度治理“红顶中介”和行业协会乱收费问题，动态优化经营服务性收费目录清单。

2. 全面发力混合所有制改革

在“积极发展、有序实施、稳妥推动”12 字方针指引下，本着有利于坚持和完善基本经济制度；有利于国有资本放大功能、保值增值、提高竞争力；有利于促进国有企业治理结构和经营机制的进一步完善；有利于实现国有资本的优化配置；有利于社会资本拓展投资发展空间；有利于促进国有资本与社会资本深度融合，发挥各自优势，促进共同发展，共同把民族企业做强、做优、做大的原则，推进国有企业混合所有制改革。

3. 着力发展高水平实体经济

一是大幅度降低实体经济的运行成本，全面降低实体经济所在行业和企业的税费、融资、用能、物流成本和制度性交易成本等。二是切实扫除妨碍市场公平竞争的障碍，真正打破“弹簧门、玻璃门、旋转门”，全面实施动态完善市场准入负面清单，破除歧视性限制和各种隐性障碍，激发各类市场主体活力。三是实施最严格的产权保护政策，依法甄别纠正社会反映强烈的产权纠纷案件，不折不扣落实中央产权保护政策，弘扬企业家精神，稳定企业家预期。

速度可以慢些但质量要高些

张建君　中共甘肃省委党校经济社会发展研究所所长，教授

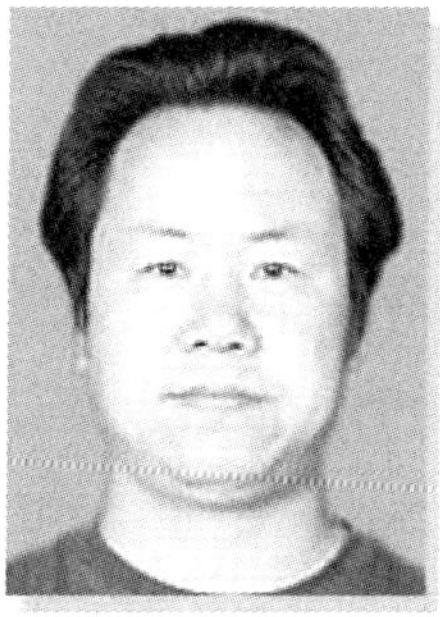

张建君，中共甘肃省委党校经济社会发展研究所所长，教授，经济学博士（后）。长期致力于转型经济及中国发展道路研究，出版专著《全球化视域下的中国发展道路研究》（人民出版社 2017 年版）。

2017 年，是极不平凡的一年。从经济发展的角度来看，有四大显著变化值得铭记。

一是习近平新时代中国特色社会主义思想正式确立。以新发展理念为核心的习近平新时代中国特色社会主义经济思想已经成为推动我国经济发展的根本遵循，我国经济呈现出“转”“调”“升”加速发展的良好态势。

二是在供给侧结构性改革的政策导向下，我国经济扭转自 2011 年以来的下滑态势，当年实现了 6.9% 的经济增速，实现了止滑起稳、筑底向好的增长趋势，有效提振了决胜全面小康和世界经济复苏的信心。

三是经由过去 5 年的发展，十八大提出到 2020 年“实现国内生产总值和城乡居民人均收入比 2010 年翻一番”的奋斗目标中，国内生产总值翻番的目标已经率先实现。从初步披露的统计数据来看，2017 年 82.7 万亿元的国内生产总值是 2010 年 39.8 万亿元的 2 倍以上，2017 年 13432 元的农村居民人均可支配收入

是2010年5919元的2.27倍，2017年36396元的城镇居民人均可支配收入是2010年19109元的1.9倍。这也意味着为2020年决胜全面建成小康社会赢得了宝贵的战略机遇和巨大的发展空间。

四是党的十九大明确做出我国经济已由高速增长阶段转向高质量发展阶段的判断，标志着我国经济已经进入了一个历史性转折的关键时期，正在开创中国特色社会主义高质量发展的新时代。

在预期偏冷的行情下，2017年的中国经济之所以能够走出一条逆势增长之路。一是得益于转方式调结构促创新培育经济新动能的提质增效改革举措，最终消费支出对经济增长的贡献率58.8%。消费仍然是拉动经济增长的主要动力，投资渐趋稳定且民间投资开始回暖，新产业新业态新模式仍然保持快速增长的态势。二是受益于全球市场的升温回暖，从统计部门披露的数据来看，2017年我国货物和服务净出口对经济增长的贡献率达到9.1%，比2016年提高18.7个百分点，进出口规模创历史新高，这充分说明世界的发展离不开中国，中国的发展也离不开世界。在此基础上，展望2018年的经济前景，我们认为我国经济基本动力格局不会有大的变革，稳中有进的态势仍然会延续，创新态势会持续增强，经济质量将明显提升，经济前瞻较为乐观。

为此，在2018年的经济工作中，一要坚持打破速度崇拜的惯性思维，继续稳固经济增长回升的良好态势，坚持以我为主、以供给侧结构性改革为政策主线的政策导向，把经济增速稳定到一个合理区间；二要毫不动摇的坚持创新发展、协调发展、绿色发展、开放发展、共享发展的制度框架与政策体系，让创新真正成为引领我国高质量发展的第一动力，并力争在创新产业的培育打造方面有新的突破；三要持续优化我国经济发展中不平衡不充分的弱项短板，不断加大有效投资的力度与强度，进一步夯实和硬化我国高质量发展的物质基础和发展条件。

2018 年的中央经济工作会议指出，推动高质量发展是当前和今后一个时期确定发展思路、制定经济政策、实施宏观调控的根本要求，这是对我国经济发展大原则、大方向的准确把握，这也昭示着我国经济转方式、调结构、新动能不是一个权宜之计，而是谋划经济转型升级、开启高质量发展阶段的必由之路。为此，我们认为，2018 年的经济增速可以慢些，但质量一定要高些，不以增速论英雄，但用质量求效益，要努力开启我国经济高质量发展的崭新阶段。

推动高质量发展需深化供给侧结构性改革

张建平　商务部研究院学术委员会副主任、区域研究中心主任，研究员

张建平，商务部研究院学术委员会副主任、区域研究中心主任，研究员，博士生导师。中国社会经济系统分析研究会副理事长，PECC 中国委员，央视、凤凰卫视、CNR 和 CRI 评论员。主要研究国际经济、国际区域合作与中国对外投资。曾为俄罗斯副总理苏瓦洛夫提供咨询。发表论文百余篇，专著 4 部。主持的课题获国家发改委和商务部部级三等奖 5 次。

本人对 2018 年中国经济形势的基本判断持审慎乐观态度。当前世界经济复苏保持了较好势头，特别是 2017 年世界经济增长的力度明显增强，国际贸易的增速显著提升，包括中国和主要出口国能够实现两位数出口增长，表明国际市场需求趋于强劲，这为中国经济实现转型升级、推动高质量发展提供了较好的外部发展环境。中国通过深化供给侧结构性改革，经济自身内需动力也总体表现较好，2017 年实现了 6.9% 的增长速度，消费对经济增长的贡献和拉动作用显著增强，净出口对经济增长的贡献由负转正。

考虑到世界经济发展面临的不确定因素，包括美国加息和减税、英国脱欧进程、发达国家贸易保护、地缘紧张和冲突，以及“逆全球化”等因素对全球资本流动和国际贸易产生的潜在负面影响，考虑到中国目前经济面临的一些重大结构性矛盾问题，以及金融风险加大、地方债务风险尚未化解、房地产泡沫风险压力、民营企业固定资产投资意愿低迷、实体经济下滑等挑战，2018 年中

国经济增速的区间可能在6.5% ~7.0%之间。2018年，推动高质量的发展，必然依赖深化供给侧结构性改革。

一是建议高度重视深化制度供给改革，依托自贸试验区建设和自由贸易港建设，深入探索简政放权、转变政府职能、改善政企关系、有效改善营商环境，变过去的注重事前监管切换到注重适中事后监管的模式，深入开展财税管理体制和金融管理体制的改革，有效降低实体经济成本。这样才能有效激发企业投资和经营的积极性和创新活力，推动企业想创新驱动的发展方向前进。只有在这个前提下，各地才有可能不断培育新的经济增长点，发展新业态、新商业模式，形成经济增长新动能，才有可能推动传统产业优化升级，化解过剩产能。

二是要把工业领域的“三去一降一补”与商务领域的供给侧结构性改革有机结合起来，以推动消费升级、满足人民对日益美好生活向往为基本出发点，引导国有、民资、外资各类所有制企业的研发、生产制造、流通和进出口的供给侧结构性改革，推动企业切实加强质量建设和品牌建设，培育若干世界级先进制造业集群。要通过深化知识产权保护，真正激发和保护企业家精神，鼓励创新创业，建设知识型、技能型、创新型劳动者大军，弘扬劳模精神和工匠精神。

三是要强化市场监督机制和惩戒机制的完善，让创新创新企业能够健康成长，让假冒伪劣企业寸步难行。要基于大数据平台，加强部级协调配合，联合加快加快建设和完善信用体系，加大对失信企业的惩戒力度，并有效实施。要切实保护消费者的权益，简化维权程序、降低维权成本，发挥消费者打击假冒伪劣和监督企业的重要作用。要及时研究、修改对损害消费者利益的企业惩罚力度，真正做到像治理酒驾一样打击假货，充分发挥电商大数据平台优势，让健康的市场引领高质量的发展。

坚持稳中求进　着力推动高质量发展

张军扩　国务院发展研究中心副主任、研究员

张军扩，研究员，先后毕业于西北大学经济系、华中科技大学，获经济学学士、硕士学位。1996 年 12 月任国务院发展研究中心学术委员会副秘书长；2004 年 9 月任国务院发展研究中心发展战略与区域经济研究部部长；2010 年 11 月为国务院发展中心党组成员、办公厅（人事局）主任。2013 年 3 月任国务院发展研究中心副主任。

分析和展望 2018 年宏观政策和经济形势，最重要的是要把握好两点：一是坚持稳中求进的工作总基调，二是着力推动高质量发展。

中央经济工作会议指出“稳中求进工作总基调是治国理政的重要原则，要长期坚持”，而对于 2018 年而言，尤为重要。这是因为，当前，一方面，我国经济总体上继续呈现平稳向好的态势，增长的稳定性进一步提升，新技术、新产业、新业态蓬勃发展，增长新动能进一步增强，质量和效率也进一步改善。而另一方面，经济运行中也存在一些不容忽视的问题和矛盾，主要表现在实体经济的发展还面临不少困难，部分地区部分行业部分领域结构矛盾还比较突出，防范和化解财政金融风险的任务依然不小，经济增长的内生动力依然不够强大，持续稳定增长的基础也还不够牢靠。从国际环境来看，虽然现在大多数国内外研究机构都对 2018 年的国际经济和贸易增长表示乐观，做出了向上的积极预期，但也都指出了经济回升面临的诸多短期风险和不稳定因素，包括生产率增

长缓慢、资产价格泡沫、保护主义兴起、地缘政治风险等，以及中长期发展面临的深层结构矛盾和挑战。在这种情况下，我们需要在乐观的氛围中保持清醒，居安思危，未雨绸缪，在保持稳定的前提下，着力促进经济转型升级，着力提高发展的质量、效率和竞争力，不断夯实经济持续稳定增长的基础。

在稳中求进的原则和工作总基调下推动高质量发展，首先要努力保持经济平稳向好的势头和社会大局的稳定，这不仅要求我们要继续保持宏观调控政策的连续性稳健性，继续坚持积极的财政政策和稳健中性的货币政策，为经济的稳定增长创造适宜的宏观需求环境，而且需要进一步完善社会政策，注意解决民生突出问题，积极主动回应群众关切，加强基本公共服务，加强基本民生保障，及时化解社会矛盾。其次要着力打好防范化解重大风险、精准脱贫、污染防治三大攻坚战。这“三大攻坚战”既是今后 3 年决胜全面建成小康社会的重点任务，也是 2018 年的重要工作，其中防范化解重大风险对于实现稳中求进方针尤为重要和关键。最后，就是要着力构建和完善推动高质量发展的体制机制政策环境，其中最核心的一点，就是要在处理好政府与市场的关系方面进一步下功夫，更好发挥政府作用，使市场在推动高质量发展中起决定性作用。一要进一步转变政府职能，减少政府对经济活动的直接干预。二要根据实际情况变化，及时更新和提高环境、质量、安全标准，并严格执行，形成有效的倒逼机制。三要进一步采取措施改善市场秩序，为优质优价，优胜劣汰创造有利的市场环境。四要进一步完善促进创新发展的制度环境。五要进一步深化土地制度、国企改革、金融改革、干部制度改革等重点领域的改革。六要进一步扩大开放，着力提升对外开放的广度和深度。

制造强国需与贸易强国协同推进

张　莉　国家高端智库商务部研究院电子商务研究所副所长，研究员

张莉，国家高端智库商务部研究院电子商务研究所副所长，研究员，经济学博士后，部分地方政府决策咨询顾问。主持及参与省部级课题 60 多个，包括《培育中国对外贸易竞争新优势研究》《我国跨境电子商务发展战略研究》等，部分课题获得国务院领导批示，相关成果已转化成国家政策及文件。已出版《入世十年中国对外贸易监测报告》《新世纪以来的中国对外开放》《穿迷彩服的世界经济》等专著，发表文章 150 多篇。为《国际商报》《中国经济时报》《中国经营报》等媒体的主要采访专家；《今日中国》等杂志的专栏作者；贸促会、中国电子商务中心的培训专家。

一国主导产业群既要有广阔的技术拓展空间，也要有巨大的国际市场前景，同时还要有利于与国际产业链的有机衔接，从而形成产业与贸易互为促进的闭环式良性循环体系。加强产业政策和贸易政策的衔接，推进制造强国与贸易强国协同发展直接关系到两项建设的成败，相关部门应高度重视，建立产业政策与贸易政策的协调机制，加快推动以需求为导向的供给侧结构性改革，可先从以下几方面着手。

1. 处理好政府管理与市场创新的关系

政府管理的重点应转向促进供需平衡、降低制造业成本、激发企业的创新活力、培育主导产业的国际贸易竞争新优势。加强政府投入资金和基金使用的

事前、事中和事后评估，停止对机器人、半导体等行业的资金补贴，杜绝骗补行为，政府扶持重点由提供销售补贴转向促进研发、创新以及研发成果的市场化运用。完善 PPP 法律体系，充分发挥民营资本的作用，鼓励民营企业加大研发投入。发挥各类外贸主体和新模式的作用。

2. 强化“生产 + 贸易 + 服务”理念

目前，互联网对制造业的渗透率仅为6.3%，要及时纠正各地只鼓励生产不注重需求的“战略性新兴产业”发展思路，加快推动制造业的网络化、数字化、智能化、柔性化、服务化，鼓励市场主体充分利用互联网技术、大数据分析了解市场需求趋势，化解机器人、半导体等领域的低端产能过剩及非有效需求式生产，在构建研发中心、大数据中心、人工智能、智慧工厂、智能制造、物联网、工业互联网、B2B 电子商务、个性化定制等方面加快布局，实现生产、流通、消费、国际贸易的联动发展。

3. 加快推动“中国制造 2025”的国际化发展

研究制定“中国制造 2025”国际化发展战略及推进方案，加强贸易政策与产业政策的协调，尽早加入世贸组织《政府采购协议》，推动建立云计算、人工智能、大数据、5G 等方面的国际标准以及国内标准与国际标准的衔接。扩大对外资在人工智能、机器人、半导体等领域的市场准入，深化对外商投资管理以及简化审批流程的改革，通过引进先进技术，提高国内市场的关键零部件和核心技术的研发和生产能力，发展外资带动型贸易。拓展主导产业的国际贸易渠道和空间。

4. 引领“制造业 + 互联网”的国际规则制定

在多双边谈判中为未来中国企业的“智造产品”出口设定条款和谈判议题，提前预防中国制造业实力增强后被实施贸易保护的被动局面。推动对“公共安全、国家利益、关键技术清晰”等方面的国际统一定义。加强在国际规则信息技术产品和服务安全审查，产品设计细节和源代码的公开，服务器本地化，数据流动、关键数据存处理和维护，云服务提供商的选择，机器人、新能源汽车等产业的反倾销反补贴措施等方面做好谈判方案设计和谈判议题储备，力争以"中国方案"引领谈判。

克服急躁冒进倾向　稳步提高发展质量

张俊伟　国务院发展研究中心宏观经济研究部研究室主任，研究员

张俊伟，国务院发展研究中心宏观经济研究部研究室主任、研究员。1996～2002 年在中国社会科学院研究生院经济系学习，获经济学硕士、博士学位，2002 年进入国务院发展研究中心工作至今。主要研究领域为宏观经济、财政、金融、产业经济等。曾参与多项发展研究中心课题研究，公开发表文章多篇，合著出版著作多部。参与的课题曾荣获孙冶方经济学著作奖，多次获得发展研究奖一等奖。代表作品有《经济体制改革 30 年：回顾与展望》《我国产业结构变动的趋势、风险和对策》《在放权和约束间建立新平衡——完善政府间转移支付的思路与行动框架》等。

我国经济由高速增长阶段转向高质量发展阶段的根本原因，从经济学角度分析，是农村剩余劳动力转移基本殆尽、“人口红利”逐步消失。由高速增长阶段转向高质量发展阶段，是我国步入工业化后期发展阶段后出现的客观现象，也是一个渐进的发展过程。

党的十八大以来，以习近平同志为核心的党中央在推动高质量发展方面做了大量探索，已经形成了相对完备的理论体系和政策框架，也取得了明显的成效。目前，社会各界共识已初步形成，发展方向和政策措施也已基本明确，再加上各地区各部门干劲很足，加快向高质量发展转型的条件已经具备。作为迈向高质量发展“元年”，2018 年完全有可能是“开好头、起好步”，带来业绩“开门红”的一年。

和2015年相比，当前我国经济的运行态势已出现明显改观。从经济运行周期的角度看，我国经济已越过衰退、萧条阶段，步入复苏阶段。经济运行态势的上述变化，使总量失衡矛盾和结构性失衡矛盾的主次关系易位。这也为加快向高质量发展转型创造了良好的外部环境。

要把上述有利条件用足用好，关键是准确把握“稳中求进”的总要求，处理好新时代条件下改革、发展、稳定之间的关系。特别需要强调的是，贯彻新发展理念要求政府发挥更加积极的作用。在我国，集体主义、国家主义是主导意识形态，政府又是强势政府，在此背景下强化政府作用，很容易因工作“冒进”而出现失误，从而带来不必要的损失。因此，越是在顺利的时候，各级党委和政府越要保持清醒的头脑。要切实树立“宁可慢些，但要好些”的理念，积极稳妥地推进财政金融风险防范、污染防治、落后产能退出、精准扶贫等各项工作。唯有此，才能实现“无形之手”和“有形之手”合力的最大化；也唯有此，高质量发展之路才能行稳致远，顺利抵达现代化的彼岸。

平稳开启高质量发展新阶段的大幕

张立群　国务院发展研究中心宏观经济部研究员

张立群，国务院发展研究中心宏观经济研究部研究员，享受国务院特殊贡献津贴。长期从事宏观经济形势和经济发展战略、规划的研究工作。1984～1999 年 3 月在国家发改委从事研究工作，1999 年 3 月调入国务院发展研究中心。参加了“八五”计划、“九五”计划、“十五”计划、“十一五”规划、“十二五”规划的有关研究或文件起草工作。多次参加中央经济工作会议有关文件和政府工作报告起草工作。代表作有《买方市场下的经济运行和宏观调控》《加快转变经济发展方式》等。

预计 2018 年经济增长率与 2017 年大体相当；PPI 同比涨幅较 2017 年有明显下降，CPI 同比涨幅在 2% 左右。预计年度内经济运行小幅波动、总体平稳；以提质增效、减排降耗为主线的转型升级活动明显增多。

1. 世界经济复苏态势进一步明确，我国外贸出口将保持平稳增长

2017 年以来，20 国集团的 PMI 指数持续回升，达到 2011 年以来的较高水平，显现全球经济保持回升势头。预计全球贸易改善态势将延续。同时也要注意，仍然存在一些不确定因素。包括美国可能启动贸易保护；美联储进一步加息，开始缩表行动；欧洲一体化也仍然面临挑战，西班牙加泰罗尼亚的自制公投、奥地利极右势力入阁等可见一斑。综合积极因素和不确定因素，预计 2018 年世界经济总体将呈现进一步复苏的特点。依据这一条件，考虑我国经济转型升级的效果，预计 2018 年出口将保持平稳增长，水平与 2017 年大体相当。

2. 城镇化推进不平衡的矛盾逐步解决，投资将保持平稳增长

依靠一批热点二线城市崛起，以及新型城镇化的初步成效，2016 年以来房地产投资增速出现回升，结束了持续下降的态势，成为投资增速由降转稳的重要支撑。2017 年房地产投资继续保持平稳增长。随着新型城镇化成效的显现和房地产调控政策的完善，预计 2018 年房地产投资将继续保持平稳增长。2018 年基础设施投资增长总体活跃。受市场销售形势好转，价格上涨，利润增加，以及促进企业创业创新环境改善的改革力度加大等因素推动，预计制造业投资、民间投资增长趋于恢复。综合分析，预计 2018 年投资增速与 2017 年大体相当。

3. 就业和收入增长比较稳定，消费将保持平稳增长

2012 年以来，党和政府坚持社会政策托底的原则，全力保障基本民生，着力抓好精准就业、精准扶贫等重点关键环节的工作，取得了明显效果。2012 年以来就业形势总体平稳，稳中向好。随着经济增长企稳和企业效益改善，预计 2018 年就业形势将进一步向好。在此基础上，考虑精准扶贫工作力度进一步加大等因素，预计居民收入增速将稳中趋升。受其支持，再考虑房地产市场、汽车市场平稳增长等因素，预计 2018 年消费将保持平稳增长，增速与 2017 年大体相当。消费结构升级态势将更趋活跃。

综合展望，2018 年经济保持平稳增长，市场供求总体平衡，价格小幅上涨。这将为转入高质量发展提供较好的宏观经济环境。随着供给侧结构性改革进一步深入推进，十九大精神全面落实，预计以提质增效、减排降耗为主线的新经济增长特点将日益明显。要充分把握积极因素，高度重视和妥善应对可能的风险，平稳开启高质量发展新阶段的大幕。

新发展理念支撑中国经济稳中有进

张　青　国家行政学院经济学教研部副主任，教授

张青，国家行政学院经济学教研部副主任，教授。毕业于中国人民大学，获经济学博士学位。曾任职于中国人民大学、中国国际贸易促进委员会等。

主要研究领域：宏观经济、政府经济管理、国家粮食安全、“三农”问题。

主要论著：《国家商品储备：安全与稳定》《国际市场价格概论》《中国政府经济管理报告》《中国城镇化的产业支撑研究》《中国精准扶贫十讲》《怎样做到精准扶贫》等。

多年来在国家行政学院主体班次授课，主持了多项国家高端智库研究课题。

一、2017 年经济运行主要特征

面对复杂多变的国内外形势，2017 年中国经济坚持“稳中求进”的总基调，贯彻新发展理念，以供给侧结构性改革为主线，经济运行总体呈现出稳中有进、好于预期的态势。

“稳”，主要体现在经济增长稳中趋升，价格水平温和可控，就业状况好于预期，失业率稳中趋降。2017 年国内生产总值较上年增长 6.9%，是持续 6 年增长放缓后的首次提速；进出口转降为升，进出口总额比 2016 年增长 14.2%，扭转了连续两年下降的局面；全年 CPI 同比上涨 1.6%，在既定调控目标之内；

PPI 同比上涨 6.3%，结束了自 2012 年以来连续年的下降态势；全年新增就业人数超过 1300 万人，调查失业率稳定在 4.9% 左右，为 2013 年以来最低水平。

“进”，主要表现为结构优化、动能转化和质量效益提升。产业结构中第三产业比重继续提升，对经济增长贡献率进一步加大，第二产业中的战略性新兴产业表现突出，增加值比上年增长 11.0%；需求结构中消费成为拉动经济增长的主要动力，投资总额中制造业技术改造投资增速接近 15%，净出口转负为正；收入分配结构中居民收入增长较快，快于整体经济增长率；区域结构中西部地区经济增速加快，区域差距逐步缩小；城乡结构中城乡差距收窄，农村居民收入增长快于城镇居民收入增长，农业投资增长迅速。经济发展动力加快转换，创新驱动日见成效，经济活力进一步增强，发展质量不断提高。

深入贯彻创新、协调、绿色、开放和共享发展新理念，是 2017 年中国经济取得“稳中有进”成效的重要支撑，也必将是 2018 年坚持稳中求进工作总基调的基本保证。

二、2018 年宏观经济形势与政策取向

预计 2018 年国内生产总值增长率为 6.5%。从“三驾马车”来看，消费可望继续保持稳健，一方面取决于高品质、创新性商品和服务的供给，另一方面取决于农村居民纯收入的增长和社会保障水平的提高；外贸虽然要看世界经济复苏情况，但也可以谨慎乐观，预计出口增长 6%，进口增长 8% 左右；投资不确定性较大，因供给侧改革导致的上游工业品涨价，可能会进一步抑制民间投资，房地产投资明显处于下行周期，但热点城市投资需求相对稳定，预计全年投资增长 10% 左右。

预计 2018 年 CPI 增速将达到 2.3%。前半年可能出现“结构性”通胀现象，

CPI 与 PPI 的走势出现明显分化，且 PPI 的波动幅度显著高于 CPI。但受高基数、国内上游价格涨幅回落等多方面因素的影响，2018 年 PPI 增速预计将回落至 5.0% 左右。

预计 2018 年调查失业率可以控制在 5% 以内，城镇新增就业继续保持在 1000 万人以上。虽然经济增速放缓和去产能会导致部分行业失业率上升，但大众创业、万众创新会弥补缺口，网络经济等新经济业态也将催生一大批新型就业岗位。

2018 年要继续实施积极财政政策和稳健货币政策。积极的财政政策主要支出方向由经营性支出转向转移性支出，以扶贫、民生、农业、教育、环保等为重点领域。货币政策维持稳健中性，流动性中性适度，提高央行利用各种货币政策工具组合对流动性的影响力。发挥专项建设基金作用，基金投放重点在地铁、大型水利、农村电网改造、宽带乡村、棚户区改造等公共产品和公共服务领域。

供给侧改革重心从做减法向做加法转移。坚持贯彻新发展理念，在继续完成“三去一降一补”任务的基础上，以满足人民美好生活的需要为目标提升产品和服务供给能力。产品供给的方向是高端化产品、高科技产品、绿色食品、休闲娱乐商品、医疗保健产品等等，服务供给方面需要弥补公共服务、消费服务的供给数量和供给质量短板，在促进基本公共服务均等化的同时提振高端消费市场。同时，应以创新为抓手提高全要素生产率。当资本和劳动等生产要素的投入趋于回落之时，需要依靠全要素生产率来推动总产出维持稳定增长，能提高生产要素供给和全要素生产率增长的改革应该放在供给侧改革的优先位置。

推动我国经济实现高质量发展

张占斌　国家行政学院经济学教研部主任、新型城镇化研究中心主任

张占斌，国家行政学院经济学教研部主任、新型城镇化研究中心主任，一级教授，博士生导师。中国公共经济研究会常务副会长、副秘书长，国家社会科学基金经济学评审组专家。中国国际经济交流中心、中国（海南）改革发展研究院、中国行政体制改革研究会学术委员等。入选国家“四个一批”社科理论人才和国家“万人计划”领军人才。

长期承担省部级领导干部和厅局级公务员各类班次，以及港澳班和各类涉外班次等的教学任务，曾获学院首届精品课奖和教学一等奖。主持国家社科基金重大项目，中央财经领导小组、中央办公厅、国务院办公厅等省部级以上委托课题30余项。参与国务院总理交办的重大课题研究、国务院经济大督查和第三方评估。著作和文章分别获学院科研成果奖。先后参与党的十八大、十九大、国家“十二五”规划、“十三五”规划前期重大课题研究工作，参与中央经济工作会议、中央城镇化会议文件准备和国务院领导重要讲话起草，有20多篇咨询报告获得中央领导的批示。发表理论和学术文章300多篇。

多年来围绕经济新常态、经济转型升级、新型城镇化等重大问题研究。多次受中央电视台、人民网等重要媒体采访，就十八大，十八届三中、四中、五中全会，中央城镇化工作会议、中央经济工作会议、政府工作报告精神等进行解读。

2018年是决胜全面小康社会的关键的一年，是落实党的十九大的开局之年。我国经济要从高速增长阶段转向高质量发展阶段，这是一个重大的具有里程碑性质的历史跨越。我们不片面追求经济增长速度，更看重经济发展的质量和效

益。我们要全面贯彻党的十九大精神，以习近平新时代中国特色社会主义经济思想为指导，加快形成推动高质量发展的指标体系、政策体系、标准体系、统计体系、绩效评价、政绩考核，创建和完善制度环境，推动我国经济在实现高质量发展上不断取得新进展。

1. 建立与高质量发展相适应的现代化经济体系

建设现代化经济体系是党的十九大基于建设社会主义现代化强国的目标创新性地提出来的，它的重要内涵之一就是，坚持质量第一、效益优先，以供给侧结构性改革为主线，大力推动经济发展质量变革、效率变革、动力变革，着力提升全要素生产率。深化供给侧结构性改革是建设现代化经济体系的主线，供给侧结构性改革对于经济体系的创新动力培育、经济结构升级、体制机制完善进而促进高质量经济发展，都具有重要意义。如果说我国经济正处在转变发展方式、优化经济结构、转换增长动力的攻关期，那么深化供给侧结构性改革就是最主要、最关键的“攻关利器”，只有深化供给侧结构性改革，才能促进我国经济从高速增长阶段向高质量经济发展阶段转换关口的跨越。

2. 建立与高质量发展相适应的宏观调控体系

科学有效的宏观调控是完善社会主义市场经济体制，实现经济从高速增长阶段转向高质量发展阶段的必然要求。在社会主义市场经济体制不同阶段，立足发展改革全局，我国宏观调控的理念与手段也不断与时俱进。近年来，我国先后创新实施区间调控、定向调控、相机调控，适时适度预调微调，调控的前瞻性、针对性、有效性明显加强，有力促进了经济平稳运行和结构优化升级。现在，我国宏观经济政策主线是供给侧结构性改革，宏观调控体系建设应转向提高发展质量的要求。这一体系的突出特征是：不仅聚焦于发展规模，而且更注重发展质量。不仅着眼于短期调控，而且更注重持续增长动力。不仅着力于需求侧的总量收放，而且更注重供给侧的结构优化。宏观调控要认真贯彻落实习近平新时代中国特色社会主义经济思想，坚持稳中求进工作总基调，贯彻新发展理念，以供给侧结构性改革为主线，紧紧围绕加快建设现代化经济体系，不断创新思路、完善方式方法，努力推动实现更高质量、更有效率、更加公平、更可持续的发展。

3. 建立与高质量发展相适应的政策协同体系

高质量发展要统筹各项政策，加强政策协同。稳中求进工作总基调是治国理政的重要原则，要长期坚持。“稳”和“进”是辩证统一的，要作为一个整体来把握，把握好工作节奏和力度。积极的财政政策取向不变，调整优化财政支出结构，确保对重点领域和项目的支持力度，压缩一般性支出，切实加强地方政府债务管理。稳健的货币政策要保持中性，管住货币供给总闸门，保持货币信贷和社会融资规模合理增长，保持人民币汇率在合理均衡水平上的基本稳定，促进多层次资本市场健康发展，更好为实体经济服务，守住不发生系统性金融风险的底线。结构性政策要发挥更大作用，强化实体经济吸引力和竞争力，优化存量资源配置，强化创新驱动，发挥好消费的基础性作用，促进有效投资特别是民间投资合理增长。改革开放要加大力度，在经济体制改革上步子再快一些，以完善产权制度和要素市场化配置为重点，推进基础性关键领域改革取得新的突破。扎实推进供给侧结构性改革，促进新动能持续快速成长，加快制造业优化升级，深化简政放权、放管结合、优化服务改革。加大重要领域和关键环节改革力度，营造支持民营企业发展良好环境，深化国企国资、财政金融等改革。确保重大风险防范化解取得明显进展，加大精准脱贫力度，务求污染防治取得更大成效。

4. 建立与高质量发展相适应的制度环境体系

按照高质量发展的要求，要统筹推进“五位一体”总体布局和协调推进“四个全面”战略布局，坚持以供给侧结构性改革为主线，统筹推进稳增长、促改革、调结构、惠民生、防风险各项工作，大力推进改革开放，创新和完善宏观调控，推动质量变革、效率变革、动力变革，在打好防范化解重大风险、精准脱贫、污染防治的攻坚战方面取得扎实进展，引导和稳定预期，加强和改善民生，促进经济社会持续健康发展。今后三年要重点抓好决胜全面建成小康社会的防范化解重大风险、精准脱贫、污染防治三大攻坚战。中央经济会议强调，推动高质量发展是当前和今后一个时期确定发展思路、制定经济政策、实施宏观调控的根本要求，必须加快形成推动高质量发展的指标体系、政策体系、标准体系、统计体系、绩效评价、政绩考核，创建和完善制度环境，推动我国经济在实现高质量发展上不断取得新进展。一连串提出这么多体系和考核要求，说明中央在这个问题上，是下了大的决心，并有周密的考虑。

做好两项工作　全面推动高质量发展

赵昌文　国务院发展研究中心产业经济研究部部长，研究员

赵昌文，国务院发展研究中心产业经济研究部部长，研究员，学术委员会委员。主要研究方向为产业政策、金融改革、国有企业和垄断行业改革。

2002～2003为密西根大学富布莱特学者，并分别在牛津大学、剑桥大学、利物浦大学、香港中文大学等学习或从事合作研究。曾任国务院发展研究中心企业研究所所长、四川大学副校长等职。

主持完成国际合作项目和国家重大项目数十项，参与了若干重要改革方案、政策的制定和评估工作，数十份报告得到党和国家领导人重要批示。近期的主要研究成果包括：《新时期产业政策研究》（2016年）、《从攫取到共容：金融改革的逻辑》（2015年）、《中国垄断性行业改革：评价及进一步改革思路》（2015年）等。

2018年，中国经济总体上仍将会保持稳中有进，行稳致远的基本态势。2017年中国经济增长6.9%，自2011年以来首次实现年度增速回升，经济增长的质量、效益和结构，也有一定的改善，为2018年的经济增长奠定了好的基础。需要注意的是，2018年的国际经济环境仍然有很大的不确定性，对中国经济的影响需要密切关注；过去几年以来一直推进的供给侧结构性改革虽然取得了明显成效，但2018年的重点放在哪里值得进一步研究；金融体系、地方债务和房地产风险依然是需要高度关注并采取极大努力去化解的风险。

2018 年是贯彻落实十九大精神，全面推动高质量发展的关键一年。为此，要着力做好以下两项工作。

1. 促进构建协同发展的产业体系

一是促进实体经济与科技创新协同发展。需要进一步深化科技体制改革，建立以企业为主体、市场为导向、产学研深度融合的技术创新体系，加强对中小企业创新的支持，促进科技成果转化，促进新型研发机构，不断提高经济发展中的科技创新贡献率。二是促进实体经济与现代金融协同发展。金融需要坚持回归本源、服从服务于经济社会发展的基本原则，着力消除金融与实体经济报酬结构失衡、推动经济去杠杆、强化和完善金融监管、抑制金融过度膨胀，不断增强服务实体经济能力和防范化解系统性金融风险能力。三是促进实体经济与人力资源协同发展。需要推动金融与实体经济、房地产与实体经济再平衡，抑制人才“脱实向虚”；实施人才强国战略，“建设知识型、技能型、创新型劳动者大军，弘扬劳模精神和工匠精神，营造劳动光荣的社会风尚和精益求精的敬业风气”；优化人才环境，“让各类人才的创造活力竞相迸发、聪明才智充分涌流”。

2. 促进构建公平竞争的市场经济体制

一是构建市场机制有效的经济体制。一方面，完善产权制度，培育合格市场竞争主体，使竞争机制有效发挥作用。需要完善各类国资管理体制改革，深化国有企业改革，推动地方政府融资平台市场化，完善地方政府举债约束机制。同时，充分发挥资本市场作用，完善各类所有制企业的产权制度和公司治理结构。另一方面，推进要素市场化，使价格机制有效发挥作用。需要推动资源价格、资金价格（打破刚性兑付）等方面的市场化改革。二是构建微观主体有活力的经济体制。需要推动构建新型政商关系的微制度创新，细化完善党政干部干事有为的容错纠错机制，培育激发企业家精神的法治环境、市场环境和社会环境，完善科技成果转化的体制机制，保持足够的企业纵向流动性，形成让企业家心安、让科技人员心宽、让党政干部心热、让创业人员心动的体制机制。三是构建宏观调控有度的经济体制。要健全市场基础设施，为政府有度且有效的宏观调控提供抓手；要创新和完善宏观调控，特别是健全货币政策和宏观审慎政策双支柱调控框架，发挥国家发展规划的战略导向作用，健全财政、货币、产业、区域等经济政策协调机制。

2018 年将成为中国特色自由贸易港建设起步之年

赵晋平　国务院发展研究中心对外经济研究部部长、研究员

赵晋平，经济学博士，国务院发展研究中心对外经济研究部研究员。2009 年 2 月 23 日曾担任第十七届中央政治局第十二次集体学习“世界经济形势与推动我国经济又好又快发展”专题讲解任务，2014 年 7 月 15 日曾参加李克强总理主持召开的经济形势专家座谈会，并在会上发言。获国务院特殊津贴，获中国发展研究奖一等奖 1 次、中国发展研究奖三等奖 2 次、安子介国际贸易研究奖著作二等奖 2 次。

研究领域：宏观经济、国际经济、对外经济政策和跨境投资。

主要著作：《利用外资与中国经济增长》《欧盟企业对华投资发展报告》《宏观经济大思路》《走向新起点——日本经济复苏之路与中日经济关系》《迎接后危机时代——国际金融危机背景下的中国经济形势分析与展望》《低碳贸易：节能目标约束下的贸易结构调整》《后危机时代的中韩经济关系》《跨太平洋经济伙伴关系协定：经济影响与对策》《中国发展对世界经济的影响》《中国经济增长前景与人口老龄化问题研究》等。

习近平总书记在十九大报告中提出了“探索建立自由贸易港”的新目标。虽然自由贸易港（区）的提法在过去几年国家批准的舟山新区、上海自由贸易试验区等有关方案和规划中已多次出现，但这次作为中央的战略举措正式部署，意义不同凡响。

近几个月来，许多省市政府都在积极行动，希望抢抓先机使自己的方案获

得批准尽早落地。这与中国自由贸易试验区元年——2013 年前后的情况十分相似。那么，2018 年会成为中国自由贸易港起步之年吗？

要回答这一问题，首先要搞清楚中国特色自由贸易港建设的具体模式。截至目前，还没有任何经过批准并公开发布的方案可供讨论，一个最具权威性的说法是汪洋副总理发表在 2017 年 11 月 10 日《人民日报》上的一篇署名文章中提到的："自由港是设在一国（地区）境内关外、货物资金人员进出自由、绝大多数商品免征关税的特定区域，是目前全球开放水平最高的特殊经济功能区。香港、新加坡、鹿特丹、迪拜都是比较典型的自由港。"基于这一原则性论述和自由贸易港建设的国际经验，笔者也想就中国特色自由贸易港建设的意义、条件、路径选择等具体问题谈几点个人的粗浅认识。

一、重要意义

正如汪洋副总理在上述文章中明确指出的，我国海岸线长，离岛资源丰富。探索建设中国特色的自由贸易港，打造开放层次更高、营商环境更优、辐射作用更强的开放新高地，对于促进开放型经济创新发展具有重要意义。

探索建设中国特色自由贸易港和近几年持续推进的自由贸易试验区改革创新之间具有什么关系呢？2013 年以来，我国自贸试验区在政府职能调整、外商投资管理制度改革、贸易发展和监管方式转型升级、金融开放创新和法制环境建设等方面取得许多重大进展，形成了一批体制机制创新成果并在更大范围内复制推广，对于深化改革、扩大开放产生了重要推动作用。习近平总书记在十九大报告中提出了新的要求，下一步要着眼于提高自贸试验区建设质量，对标国际先进规则，强化改革举措的系统集成和落地实施，形成更多制度创新成果，进一步彰显改革开放的试验田作用。建设自由贸易港是自贸试验区改革创新的进一步深化和战略延伸，是借鉴国际上高标准自由贸易园区的成功经验，打造更高水平的对外开放新高地的积极探索。具体来看，自贸试验区是制度创新试验田，区域构成既包括海关特殊监管区，也包括非海关监管区；取得经验可在全国范围内复制推广；自由贸易港主要应由海关特殊监管区构成，成功经验的复制推广需要相应的特定区域条件。

二、主要条件

按照建成国际上开放水平最高特殊功能区的总体要求，中国特色自由贸易港至少应具有以下几个方面的条件：一是依托于临近国际海运主航道的大型港口，具有成为中转贸易集散地和国际航运枢纽港的条件与潜力；二是建立《京都公约》定义“境内关外”属性的海关特殊监管区域，除了涉及军火、毒品和其他危害公共安全、生态环境的商品之外，允许绝大多数货物自由进出；三是实行国际高标准投资准入和离岸金融自由化制度安排，最大限度减少特别管理措施（负面清单）数量，区内货币自由兑换、金融企业投资准入全面放开，区内企业允许境外融资；四是实行入区货物免征关税和其他税收（如企业所得税）优惠政策；五是实施非居民自由出入和人才就业鼓励性政策；六是区内或周边地区具有较强产业基础和制造、服务配套能力；七是区内经济活动向国内腹地以及国际市场的辐射作用和溢出效应较大；八是形成适应特殊经济功能区建设需要的特殊法制环境。

三、路径选择

探索建设自由贸易港有三种路径可供选择。

路径一：现有保税港区向国际上高标准自由贸易港区模式拓展和转型。第一阶段应在环渤海、长三角、珠三角地区各选择一个港口起步；第二阶段可逐步向具备较强口岸功能的陆地港（综合保税区）、内水港或空港扩展。

路径二：以沿海组合港为依托，集中建设 2 ~ 3 个国家级自由贸易港。如：上海 - 宁波 - 舟山自由贸易港，天津 - 青岛 - 大连自由贸易港，广州 - 深圳自由贸易港等。长期来看，可通过“自由港 + 保税运输通道 + 保税仓库 + 保税工厂”的连接模式扩大覆盖范围。

路径三：选择沿海较大离岛建设一个全方位、高水平开放的港城融合型自由贸易港。如海南岛、舟山岛等具有相应条件。

三种方案中，路径一较为稳妥，可以自贸试验区为依托起步，对标国际规则提升试验区内海关监管区（保税港区）的转型升级，在打造开放新高地的同时，助力自贸试验区深化改革和扩大开放。路径二和路径三，需要中央政府直接立法和管理，更具创新意义和改革开放力度，有利于形成参与和引领国际竞争合作新优势，对于促进高质量发展和经济强国建设具有长期战略意义。但是有关问题还需进行深入研究和认真规划设计，短期内尚不具备起步条件。

综合来看，目前关于自由贸易港的公开讨论，和方案一相近的意见居多，相关思路易于形成共识，较具可操作性。关键是要保持有序合理的推进节奏，防止一哄而起。据此可以期待，2018 年将将成为中国特色自由贸易港建设起步之年。

推进人民币国际化应找准四大方向

赵雪情　中国银行国际金融研究所研究员

赵雪情，中国银行国际金融研究所研究员，中国人民大学国际货币研究所研究员。研究领域侧重于世界经济、人民币国际化与全球金融市场，曾牵头或参与完成多项重大研究课题。近年完成的研究报告有《IMI 人民币国际化》系列报告、《欧元作为国际货币：地位、发展与启示》《新时期人民币国际化：目标、挑战与发展策略》等。

2018 年是我国全面贯彻十九大精神、决胜全面建成小康社会的第一年。中国步入新时代，将加快实施创新驱动战略。新兴行业继续快速增长，新动能持续增强，服务业获得较快发展。同时，“补短板”力度加大，在扶贫、农村、环保等领域增加投入与支持。但是，房地产市场调整、传统动能减弱、金融政策易紧难松等仍是隐忧，或将带来一定的不确定性与风险。

预计 2018 年我国 GDP 增长保持在 6.7% 左右，稳增长兼顾高质量。在宏观政策上，我国应保持稳定，多措并举，更加强调发展质量与效益。财政政策注重支持节能环保、精准脱贫和重大项目等领域，同时防范地方财政风险，完善地方政府的举债融资机制。货币政策与宏观审慎政策、监管政策一道，在保持货币信贷稳定增长的同时，加强监管协调和防控金融风险。

尽管全球经济复苏力度增强，但随着主要经济体货币政策转向，金融风险正在上升，汇率波动加剧，资产价格面临新一轮重估与震荡，将对我国开启对外开放新格局、企业国际化经营产生重大影响。对此，推进人民币国际化进程显得尤为必要。

未来，人民币国际化迈入夯实基础的关键期，积极有为找准四大方向，在全球货币体系中实现稳中有进。

一是以统筹兼顾、风险可控为基本底线，循序渐进推动人民币资本项目可兑换、利率市场化和汇率形成机制改革，完善跨境人民币使用政策框架与支付清算体系建设。

二是以服务实体经济为根本出发点，有效配合“一带一路”倡议，增强人民币支付货币功能。

三是以国内金融市场双向开放为重要驱动力，完善在岸与离岸互联互通机制，提高境外主体参与人民币金融交易的便利性，深化人民币投资货币和储备货币功能。

四是以货币合作为基本政策协调方式，强化双边本币互换在贸易、投资和金融稳定方面的作用，在国际货币博弈与动荡中打造人民币安全网，夯实人民币储备货币功能。

2018 年：大趋势决定企业命运

周德文　民进中央经济委员会副主任，浙江民营投资企业联合会会长，
上海中和正道投资集团主席

周德文，中国民营经济研究专家，民进中央经济委员会副主任，浙江民营投资企业联合会会长，上海中和正道投资集团主席，上海中和正道董事局主席/首席经济学家，中国最接地气的经济学家，企业债务危机化解模式的开创者，浙江人大代表、浙江省民营投资企业联合会会长，中国中小型企业协会副会长，中国商帮研究院首席经济学家，中国特色小镇研究院常务副院长，清华大学深圳研究院、上海交大海外教育学院客座教授。从事民营经济研究 30 多年，跟踪研究“温州模式”，探讨解决温州经济发展中存在的种种问题，是温州市研究中国民营经济发展暨“温州模式”的知名专家之一，被国务院前总理温家宝誉为“温州最有权威的发言人”。

2018 年是改革开放 40 周年，也是十九大之后的首个年度，这将注定 2018 是不平凡的一年。我国经济在经历了 40 年的高速发展后开始转向高质量发展，形势将会更加复杂，也将更加富有挑战性。

从外围看，世界经济在经历了数年的增长疲软后，终于在 2017 年出现了强势复苏。IMF 已经将 2018 年全球经济增长速度提高至 3.9%，为 2011 年以来的最快增速；但 IMF 也有官员警告称，下一次衰退可能比我们想象得要快。本人更赞同后面的结论。因为大家普遍把本轮经济的提速归功于美国税改，而美国税改对全球经济的提振可能只是暂时的。并且对美国而言，可能还会有负面作

用，比如增加贸易和预算赤字，从而在未来某个时候对世界经济发展构成不利。欧元区复苏持续性也令人存疑，因为干扰因素太多，比如欧盟一体化进程、意大利大选、法国总统马克龙国内改革等会不会出现变数，此外，英国脱欧也都会增加世界经济复苏的不确定性。故本人很担心世界经济回暖的基础并不牢固，会不会在2018年回暖到某一高度后掉头向下？

回到国内，2017年的GDP增速为6.9%，好于预期，是过去7年来的首次提升。但相较于2016年的6.7%，升幅不大。从支撑本轮经济反弹的因素来看，除了得益于全球经济回暖带来的出口回升，还主要得益于供给侧改革的有效推进。个人预计，2018年我国GDP增速在6.5%～6.7%区间，未来3～5年，中国GDP增速降至5.5%～5.7%区间。但需要指出的是，我国经济已经由高速增长阶段转向高质量发展阶段，在这个总要求下谈对2018年的GDP增速预期，更多是象征性的。

2018年，在中国政府强有力的支持下，实体经济特别是实体企业会缓慢复苏。但困难会发生在局部：一是中小实体（传统企业）企业约20%会倒闭或濒临倒闭（处于停产、半停产状况）；二是中国部分地方政府、国有企业、民营企业将爆发比较严重的债务危机，债务危机又会再度引发局部的金融危机，金融机构（银行）不良贷款又会上升，再度出现“钱荒”现象；三是中国60%左右的中小房地产商，将会陷入深度危机，城市烂尾楼会大面积出现。中国房地产市场两极分化、区域发展不平衡有可能越来越严重。

然而，随着供给侧结构性改革深入推进，我国经济结构将真正进入优化、调整的关键时期，企业会重新洗牌、并购重组领域会出现史无前例的机遇期。2018年将是大危机大变革大机遇的资本大时代。

企业家需认清趋势、适应新常态。许多企业成功与失败，很大程度上都不是自己个人能力决定的，将会是大趋势决定的。

加快形成推动我国经济高质量发展的政策体系

周景彤　中国银行国际金融研究所主管

周景彤，经济学博士，研究员，现任中国银行国际金融研究所主管。多年从事宏观经济形势、金融市场、货币政策、房地产和中国经济体制改革等领域的研究工作。曾在国家信息中心经济预测部工作，吉林省汪清县挂职。多次参加主持 OECD、中财办、国家发改委、中国自然科学基金等委托的重大课题研究。在《人民日报》《经济学动态》等全国重点学术刊物上发表论文 100 多篇。多项研究成果获国家发改委、中国金融教育基金会、中国银行业协会优秀科研成果奖。多份报告获中央领导批示。为中国新闻社特邀专家，中国国际金融学会理事，国家社科基金同行评议专家。

2018 年是贯彻十九大精神、决胜全面建成小康社会的第一年，也是政府换届之年，预计各方面加快发展的动力和意愿都将显著增强。宏观政策将以供给侧结构性改革为主线，继续推进“三去一降一补”，激发市场创新创业活力，加快经济新动能成长。受益于“双创”政策、“中国制造 2025”战略，以及“互联网 +”等，2018 年我国高端产业和新兴产业的引领带动作用将继续增强。经济增长的消费驱动特征将更加明显，服务业对经济增长的贡献率将进一步上升。产能过剩、杠杆过高、高库存等问题将进一步缓解。但是，房地产市场调整、传统动能减弱、金融政策趋紧、环保督查政策力度加大等将对经济带来不确定性。总体来看，2018 年我国经济运行将比较平稳（6.7%左右），更加注重提高质量和效益。

高质量发展是我国经济迈上中高端和行稳致远的必然要求。在市场主动作为和政策推动的共同推动下，近年我国经济向高质量发展转变的态势明显。主要表现在四个方面：一是不再简单以 GDP 增长论英雄，经济增长从高速转向中高速。近 3 年我国 GDP 增速保持在 6.7% ~6.9% 区间，比改革开放前 37 年（1978 ~2014 年）9.8%的平均增速下降了约 3 个百分点。二是需求和生产结构显著优化。2017 年消费对经济增长的贡献率达到 58.8%，比 5 年前提高了 3.9 个百分点；服务业增加值占 GDP 比重达到 51.6%，比 5 年前提高了 6.3 个百分点，对经济增长的贡献率达到 58.8%。三是经济发展方式从规模速度型转向质量效益型。近 5 年 8000 多万农业人口转移为市民，城镇化率提高了近 6 个百分点，达到 58%；资源集约节约利用效率更高、污染更少，能耗强度下降了 23.9%。四是发展动力从要素增长转向创新驱动，科技进步贡献率和全要素生产率增速明显提升。2017 年，中国研发经费占 GDP 之比达到 2.12%，比 2016 年继续提高；中国国际科技论文总量和被引用量均跃居世界第二，发明专利申请量和授权量居世界第一，科技进步贡献率达到 57.5%，比五年前提高了 5.8 个百分点。

但是我国推动经济向高质量发展依然在路上。这是一项复杂的系统工程，需要诸多政策的统筹协同，加快形成高质量发展的政策体系。未来，既要重视科学制定、严格落实各项政策，又要抓紧建立健全政策体系内部的协调机制，努力发挥各项政策的协同效应。

发掘改革创新经验助推区域协调发展

周民良　中国社会科学院工业经济研究所研究员
中国社会科学院西部发展研究中心副主任

周民良，中国社会科学院工业经济研究所研究员，中国社会科学院西部发展研究中心副主任，西北大学兼职教授，博士生导师，经济学博士。承担过国家社科基金、中国社科院、中国科学院、科技部等有关方面委托的诸多研究项目，从事过数十个地区的发展规划与发展战略制定。主要从事区域经济、区域创新与区域可持续发展研究，在各类报刊发表文章 400 余篇，主持和参与编写著作数十种。

党的十九大报告提出，实施区域协调发展战略。在经济进入新常态下，传统的发展模式遭遇到许多困难逐渐难以为继，在区域层面上率先引爆。已有数个省市承认统计数据有虚增成分，开始“挤水分”核减统计指标。而地方债、金融风险等问题，也极有可能在下一阶段在区域层面暴露出来。这促使人们在看待国家全局总量指标时多一份冷静，进一步认识到十九大报告强调高质量发展的重大意义。

但与此同时我们也看到，在另一些区域，经济发展表现出良好地动力支撑。比如，深圳市已是全国创新驱动成效最为突出的城市之一，多个领域的民营企业已经成为全球相关行业技术创新领军企业。2018 年深圳市政府工作报告继续高举创新驱动大旗，提出到 2020 年深圳将基本建成现代化国际化创新型城市，到2035年，建成可持续发展的全球创新之都，到21世纪中叶，建成竞争力影响力卓著的创新引领型全球城市。把创新优势进一步发挥出来进行到底，是深圳改革开放多年积累的底气。按照深圳市政府2018年部署，要打造中国制造2025国家级示范区，新增3家制造业创新中心，争取完成工业投资1000亿元以上，实施技改倍增计划。目标高大上，但措施切实可行接地气，大家对深圳的目标抱有信心。以往人们重视深圳的改革开放经验，今天应该进一步重视总结深圳的技术创新经验。

在过去的一年中，笔者除了走访深圳外，也到珠江上游的广西贵港做了调研，同样感到地方政府促进发展的虎虎生气。近几年，原本经济靠后、速度落后、结构滞后的贵港市利用桂东承接产业转移示范区的国家品牌，把西部大开发的政策优势与地方土地资源、劳动力资源丰富优势结合起来，形成多样化的招商引资模式，吸引大量外来资本落户贵港，创造了项目建设的“贵港速度”，对此多个中央媒体给予高度评价。应该说，“贵港速度”是当地实施一系列重大改革措施后的外在表现。新机制造就新速度。贵港市的诸多发展指标已经由广西后进转成广西先进，成为后发地区实现经济快速飞跃的典型代表。2018年，贵港市提出打造新兴产业群、建设自治区级电子信息产业园，加快贵港科技创业城、高新技术产业开发区、工程技术研究中心、农业科技园区等重大举措，并支持建材、糖纸、机械、冶金等传统产业转型升级“二次创业”，诸多安排也有条不紊。应该说，招商引资的地方如过江之鲫，但有人硕果累累，有人两手空空，贵港的经验当然宝贵。

作为一个大国，中国存在区域发展不平衡现象已是常态。问题在于，如何在现有不平衡中凝心聚力去实现协调发展。笔者以为，对于区域发展中存在的问题绝不能藏着掖着，应该早发现早出手早化解，消除问题产生的根源以免负能量墨渍般扩散，绝不可船斜中游还凿底。而对于区域发展存在好现象、好经验、好做法，应该创造条件使其发扬光大。尤其是，在各地区乃至区域间的发展比较中，要增强官场的优胜劣汰机制和公开透明机制，使善于伪装作秀甚至作恶的官员无处遁形，使具有真才实干的官员得到重用提拔。

一年之计在于春。希望有更多的学术界同仁走出书斋，深入到变化中的社会实践中去，多发现、多了解、多诊断、多发声，按照习近平总书记对调查研究的要求，“把事情的真相和全貌调查清楚，把问题的本质和规律把握准确，把解决问题的思路和对策研究透彻”，在调研中发掘好的改革创新案例、经验、诀窍和规则，也注意实事求是地发掘需要解决的问题与症结，更好地把常论西东的学术思想转化为经世济民的锦囊妙计，为中国区域协调发展建言献策。

2018 年改革和政策操作的三个重大关系

周天勇　中央党校国际战略研究院副院长，
东北财经大学中国战略与政策研究中心主任

周天勇，经济学博士，教授，博士生导师，中央党校国际战略研究院副院长，东北财经大学中国战略与政策研究中心主任。

研究领域：国际战略、中美关系、宏观经济、经济发展与增长、财政体制改革、金融风险控制、土地制度与房地产、城市化、国有企业改革、农村经济等。

主要学术著作：《劳动与经济增长》《效率与供给经济学》《金融风险与资本社会化》《中国：经济运行与结构转型》《新发展经济学》《高级发展经济学》《中国政治体制改革研究报告》《行政体制改革三十年》《中国向何处去》《中国梦与中国道路》《繁荣的轮回》《跨越改革的陷阱》等。

2018 年学界，甚至是实操界有一些对经济形势和应对思路及政策的讨论和看法，逻辑、路线图、改革先后和政策组合已经形成了一定的研究。需要补充讨论的是，可能要更进一步地认识清楚以下政策、改革、发展和开放中的三大关系，基于此来更加深入地理清思路、制定方案、相互组合、深化改革、推进发展和科学开放。

1. 需要理清和处理好增量改革扩大发展与存量改革激发活力之间的关系

从改革的历史经验看，20 世纪 80 年代初，允许在国有之外发展乡镇企业和设立特区及“三来一补”；90 年代初允许外资在中国设立企业使日韩台港资金进入；90 年代后期改革工业部体制；21 世纪初清理近 2 万条法规，加入 WTO 后制造业全面开放，欧美日韩等跨国公司大举进入投资。这些均为增量改革推动经济增长速度下行翻转为上行。一些学者对未来会不会再有 V 型增长有疑虑，我认为关键是有没有突破性的改革，带来增量式的增长。增量改革形成增量发展，还可以带动存量改革，激发存量内的活力。增量改革促进经济增长速度，可以消化金融体系中的不良资产；其扩大的发展空间，可以转移存量中的劳动力使其再就业；其经验，可以给存量改革形成经验和样板。而主要精力放在存量改革、调整结构、升级转型上，其时间可能很长，风险很大，没有回旋余地，甚至可能使增长速度更加放缓。

2. 需要理清和正确处理供给侧结构性改革与需求侧增加居民收入与扩大消费、化解过剩之间的关系

目前国民经济的主要矛盾是居民大众收入水平相对低，国内有支付能力的消费需求不足，与快速技术进步和较强生产能力形成的生产过剩之间的不平衡。如果仅仅是供给侧方面的去产能、降低成本（极有可能是减就业员工以降低工资和“五险一金”）、提高劳动生产率（减少员工）等，结果不能提高劳动者的工资等收入，使居民大众有支付能力的消费需求更加不足，而生产会更加过剩。因此，供给侧改革，需要与增加就业和提高居民大众收入之间，特别需要与鼓励中小微企业、民营经济、非正规就业等发展之间，加以平衡。

3. 需要理清和正确处理经济政策工具及体制改革搭配收敛与扩张组合之间的关系

2018 年财政扩大赤字、发行国债、减税清费等扩张性政策，与征收环境税、中性货币等收敛性的政策相搭配；去产能、减工作岗位等收敛性的改革，要与各类促进就业等扩张性增量体制改革相组合；而总体上收敛性的经济组政策，要与设计的总体上能够扩张经济的改革相组合。否则，若经济政策组合总体上为收敛性，而改革组合也选择了收敛性模式，加上客观的经济增长下行压力，增长速度放缓的可能性和深度就会加大。

2018 年西部地区依然是经济发展的亮点

朱　敏　国家信息中心经济预测部高级经济师

朱敏，2000 年 7 月毕业于中国人民大学，获硕士研究生学历。2007 年获得高级经济师职称，目前在国家信息中心经济预测部工作。2006 年在发改委综合司工作一年。先后参加或主持过 30 余项课题研究，涉及宏观经济、五年规划、区域规划、产业政策、能源资源、战新产业及新动能等领域。在各类媒体上发表文章 100 多篇（包括核心期刊十多篇），多项课题研究成果获得发改委或信息中心的优秀研究成果奖。

2018 年，是中国经济新旧动能转换接续的关键之年。一方面，旧动能对经济的拉动作用日趋减弱；另一方面，新动能尚未形成气候，难以承担起拉动经济快速增长的重任。在这样的背景下，为拉动经济增长，地方政府可能会继续使用“扩投资”的老套路，通过扩大投资，尤其是政府投资来拉动经济增长，这将在一定程度上抵消一部分经济下滑力量。我们预计 2018 年 GDP 增速会略低于 2017 年，但下滑幅度不会太大，政府关注重点将会从经济发展速度转移到质量上来，“高质量”将成为全社会的共同追求，尤其是新经济、新动能将逐渐成为大家关注的焦点。

从经济发展的区域格局看，2018 年西部地区依然是经济发展的亮点。“十二五”以来，西部地区通过承接东部地区的产业转移和技术转移，加快创新发展，实现跨越式发展，后发优势突出，主要经济指标增速快于全国。2017 年全国 31

个省区市中，西部省市包揽了经济增速前三甲，预计 2018 年这一趋势有望得以延续。

首先，政策将继续大力支持西部地区发展。国家提出的“一带一路”倡议顺应了我国改革开放转型和产业转移升级趋势，使我国对外开放态势从以东南沿海为重点，转变为东中西部平衡发展，尤其是经西部向西亚和欧洲开放，使占国土面积 2/3 的中西部地区成为对外开放前沿。2018 年“一带一路”倡议将进一步推进实施。2016 年 8 月底，党中央、国务院决定在重庆市、四川省、陕西省等西部省份新设立自贸试验区。这些战略的推进实施及后续配套政策的出台，将为西部地区提供难得的政策机遇期。

其次，西部地区新动能将进一步培育壮大。人工智能、大数据、物联网、互联网等新兴产业对交通条件、地理位置的要求没有传统产业高，西部地区完全可以和东部站在同一起跑线上。事实上，目前西部多个省份在培育新动能方面已经走在了全国前列，如贵州的大数据产业发展蒸蒸日上，重庆电子信息产业渐成气候。目前西部各省市正在大力推进新兴产业发展，培育壮大新动能，这将为未来经济增长提供强劲动力。

再次，西部省市投资对经济的拉动作用还会增强。西部地区对于基建投资有巨大需求，相比东部较为完善的基础设施，西部许多地方高铁不通、道路不畅，基建投资的空间很大。为稳定经济增长，西部省市结合地区实际情况和经济发展需要，研究、筛选、储备了一批可拉动经济增长的大项目，这些项目建设，不仅可以创造较大的市场需求，而且建成以后，将形成强大的产品生产能力和市场供应能力，从而有效推动经济平稳较快增长。

从四个方面推动高质量发展

朱守先　中国社会科学院城市发展与环境研究所副研究员，博士

朱守先，博士，副研究员。2008 年毕业于中国科学院研究生院，获博士学位（理学），2008 ~2010 年在中国社会科学院城市发展与环境研究所从事博士后研究（应用经济学），2010 年起在中国社会科学院城市发展与环境研究所从事科研工作。

课题研究：以生态文明、资源环境、能源战略、城市与区域发展为主要研究方向，参与研究了 21 世纪西部地区能源生态系统发展战略研究、中国城市化进程的资源环境基础研究、长三角城市密集区气候变化适应性及管理对策研究、中国西部地区能源资源开发时空协调问题研究、低碳经济方法学及低碳经济区发展案例研究等国家自然基金、国际合作、院重点及其他各类课题，共 20 余项。

学术成果：参与编撰《中国区域结构节能潜力分析》《中国城市化进程的资源环境基础》《低碳转型——践行可持续发展的根本途径》《应对气候变化报告》等学术著作；在《资源科学》《环境经济与政策》《生态经济》《地理研究》《国际经济评论》等刊物发表各类文章 30 余篇。

“十三五”时期是国家全面建成小康社会的决胜阶段，2018 年进入中国“十三五”规划的中期，也是党的十九大之后新一届政府履职之年。贯彻落实新时代坚持和发展中国特色社会主义的经济方略，包括坚持新发展理念，深入推进实施乡村振兴战略、区域协调发展战略和可持续发展战略等，成为 2018 年经济发展的重中之重。

从经济形势分析，2017 年中国经济稳定性、协调性和可持续性明显增强，按可比价格计算，比 2016 年增长 6.9%，实现了平稳健康发展。2018 年中国经济仍将保持中高速稳步发展态势，其中新旧发展动能转换、寻求内生增长动力、促进共生协调发展是需要解决的突出问题。与此同时，提升经济增长质量、增进人民福祉水平、扩大国际影响力等内容也是党的十九大以来新时代发展的重要议题。

乡村协调发展是全面建成小康社会的必要措施。从发展水平分析，2017 年底，中国人均 GDP 接近 6 万元，与世界平均水平的差距逐渐缩小。但是城乡居民人均收入倍差达到 2.71，差异显著，特别是地处西部的甘肃、贵州、云南、青海、西藏、陕西等 6 省区，城乡居民人均收入倍差超过 3，因此振兴乡村经济，促进西部地区同步发展至为关键。

深入推进精准扶贫成为推动区域协调高质量发展的重要手段。全国现有 338 个地级以上行政单位，2851 个县级行政单位，国家扶贫工作重点县仍高达 20%，其中甚至包括一部分市辖区和县级市。除了国家积极推动的扶贫措施外，打破行政区划界限，加快地方政府治理体系现代化建设，大力发展飞地经济是落实区域协调发展战略的重要举措。飞地经济以“政府引导、企业参与”为主要特征，不仅仅局限为企业与市场行为，强调区域间的合作共赢与互惠互利，合作形式包括双方共建飞地园区、探索完善异地开发生态保护补偿机制、共同拓展市场和发展空间等。其中 2018 年是探索飞地经济模式的至为关键的年份，也是为“十三五”时期促进区域协调发展的关键年份。

生态文明为基础的产业发展成为新时代经济发展的主流。新时代背景下，依靠传统的数量增长已经不可持续，提升质量水平与加强品牌建设成为经济发展的主旋律。城镇化建设的深入推进的基础是产业发展作为重要支撑，实体经济作为深化供给侧结构性改革的着力点，在生态文明建设背景下，实体经济发展更加注重发展的可持续性与永续性，人与自然作为生命共同体，美丽发展与生态文明建设社会主义强国的必要条件。

“一带一路”倡议作为中国走出去战略的最主要方案之一，在新时代不仅仅是经济发展的互联互通，更重要的是加强文化交流与民心交往，共建人类命运共同体。中国作为世界第二大经济体，在促进发展的体制机制领域有突出的创新性，在全球治理体系中充分发挥参与者、贡献者、引领者作用成为中国新时代引领世界生态文明建设的重要角色。

后记

AFTERWORD

当我拿到2018年百名学者前瞻经济形势的书稿小样时，心中感慨万千！不知不觉中，这件事情已坚持做了六年。六年来，有很多事情发生了变化：刊发这些学者成果的报纸特刊专题名称，已从2013年的“新局之光”变成今年的“展望新时代”；研究经费从报社自筹变成了拿到财政拨款……也有一些至今不变的人和事，让我感动、感激、感念，因而想在这里深深感谢：

感谢所有参加调查活动的100多位专家学者们！每年都会有一些学者因种种原因未能参与，因而需要邀请新的学者加入，不过有一半以上的学者们一直都在，给这个项目最坚定、最无私的支持。

感谢国务院发展研究中心主任李伟先生！从这个项目开始做的2013年起，李主任就对这个项目关怀备至，每年呈送研究报告给中央领导，多次为学者观点结集出版的书写序言，对调查活动提出改进建议。

感谢国务院发展研究中心党组成员、办公厅主任余斌先生！他在不分管中国经济时报的时候，是这个项目的积极撰稿人；分管后，经常为这个项目出谋划策，尤其是为资金保障费心费力，帮我们解决了后顾之忧。

感谢中国经济时报社社长王忠宏先生、总编辑王辉先生！来自国务院发展研究中心的学者背景，使他们天然对这个项目拥有一种理解和关心，为调查的进展提供了一切便利和业务指导。

感谢积极开展问卷调查和约稿采访的编辑部同事们：

王彧、王南、徐蔚冰、段树军、赵海娟、唐福勇、毛晶慧、江宜航、周子勋、曹方超、陈姝含、范媛、胡畔、江宜航、姜业庆、李海楠、李晓红、刘慧、吕红星、潘英丽、孙兆、童彤、王彩娜、王晶晶、王静宇、王丽娟、王小霞、张丽敏、张娜、张炜、张焱、张一鸣、赵姗、周雪松！

感谢报社财务部的张起荣女士和杨凯凯先生，总编室的石岩女士！

感谢中国发展出版社社长包月阳先生和编辑陈学英、赵建宏女士！

感谢所有为本书的出版付出心血的人们！

最后，我还想感谢各位读者的一路相伴！你们的理解、包容和支持，让我们备受激励、觉得温暖，让我们在继续前行的路上能够不畏风雨、直达彼岸。

李慧莲

2018 年 8 月 8 日于平西府